跨境电商 B2B 数据运营 1+X 职业技能等级证书配套教材
跨境电子商务师认证项目配套教材

跨境电商 B2B 店铺运营实战
（第 2 版）

跨境电商 B2B 数据运营 1+X 职业技能等级证书配套教材编委会　组编

主　编：沈　萍　杨　玲
副主编：温秋华　黄　康
参　编：杨晓钦　曾雪惠　凌宋耸　王航鹰
　　　　钟卫敏　石　磊　李奕雯

电子工业出版社
Publishing House of Electronics Industry
北京·BEIJING

内 容 简 介

本书以跨境电商 B2B 数据运营 1+X 职业技能等级证书（初级）标准为依据，采用项目驱动模式组织内容。全书共 10 个项目，包括认识跨境电商 B2B 数据运营、店铺管理、商品管理、商机沟通、客户管理、交易管理、出口服务、物流管理、资金管理、数据分析。读者完成全部项目后，能基本掌握阿里巴巴国际站的店铺基础实操技能，达到跨境电商 B2B 店铺运营助理岗位的技能要求。

本书适合作为培训教材，也可以作为职业院校电子商务相关专业核心课程教材，或者作为相关从业人员参考用书。

未经许可，不得以任何方式复制或抄袭本书之部分或全部内容。
版权所有，侵权必究。

图书在版编目（CIP）数据

跨境电商 B2B 店铺运营实战 / 沈萍，杨玲主编. 2 版. -- 北京：电子工业出版社，2025. 1. -- ISBN 978-7-121-49617-2

Ⅰ．F713.365.2

中国国家版本馆 CIP 数据核字第 2025HG9938 号

责任编辑：陈 虹　　文字编辑：张 彬
印　　刷：三河市良远印务有限公司
装　　订：三河市良远印务有限公司
出版发行：电子工业出版社
　　　　　北京市海淀区万寿路 173 信箱　邮编：100036
开　　本：787×1 092　1/16　印张：14　字数：361.6 千字
版　　次：2021 年 5 月第 1 版
　　　　　2025 年 1 月第 2 版
印　　次：2025 年 1 月第 1 次印刷
定　　价：58.50 元

凡所购买电子工业出版社图书有缺损问题，请向购买书店调换。若书店售缺，请与本社发行部联系，联系及邮购电话：（010）88254888，88258888。
质量投诉请发邮件至 zlts@phei.com.cn，盗版侵权举报请发邮件至 dbqq@phei.com.cn。
本书咨询联系方式：chitty@phei.com.cn。

跨境电商 B2B 数据运营 1+X 职业技能等级证书配套教材编委会

主　　任：顾　明

执行主任：毛居华　　姚　远　　何　雄

前　言

近年来，传统外贸企业发展速度日趋缓慢，急需拓展其他发展空间。2011 年至今，跨境电商业务一直保持高速发展态势，年增长率都在 20%以上，已成为增速快、潜力大、影响广的贸易模式，极大地降低了商品流通费用。同时，电商平台综合了进出口的各类服务功能，也为中国品牌打入世界市场创造了有利条件。随着跨境电商的飞速发展，外贸企业对跨境电商人才的需求呈井喷式增长。熟悉店铺运营的基本规则、掌握店铺运营操作流程、善于拓展商机、懂得店铺管理等是一个合格的跨境电商从业人员的基本技能。

店铺运营是一项系统工程，包括客户、产品、平台等要素。首先，需要了解平台规则，规避经营风险。其次，需要掌握产品发布全流程，并通过询盘、邮件等渠道获取商机，对客户进行动态管理，完成不同类型的交易。再次，需要掌握物流、支付等外贸综合服务，高效完成交易。最后，需要了解店铺成长路线，保障店铺稳步发展。

本书以阿里巴巴国际站店铺运营为主要内容，以任务驱动模式，基于跨境电商数据运营岗位的工作技能需要，以跨境电商 B2B 数据运营 1+X 职业技能等级标准（初级）为依据，用实际运营的企业店铺组织编写，体现了"做中学"、理实一体化的教学理念，为培养兼具精湛业务技能与外贸综合职业素养的新时代产业人才提供支撑。

本书由 10 个项目组成，分别为认识跨境电商 B2B 数据运营、店铺管理、商品管理、商机沟通、客户管理、交易管理、出口服务、物流管理、资金管理、数据分析。每个项目均分解为若干任务，设置"知识梳理""操作体验"和"应用实战"模块，学习者可在"知识梳理"模块了解该任务必要的基础知识，在"操作体验"模块依葫芦画瓢完成技能学习，并在"应用实战"模块深化对相关技能的掌握。每个项目最后设有小结和训练，用于技能复习和强化。各项目及其下的任务均由简单到复杂，符合职业技能学习由浅入深、从演示模仿到实战强化的规律。

本书是典型的产教融合产物，作者团队由具备多年一线实战经验的企业项目经理或一线教学经验的骨干教师组成，他们是沙洲职业工学院沈萍、清华大学国家服务外包人力资源研究院杨玲、惠州城市职业学院温秋华、阿里巴巴国际站高级认证讲师黄康和石磊、黄河水利职业技术学院杨晓钦、惠州城市职业学院曾雪惠、宁波职业技术学院凌宋耸、晋江市晋兴职业中专学校钟卫敏、番禺区职业技术学校李奕雯、天府新区信息职业学院王航鹰。本书在编写过程中，还得到了阿里巴巴国际站人才经理金贝、孙孟洋、杨莉莉，清华大学国家服务外包人力资源研究院教育中心何雄，以及行业专家曾健青、陈善廷等众多产业界朋友的帮助，在此一并表示感谢。

本书配套资料有 PPT 课件、线上课程等，可联系 chitty@phei.com.cn 获取相关资源或链接地址，另外，本书还有训练题库（含客观题和实操题）及仿真模拟系统支持。

由于编者能力有限，不当甚至错误之处在所难免，敬请广大读者批评指正。

编　者

目　录

项目一　认识跨境电商 B2B 数据运营 ········· 1
　　任务一　认识跨境电商 B2B 平台 ············· 1
　　任务二　了解阿里巴巴国际站平台规则 ········· 7
　　任务三　商家成长 ··························· 16
　　项目小结 ··································· 22
　　项目训练 ··································· 22
项目二　店铺管理 ····························· 24
　　任务一　平台入驻 ··························· 24
　　任务二　后台功能 ··························· 31
　　任务三　账号管理 ··························· 40
　　项目小结 ··································· 44
　　项目训练 ··································· 45
项目三　商品管理 ····························· 47
　　任务一　产品信息整理 ······················· 47
　　任务二　制作关键词表 ······················· 50
　　任务三　制作产品标题 ······················· 53
　　任务四　产品发布 ··························· 55
　　任务五　产品分组 ··························· 62
　　任务六　产品运营 ··························· 65
　　项目小结 ··································· 68
　　项目训练 ··································· 69
项目四　商机沟通 ····························· 71
　　任务一　RFQ 设置 ··························· 71
　　任务二　EDM 邮件营销 ······················· 75
　　任务三　询盘回复 ··························· 80
　　任务四　询盘设置 ··························· 86
　　项目小结 ··································· 96
　　项目训练 ··································· 97
项目五　客户管理 ····························· 98
　　任务一　客户建档 ··························· 98
　　任务二　客户跟进 ··························· 102
　　任务三　公海客户管理 ······················· 106
　　任务四　客群管理 ··························· 109

任务五 会员管理 ··· 113
  项目小结 ··· 116
  项目训练 ··· 116

项目六 交易管理 ··· 118
  任务一 认识订单信息 ··· 118
  任务二 订单处理 ·· 122
  任务三 信用保障订单管理 ·· 125
  任务四 e 收汇订单管理 ··· 131
  项目小结 ··· 135
  项目训练 ··· 136

项目七 出口服务 ··· 137
  任务一 一达通准入 ·· 137
  任务二 通关管理 ·· 144
  任务三 证书申办 ·· 151
  项目小结 ··· 154
  项目训练 ··· 155

项目八 物流管理 ··· 156
  任务一 认识国际物流方式 ·· 156
  任务二 查询物流报价 ··· 159
  任务三 设置运费模板 ··· 164
  任务四 订单发货 ·· 171
  项目小结 ··· 179
  项目训练 ··· 179

项目九 资金管理 ··· 181
  任务一 在线交易收款 ··· 181
  任务二 结汇 ·· 185
  任务三 提现 ·· 187
  任务四 其他资金管理 ··· 191
  项目小结 ··· 197
  项目训练 ··· 197

项目十 数据分析 ··· 199
  任务一 认识跨境电商数据分析 ··· 199
  任务二 数据采集与处理 ··· 205
  任务三 数据分析与展现 ··· 211
  项目小结 ··· 216
  项目训练 ··· 216

项目一　认识跨境电商 B2B 数据运营

【学习目标】

（1）了解跨境电商 B2B 交易模式与平台。
（2）了解跨境电商数据运营的基本概念。
（3）掌握阿里巴巴国际站规则体系。
（4）掌握店铺成长提升的基本方法。

任务一　认识跨境电商 B2B 平台

 **知识梳理**

1. B2B 跨境电子商务

B2B 跨境电子商务的概念有广义和狭义之分，广义的 B2B 跨境电商是指基于互联网的企业对企业跨境贸易活动，即"互联网+传统国际贸易"；狭义的 B2B 跨境电商是指企业之间基于跨境电子商务 B2B 交易平台进行的贸易活动。B2B 跨境电子商务和 B2C 跨境电子商务有明显差异，B2C 跨境电子商务重视终端消费者，而 B2B 跨境电子商务则专注于企业之间的商业往来，这导致了不同的营销策略、平台选择等关注重点。

B2B 跨境电子商务是目前最为庞大且运营效率较高的商业模式之一，在整个跨境电子商务的商务交易中占据绝对优势。通过 B2B 跨境电子商务平台，卖家能够向客户提供卓越的服务、独家产品、优惠价格和可靠的送货服务，从而赢得客户的信赖和忠诚。B2B 跨境电子商务平台的独特优势在于，它能够将来自世界各地的供应商和买家连接在一起，简化产品交易流程。全球知名的跨境电商 B2B 平台主要有阿里巴巴国际站、敦煌网、中国制造网等。

阿里巴巴国际站于 1999 年在浙江杭州成立，是阿里巴巴集团的第一个业务板块，现已成为全球领先的跨境贸易 B2B 电子商务平台。多年来，阿里巴巴国际站持续位居 Alexa 国际贸易类、电子商务类、贸易市场类、进出口贸易类网站排名全球第一，曾连续多次被美国《福布斯》杂志评为"全球最佳 B2B 网站"。基于全球领先的企业间电子商务网站——阿里巴巴国际站贸易平台，帮助中小企业拓展国际贸易的出口营销推广服务，通过向海外买家展示、推广供应商的企业和产品，进而获得贸易商机和订单，它是出口企业拓展国际贸易的首选网络平台之一。

2. 跨境电商 B2B 交易平台

跨境电商 B2B 交易平台在跨境电商交易中占据主导地位。

供应商可以在阿里巴巴国际站发布产品目录、公司信息、特殊促销活动等，阿里巴巴国际站负责将这些信息传达给海外买家，供应商可以得到免费的在线培训。

买家可以在阿里巴巴国际站寻找潜在的产品和供应商，同时也可以发布它们需要的物资，从供应商那里得到报价。

跨境电商平台提供可信赖的专家监督服务，买家也可以比较价格和服务质量，跨境电商平台帮助沟通、协商，促使交易完成。跨境电商平台也会提供支付、保险和物流服务，以及所有所需的技术，以维持买卖双方在其网站上的活动，还提供类似第三方托管的服务，处理客户的投诉问题，跨境电商 B2B 交易平台的作用如图 1-1 所示。

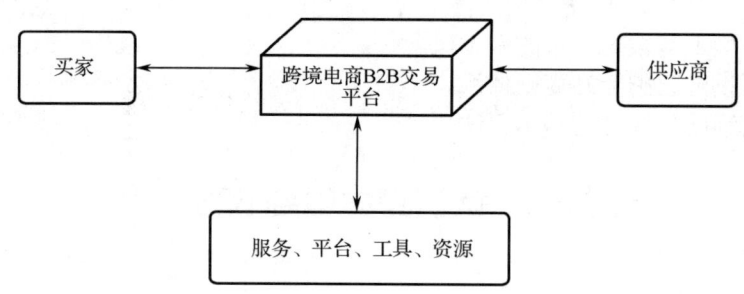

图 1-1 跨境电商 B2B 交易平台的作用

3. 跨境电商数据运营

数据运营是指利用数据驱动的方式来管理、优化和提升业务运营效率和效果的一系列活动和过程。在跨境电商中，数据运营可以帮助企业更好地理解市场、优化业务流程和提升客户体验。跨境电商数据运营主要有以下 3 个作用。

（1）精准定位市场需求：通过数据分析，可以深入了解不同国家和地区消费者的需求和偏好，从而精准定位产品和市场。例如，哪些产品在某市场更受欢迎、消费者的购买习惯如何等，这些数据都有助于制订更有针对性的市场策略。

（2）精准营销：通过分析客户数据，可以实现精准营销。了解客户的购买历史、偏好和行为，可以进行个性化推荐和定制化营销，提高营销的有效性和转化率。

（3）提高运营效率：跨境电商数据运营可以帮助企业识别运营中的瓶颈和问题，通过数据驱动的决策提高整体运营效率。

操作体验

任务 1-1　了解阿里巴巴国际站

【任务描述】

某全球跨境电子商务公司计划开拓 B2B 跨境电子商务渠道，请和运营经理 Allen 共同了解阿里巴巴国际站。

（1）了解阿里巴巴国际站首页。
（2）了解阿里巴巴国际站搜索结果页。
（3）了解阿里巴巴国际站产品详情页。
（4）商家店铺首页。

【任务实施】

1．阿里巴巴国际站首页

点击进入阿里巴巴国际站官网首页，可以看到搜索和产品分类推荐等信息，如图 1-2 所示。

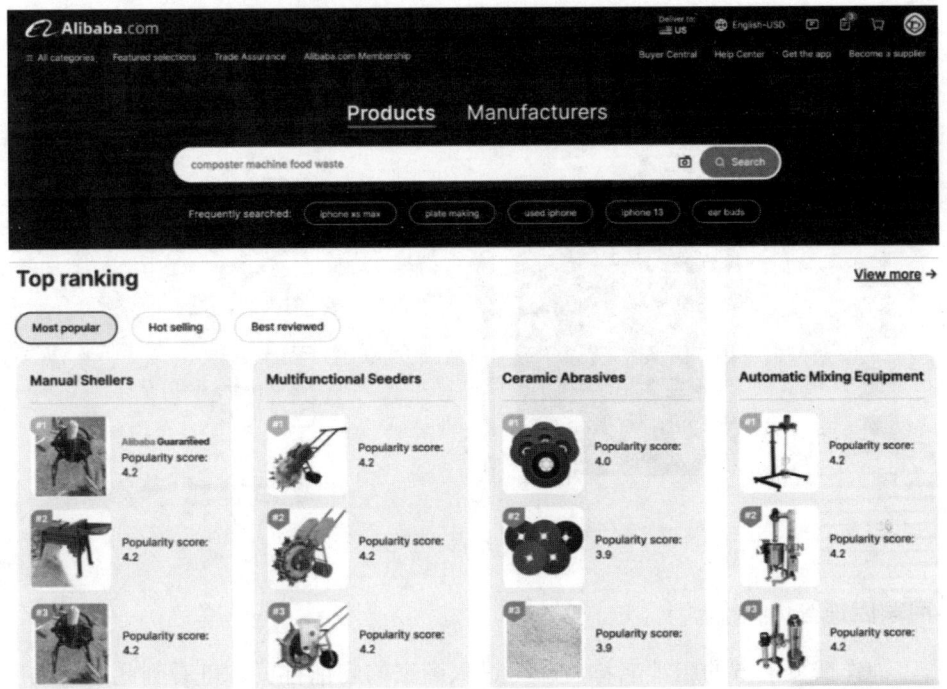

图 1-2　阿里巴巴国际站首页

2．阿里巴巴国际站搜索结果页

输入关键词 phone，点击 Search 按钮，会出现搜索结果页，搜索结果包括产品图片、产品标题、产品价格等信息，如图 1-3 所示。

3．阿里巴巴国际站产品详情页

点击搜索结果页的任一产品，即可进入产品详情页，产品详情页包括产品参数、产品图片、服务保障等信息，如图 1-4 所示。

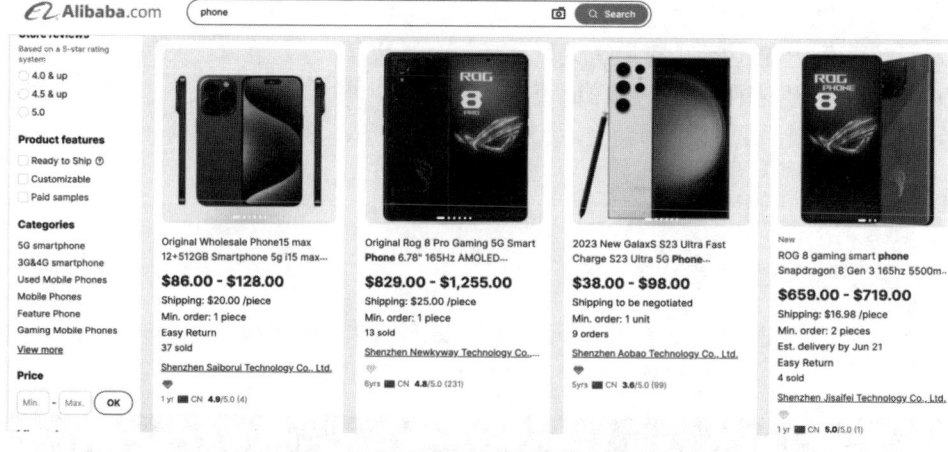

图 1-3　阿里巴巴国际站搜索结果页

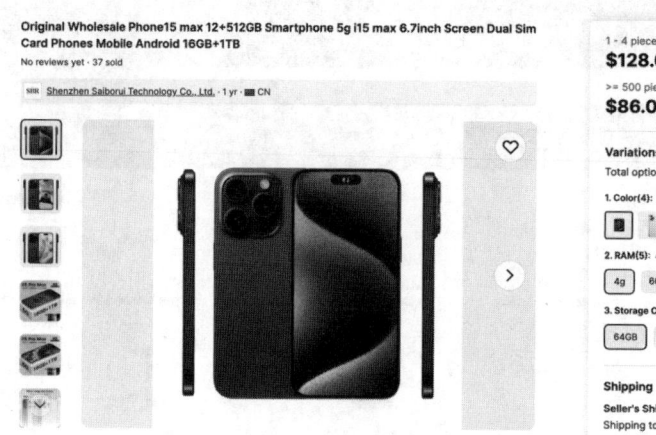 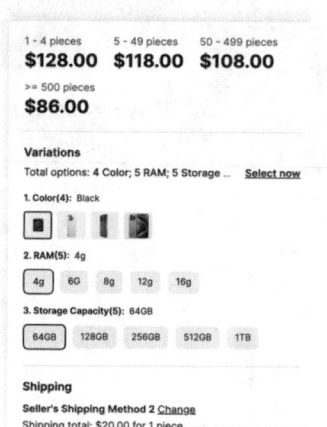

图 1-4　产品详情页

4．商家店铺首页

点击店铺详情页上方的店铺名称，即可进入商家的店铺首页，可看到此商家的所有产品陈列与商家信息，如图 1-5 所示。

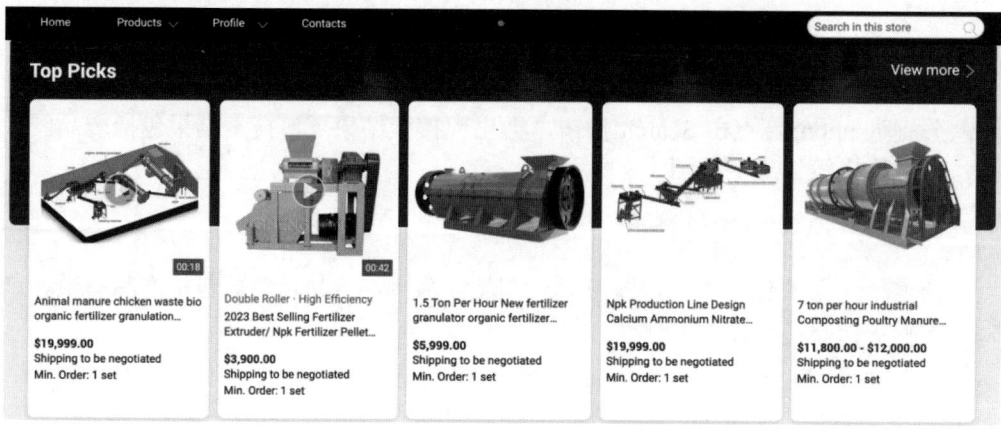

图 1-5　店铺首页

项目一 认识跨境电商 B2B 数据运营

【任务思考】

一般情况下,买家在阿里巴巴国际站还需要访问哪些类型的页面?了解哪些类型的信息?

应用实战

任务 1-2　了解跨境电商 B2B 数据运营

【任务描述】

数据分析是运营过程中必不可少的环节,也是商家提升运营效率的直接手段。某全球跨境电子商务公司账号出现问题,请和运营经理 Allen 共同完成如下操作。

(1)了解后台获取数据的渠道。
(2)对平台数据情况进行梳理分析。
(3)查询账户哪个环节有问题。

【任务实施】

1. 进入后台

登录阿里巴巴国际站账号,进入阿里巴巴国际站后台。卖家中心左侧是平台提供的店铺管理、商品管理、媒体中心、数据参谋等功能模块,中间部分为待办事项、店铺实时数据、营销中心等,右侧是基础账号信息,如图 1-6 所示。

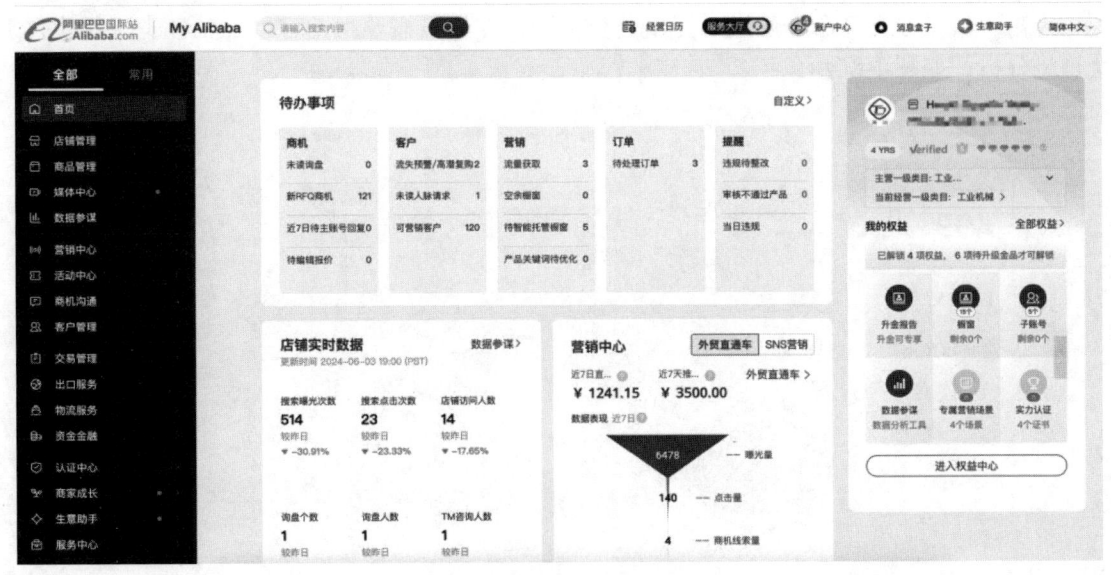

图 1-6　阿里巴巴国际站后台

2. 进入数据参谋

点击左侧"数据参谋"命令,进入数据参谋页面,查看数据概览信息。数据概览包括经营数据、流量数据、市场数据等，可以作为数据运营的支撑，如图1-7所示。

在经营数据中，可以选择时间段，数据展现方式可选择表格展现，这样大家可以看到不同终端下流量、商机、交易的环比数据及与行业平均、优秀同行的对比数据。在这个数据中，我们可以梳理出账户是流量出了问题还是转化上出了问题。

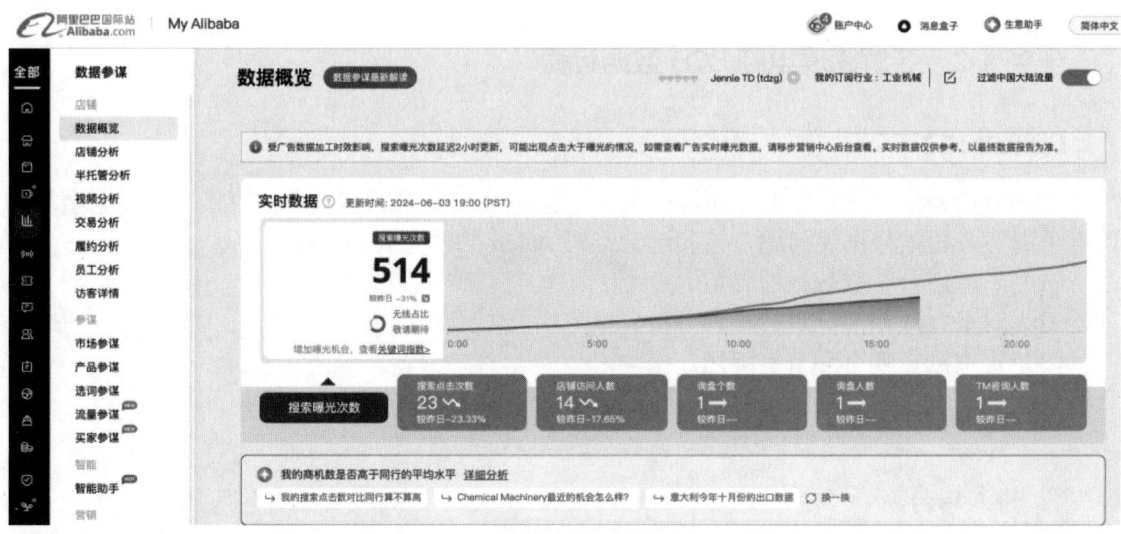

图1-7　数据参谋

3．流量分析

点击"流量参谋"命令可进入流量分析页面。在流量概要中，可以看到各类流量的来源及趋势分析。如图1-8所示。

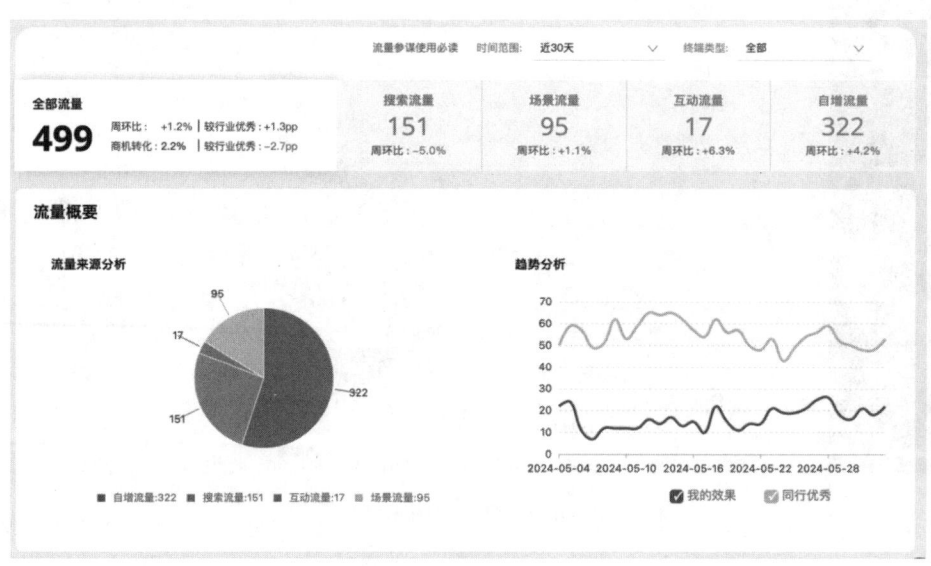

图1-8　流量分析

4．产品分析

点击"产品参谋"命令，可以看到某具体产品不同关键词的搜索曝光次数、搜索点击次数、商品详情页访问人数、店内询盘人数、店内 TM 咨询人数及店内订单买家人数等，我们可据此将判断出的平台问题（即流量、点击率、反馈率）落实到具体的关键词和产品上。如图 1-9 所示。

图 1-9　产品分析

【任务思考】

跨境电商 B2B 数据运营岗的岗位职责和工作内容都有哪些？

任务二　了解阿里巴巴国际站平台规则

 知识梳理

1．阿里巴巴国际站规则体系

阿里巴巴国际站规则体系包括总则、单项规则（含行业标准和规范）、规则实施细则、临时公告。总则是对规则范围的界定和说明。

阿里巴巴国际站的主要规则分为以下几种类型。

（1）账号注册使用规则：关于阿里巴巴国际站的账号使用、账号转让、不当注册、账号安全的规则。

（2）信息发布规则：关于在阿里巴巴国际站信息发布的规则。

（3）交易规则：阿里巴巴国际站的会员（分别作为买卖双方），通过阿里巴巴国际站提供的在线交易系统及相关技术服务进行线上跨境货物买卖交易时，应当遵循诚信履约、在线纠纷调处、线下纠纷调处等相关规则。

（4）营销规则：卖家申请参加阿里巴巴国际站举行营销活动时应该遵循的规则。

(5) 评价规则：作为买卖双方的会员基于自身真实体验有权在交易完成后进行评价的规则。

(6) 行业特色市场规则：特定行业或特殊市场对会员行为有特殊规定的，按照行业特色市场规则进行。

2．内容与信息发布规则

在阿里巴巴国际站发布或生产内容时，应该遵守以下 4 个方面的规则，分别为基础信息规则、行业标准、知识产权规则及禁限售规则，如图 1-10 所示。

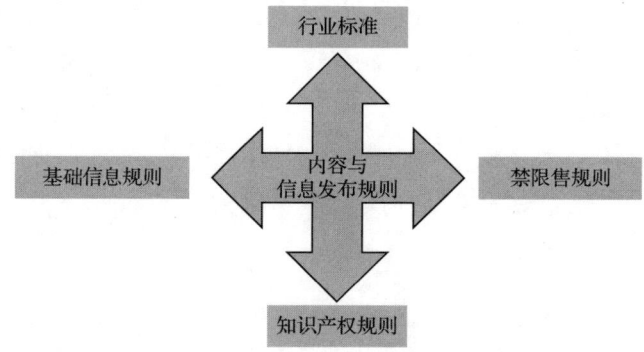

图 1-10　内容与信息发布规则

基础信息规则包括图片盗用、商品信息滥发、不当使用他人信息三个方面。图片盗用是指用户利用阿里巴巴国际站发布未经图片所有人许可而擅自使用其图片的行为。如果商家盗用他人图片，将会被处罚；如果商家图片被盗用，可以发起投诉。商品信息滥发是指卖家在平台发布的商品信息存在包括但不限于：商品信息描述违规、店铺信息描述违规、商品类目错放、商品重复铺货、虚假价格、虚假 SKU（库存保有单位）及虚假最小起订量（MOQ）等有损平台健康交易环境的情形。商品信息滥发在日常经营行为中较为常见。不当使用他人信息是指商家在经营中涉及的企业名称不正当竞争、冒用他人联系信息、冒用他人证书、冒用企业办公场地信息等。

行业标准一般包括产品发布规范和产品质量规范。产品发布规范是行业标准的主要内容，产品发布规范包括标题、主图图片、产品属性、产品详情页、产品发布特殊要求等与产品发布相关的内容。不同行业有着不同的标准。知识产权规则界定了商标、著作权、专利等方面的侵权行为和侵权处理方法。禁限售规则是对平台可出售产品品类的界定。平台规定了危险化学品、枪支弹药、管制器具、军警用品等 16 种禁售产品。

3．交易规则

交易规则界定了阿里巴巴国际站会员要保护自身的合法权益，在进行各类交易时应遵循的规范，如图 1-11 所示。

交易纠纷调处规则是在买卖双方任何一方申请阿里巴巴国际站提供在线纠纷调解服务时，阿里巴巴国际站用于调解、处理交易纠纷的各项规定，包括纠纷的受理、发货、收货、验货、退换货、扣关和运费、质量问题、描述不符、侵权、纠纷终止等内容。

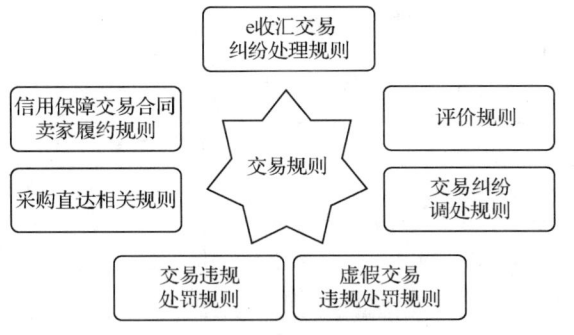

图 1-11　交易规则

交易违规处罚规则说明了线上交易违规与线下交易违规等情况的处罚，包括成交不卖、延迟发货、货物与描述不符、销售假冒商品、提供虚假凭证等。

评价规则是为了买卖双方能真实反馈产品或服务的客观情况，让评价内容合法、客观、真实，对评价内容组成、评价时间、评价修改、评价解释、评价计分规则、评价修改的规定。

4．跨境供应链规则

阿里巴巴国际站不仅是交易平台，更为平台上交易的中小买家、卖家提供个性化的跨境供应链解决方案。阿里巴巴国际站跨境供应链规则包括出口报关、报检、退税、收汇结算和物流运输以及贸易融资等各个方面，如图 1-12 所示。

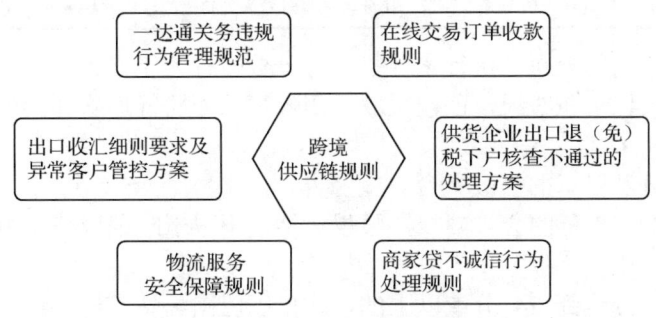

图 1-12　跨境供应链规则

5．其他规则

阿里巴巴国际站其他规则包括类目资质准入规则、短视频管理规则、会员体系规则等。

类目资质准入规则（中国大陆供应商版）是阿里巴巴国际站对申请入驻平台的商家适用类目及准入资质要求所依据的规定。

短视频管理规则是为了维护阿里巴巴国际站短视频制作、发布和传播的正常秩序，根据相关国家法律法规规定所制定的规则。

会员是指商家提供给买家的一项服务或权益，会员体系规则是指商家应按照其在店铺会员频道承诺的内容给予其会员相应等级的会员权益。

6．违规处罚

阿里巴巴国际站对于会员违反各项规则的处罚依据，根据各项违规类型的不同而有所不同,阿里巴巴国际站违规类型及处罚依据如表 1-1 所示。

表 1-1 阿里巴巴国际站违规类型及处罚依据

违规类型	处罚依据
内容与信息发布违规	屏蔽或删除相关发布内容,根据情节严重程度对会员采取权益回收、商品、店铺搜索降权或屏蔽,以及警告、扣分、关闭账号、限制参加营销活动等处罚措施; 信息滥发、图片盗用、不当使用他人信息的,按照《商品信息滥发违规处罚规则》《图片盗用处理规则》《不当使用他人信息处理规则》进行处罚
知识产权违规	按照《阿里巴巴国际站知识产权规则》进行处罚
禁限售违规	按照《阿里巴巴国际站禁限售规则》进行处罚
产品品质违规	通过接受举报、投诉、政府公告、产品信息主动排查、实物抽检等方式进行监控,并依据相关规则进行管控和处罚
交易行为违规	按照《阿里巴巴国际站交易违规处罚规则》进行处罚
恶意骚扰	根据情节严重程度采取警告、扣分、限权和直接关闭账号等处罚措施
舞弊行为	除立即取消或收回相关权益外,还将根据情节严重程度对会员采取警告、扣分、关闭账号、限制参加营销活动等处罚措施。具体规则参阅《虚假交易违规处罚规则》《阿里巴巴国际站会员积分规则》等
商业贿赂	视情况立即关闭会员所有账号(包括关联账号)。违规会员有如实主动申报及/或如实积极举报情形的,酌情给予从轻或减轻处罚的措施
不诚信行为	据其违规情节采取警告、扣分、关闭账号等处罚措施,由此导致的一切损失由用户自行承担

关于商家违规行为的处罚,进行累计扣分,分数按行为年累计计算。行为年是指每项违规行为的扣分都会被记录 365 天,已被采取关闭账号的处罚行为除外。处罚分为限权、关闭账号等。

(1)扣分在 6 分及以下的会被平台严重警告。

(2)扣分在 12~36 分的会被限权,限权包括但不限于旺铺屏蔽、搜索屏蔽、限制商品新发和编辑等限权动作。

(3)用户累计罚分达到 24 分或以上的,阿里巴巴国际站有权拒绝或限制该用户参加阿里巴巴国际站的各类推广、营销活动,或者产品/服务的使用。

如果用户违规情节特别严重,阿里巴巴国际站有权立即单方解除合同、关闭账号且不退还剩余服务费用;并有权做出在阿里巴巴国际站及/或其他媒介进行公示,给予关联处罚及/或永久不予合作等处理。

 操作体验

任务 1-3 查询产品发布规范

【任务描述】

某全球跨境电子商务公司完成了消费电子行业新店铺的开设,请和运营经理 Allen 共同查询阿里巴巴国际站规则,了解消费电子行业信息发布规范,并将其作为美工及文案制作产品详情页的标准。

【任务实施】

（1）打开阿里巴巴国际站规则首页。

（2）依次点击"规则总览→内容与信息发布→【行业标准】阿里巴巴国际站消费电子行业标准"选项，如图 1-13 所示。

图 1-13　阿里巴巴国际站消费电子行业标准

（3）在打开的"阿里巴巴国际站消费电子行业标准"页面查询到如下信息发布规范，如图 1-14 所示。

2.1　标题发布规范

产品标题必须包含品牌名+英文通用产品名称+产品型号（若有）+所匹配的产品名（配件类适用），且必须按品牌名+产品名称的顺序发布。

产品标题中不得出现任何产品关键词的罗列堆砌，即不允许出现多个品牌词、型号词等属性词的叠加使用，或者重复出现同一产品词。

产品标题不得带有任何第三方认证机构或者认证名称等关键词，包括但不限于：CE、CE Approved、UL Certified、SGS 等。

产品标题不得带有任何与产品无关的文字或符号等信息。

2.2　主图发布规范

● 主图必须为实物拍摄图且不少于 3 张，且每张为像素大于或等于 750×750 的正方形图片。

● 主图中必须有一张图片显示产品规格、认证标志等信息，这些信息须清晰可辨识。

● 如获得了相应品牌商品的商标使用权，则品牌 LOGO 可放置于主图左上角，但像素不得大于 200×200。

图 1-14　信息发布规范

- 主图上不得出现除品牌 LOGO 外的水印，不得拼接、不得出现任何形式的边框、留白、水印等，不得包含促销、夸大描述、联系方式等文字说明，该文字说明包括但不限于"秒杀""限时折扣""包邮""×折""满×送×"等相似意义的英文描述词语。
- 主图上不得人为添加任何认证标志。
- 主图的背景颜色须为纯色背景图。

2.3 产品属性发布规范

属性栏填写的产品属性必须与实际产品相符且描述完整，同时符合中国及销售国相关标准。

2.4 产品详情页描述规范

商家在发布产品时必须按照要求填写以下模块。产品详情页面展示的重要信息应与主图展示的信息一致。为保证买家在购买商品时拥有充分的知情权，商家需在发布产品时明示以下信息：商品瑕疵、临界保质期、附带品等信息披露，不得含有虚假、夸大等内容。

2.4.1 产品图

产品实物细节图展示：包括但不仅限于产品全景实物图、实物标签细节图、认证标志图、外包装图、外包装规格信息图、说明书、品牌授权书。

2.4.2 产品认证证书的展示

不得在详情页以文字形式滥用、宣称所售商品具有任何形式的认证，所有商品认证须在详情页用以下形式进行展示：

- 认证证书所有人、所检测产品须与商品、店铺一一对应；
- 认证证书须由具有资质的检测机构出具，不接受不具有资质的检测认证机构出具的证书，推荐选择各国官方认证机构或者在中华人民共和国境内具有 CMA 资质的检测认证机构；
- 所列认证证书、检测报告要求完整、清晰、可辨识。认证证书须为图片格式，不得涂抹、PS，做任何形式的修改。

2.4.3 商品说明

详情页须用英文将产品使用的注意事项、维护保养、使用条件等清晰、完整地列出。

图 1-14 信息发布规范（续）

【任务思考】

查询《阿里巴巴国际站美容仪器行业标准》，分析其与消费电子行业标准的不同。

应用实战

任务 1-4 了解店铺产品违规原因

【任务描述】

某全球跨境电子商务公司的多个产品被阿里巴巴国际站判为商品信息滥发，请和运营经理 Allen 共同查询阿里巴巴国际站规则，了解其商品信息滥发具体情况。

【任务实施】

（1）了解知识产权违规情况。进入阿里巴巴国际站后台，点击左侧"产品管理"命令，

项目一 认识跨境电商 B2B 数据运营

打开"产品管理"页面，进入产品列表，点击"审核不通过"选项，进入"审核不通过"产品列表页面，如图 1-15 所示。点击"退回原因"选项，查看产品退回原因，发现原因是该产品触犯知识产权规则，如图 1-16 所示。

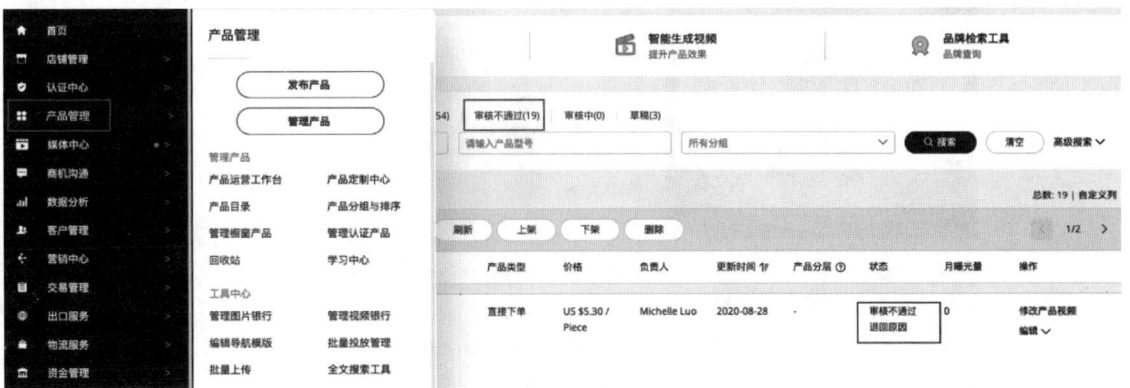

图 1-15 "审核不通过"产品列表页面

尊敬的供应商：

您好！您提交的产品由于以下原因暂时未能发布：

- 依据阿裡巴巴國際站智慧財產權規則，您的產品涉及 Bluetooth 智慧財產權（商標/著作權/專利）被退回。若您有該品牌銷售資質點此提交。同時，建議您立即自檢自查，及時刪除相關商品和信息避免重復違規。國際站將視重復違規的嚴重程度采取更多處置措施，包括但不限於扣分，刪除產品信息、屏蔽店鋪、限制會員使用網站產品功能、凍結賬號直至關閉賬號等。
According to Alibaba.com Intellectual Property Rights Infringements Claims, this listing contains information or images that are identical or similar to trademark or its related product model designation and may infringe Bluetooth intellectual property right of the trademark owner. If you are an authorized dealer or having effective authorization, you may click here to submit authorization. We recommend that you check your account and remove problematic listings at your convenience so as to avoid repeated violation which will trigger further penalty. Thank you for your cooperation.
- 依据阿里巴巴国际站知识产权规则，此信息文字/图片涉嫌不当使用他人商标 Bluetooth 0分下架发。若您有该品牌销售资质请点此提交。同时，建议您立即自检自查，及时删除相关商品和信息避免重复违规。国际站将视重复违规的严重程度采取更多处置措施，包括但不限于扣分，删除产品信息、屏蔽店铺、限制会员使用网站产品功能、冻结账号直至关闭账号等

按我司政策，扣分累计至一定程度，我司会对账号做出搜索和旺铺屏蔽乃至关闭等措施。请关注《阿里巴巴国际站处罚规则及扣分说明》。您账户的具体处罚扣分情况可点此查看。

图 1-16 产品审核不通过原因

（2）了解产品标题信息堆砌违规情况，如图 1-17 所示。

图 1-17 产品标题信息堆砌违规

（3）了解标题滥用关键词违规情况，如图1-18所示。

图1-18　标题滥用关键词违规

（4）了解图文不符违规情况，如图1-19所示。

图1-19　图文不符违规

（5）了解标题和属性冲突违规情况，如图1-20所示。

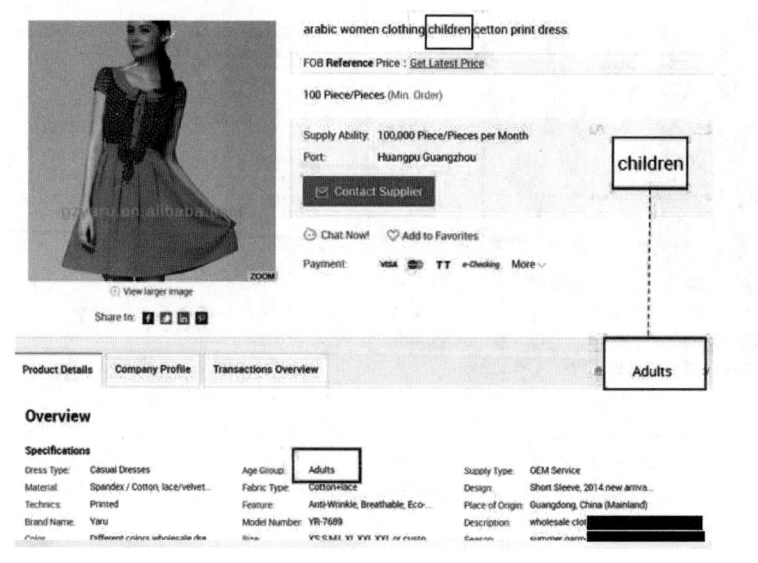

图1-20　标题和属性冲突违规

【任务思考】

图片盗用违规和信息发布违规，有什么本质的不同？

应用实战

任务 1-5　查询违规处罚规则

【任务描述】

全球跨境电子商务公司因违规被平台扣分，请和运营经理 Allen 共同完成如下操作：
（1）查询账号违规情况；
（2）了解违规详情；
（3）查询当前违规情况引起的平台处罚。

【任务实施】

（1）进入阿里巴巴国际站规则中心首页。
（2）点击上方"规则中心"选项卡，即可进入阿里巴巴国际站规则中心页面，查看账号的违规情况及违规积分，如图 1-21 所示。

图 1-21　阿里巴巴国际站规则中心页面

（3）点击"违规处罚记录"选项，可打开"违规处罚记录"页面查看违规处罚详情及处罚原因，如图 1-22 所示。

图 1-22　"违规处罚记录"页面

（4）点击处罚规则，搜索该账号的知识产权投诉，了解到平台有如下规则，因此该账户将被扣6分。

> 一般知识产权侵权行为，被权利人投诉，扣分处罚6分/次。
> 首次被投诉不扣分，基于同一知识产权且发生在首次被投诉后5天内的投诉算一次。从第6天开始，每次被投诉扣6分，一天内若被同一知识产权多次投诉扣一次分。所有时间以投诉受理时间为准。

（5）进一步查询扣分处罚规则可知，扣6分则该店铺将被严重警告。

【任务思考】

违规扣分是否有期限？是否按年累计？

任务三　商家成长

知识梳理

1．商家成长

阿里巴巴国际站是一个功能强大的商业操作系统，功能包括店铺管理、产品管理、交易管理、物流服务、外贸直通车、RFQ采购等。许多商家初次接触时往往会遇到各种问题，希望提升店铺营销效果和效率。于是，阿里巴巴国际站专门开设了商家成长频道，通过指标评估商家状态，并提供规则学习、课程学习，又将平台活动、阿里生态服务等融入该频道，以帮助商家成长。因此，商家成长是值得阿里巴巴国际站商家持续关注的重要频道。

2．商家星等级

商家星等级是评估阿里巴巴国际站商家服务买家能力和意愿的分层体系，通过推动商家能力提升，帮助商家成长，获得更多商机。商家星等级依据跨境交易各环节买家的核心关注点梳理，商家可参考自身指标表现做对应优化调整，更好地在平台吸引海外买家和承接买家需求，以获取更多商机。

商家星等级分为RTS赛道和定制赛道两个类型，商家需要完成「新手推荐任务」，方可开启星级评定和享受星级权益。

商家星等级从商家力、营销力、交易力、保障力4个维度进行评价。

商家的（定制/快速交易）星等级由商家四大能力项的表现所决定，每个能力项满分100分，四大能力项均须符合一定的标准且满足买家服务基础要求时才能晋级为星级商家。1-5星的四大能力项分数要求分别是60-70-80-85-90分。

四大能力项的分数由其项下多个指标共同影响，根据各指标项权重综合计算对应能力项的分数。各子项指标值越高，对应能力项分数越高。

若能力项内有基础服务指标，当基础服务指标未达到对应星级要求时，能力项的分数会停留在向下一个星级的临界值。例如：平均回复时间未达到24小时，营销力显示59分。

3．商家学习频道

商家学习频道汇聚了阿里巴巴国际站的系统课程，内容范围包括了从开店准备到店铺效果诊断，是国际站全流程操作指南。商家可以通过必修课和进阶课掌握阿里巴巴国际站的基本操作。商家学习频道的入口是"后台→商家成长→商家学习"。

4．外贸云课堂

阿里巴巴外贸云课堂是专业的外贸电商学习平台，平台栏目包括平台操作、外贸专业能力、电商管理、企业通用管理、阿里文化等内容。

"外贸云课堂"平台主要栏目介绍如下：

（1）平台操作：网站建设、推广引流、订单洽谈、订单交付；
（2）外贸专业能力：外贸通关流程、外贸营销、外语；
（3）电商管理：电商业务管理、电商团队管理；
（4）企业通用管理：企业管理、企业营销；
（5）阿里文化：阿里文化相关内容。

操作体验

任务 1-6　获取商家成长指引

【任务描述】

全球跨境电子商务公司开通了阿里巴巴国际站店铺，希望做国际贸易，把货物卖向全球。作为一个新手卖家，需要系统化的商家成长支持。请了解该公司的商家星等级的等级，并了解该公司需要提升的星等级维度和系统建议的提升措施。请和 Coral 共同完成任务。

【任务实施】

（1）进入商家星等级后台。

进入系统后台，点击"商家成长→商家星等级"命令，进入商家星等级页面，如图 1-23 所示。

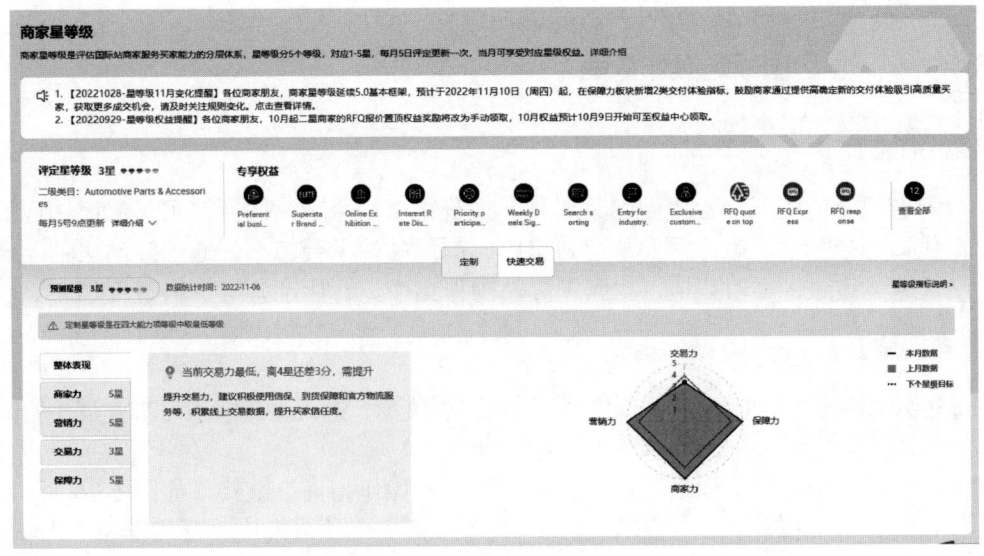

图 1-23　"商家星等级"页面

（2）解读商家星等级。

通过该页面，可以了解到该商家的等级为 3 星级。该公司在定制赛道和 RTS 赛道，交易力都是最低的。商家需要使用信保、到货保障和官方物流服务等，积累线上交易数据，提升买家信任度。

（3）获取商家成长指引。

进入"阿里巴巴国际站后台→商家成长→成长指引"页面，如图 1-24 所示。通过查看智能诊断板块，可以得到建议优化措施如下：设置阶梯价格、更换橱窗产品、优化产品成分等。

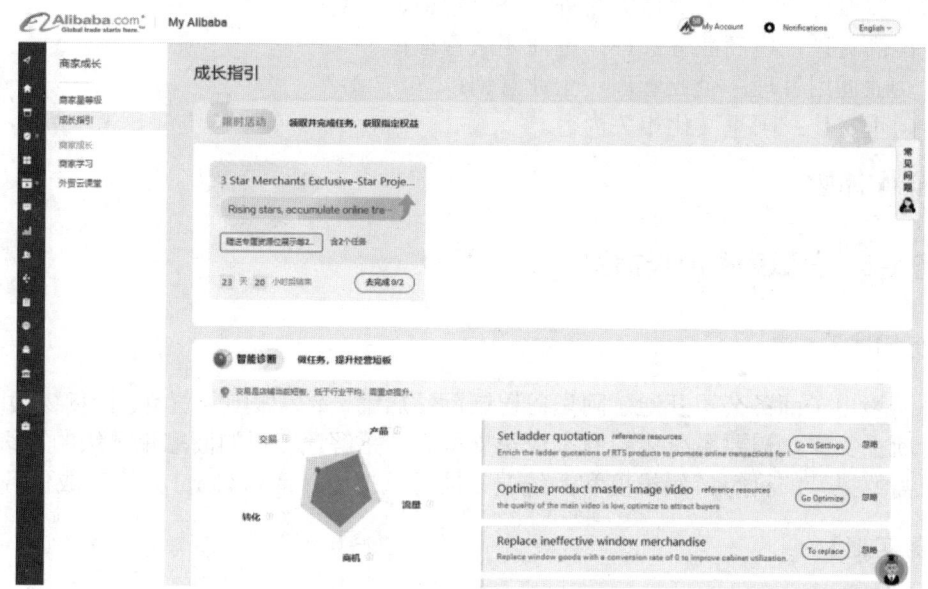

图 1-24　商家成长指引

应用实战

任务 1-7　学习国际站操作指南

【任务描述】

A 公司有自己的工厂，希望做国际贸易，把货物卖向全球，想要在阿里巴巴国际站上开设店铺。作为一个新手卖家，需要了解阿里巴巴国际站，学会怎么开通国际站店铺。请帮助 A 公司从商家频道进入学习频道，找到国际站操作指南、开店准备等资料进行学习。

【任务实施】

（1）进入"商家频道"首页，点击"商家学习"菜单，进入"商家学习"首页，如图 1-25 所示。

（2）在"商家学习"页面最下端，找到"国际站操作指南"链接，如图 1-26 所示。

（3）在"国际站操作指南"的课程清单中选择第一个学习模块"开店准备"，点击"开店准备"下任一个学习单元，即可开启跨境电商新卖家的学习路程了。如打开"My Alibaba

操作后台简介"学习单元，如图 1-27 所示。

图 1-25 "商家学习"首页

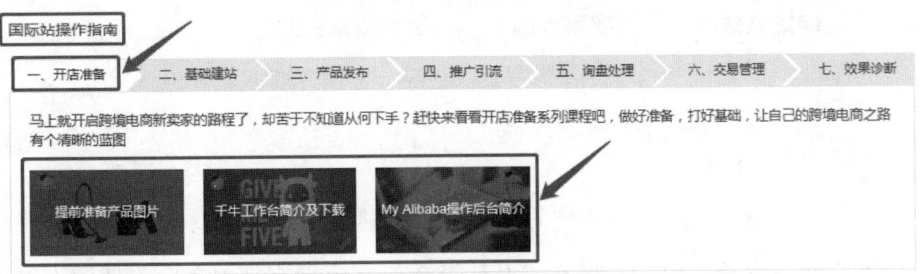

图 1-26 "国际站操作指南"课程

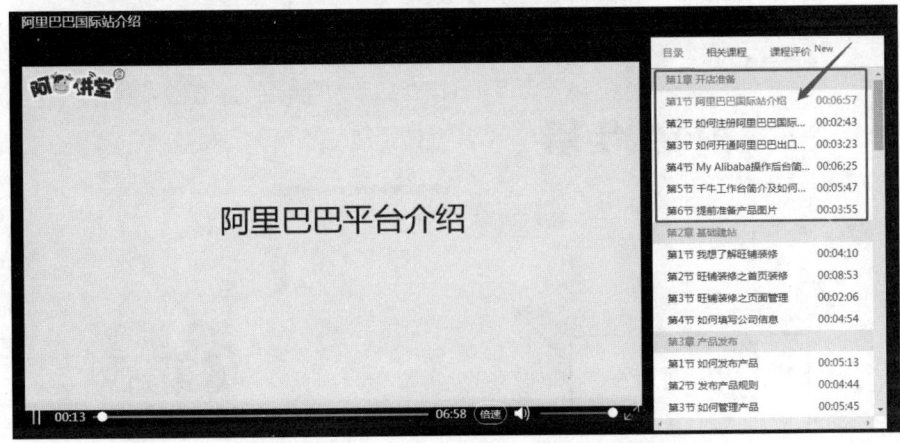

图 1-27 "开店准备"学习页面

（4）除此之外，在"商家学习"首页中间找到"我要学习"链接，点击右侧"查看更多"选项，如图1-28所示。在新打开的页面中找到"新手入门"链接，如图1-29所示。

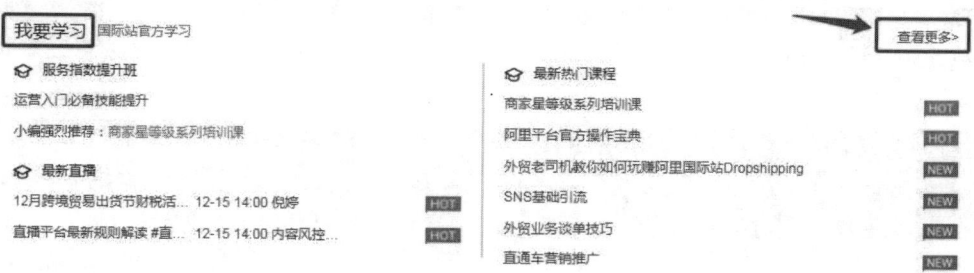

图1-28 "我要学习"链接

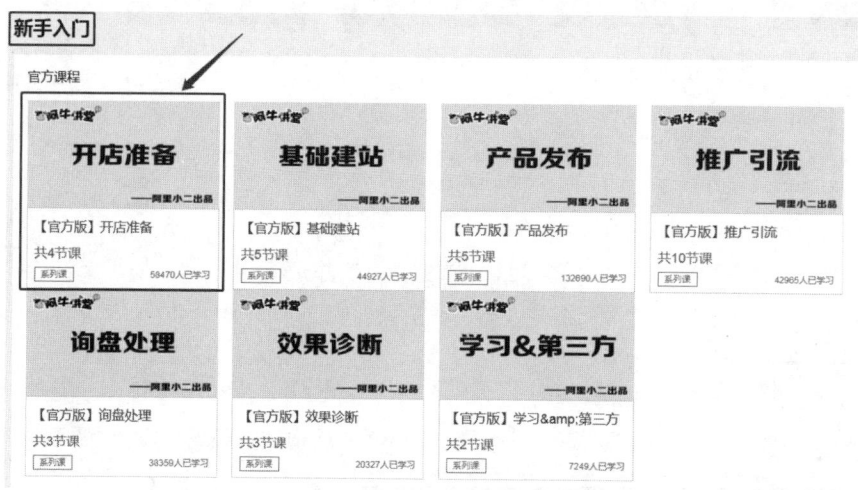

图1-29 "新手入门"系列课程

（5）点击"开店准备"模块，进入"开店准备"官方课程学习页面，如图1-30所示。

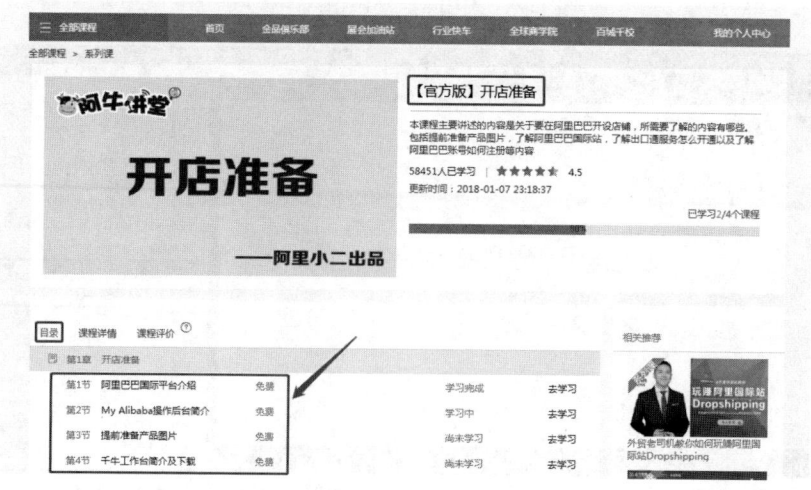

图1-30 "开店准备"官方课程学习页面

项目一　认识跨境电商 B2B 数据运营

【任务思考】

如何结合商家星等级，确定并筛选店铺当前需要的学习资料？

应用实战

任务 1-8　开启直播服务

【任务描述】

近年来，外贸线上化加速，前半年压抑的购物需求在后半年面临井喷式的爆发，线上展会和直播业务的快速发展加速了贸易方式的迭代。为了承接好接下来的采购需求，某全球跨境电子商务公司决定在阿里巴巴国际站店铺紧急启动直播营销，但他们没有任何经验和途径，请帮助这家全球跨境电子商务公司在阿里巴巴国际站外贸服务市场寻找直播外包服务。

【任务实施】

（1）登录阿里巴巴国际站后台，点击"服务中心→外贸服务市场"命令，进入"外贸服务市场"首页，如图 1-31 所示。

（2）在"外贸服务市场"首页搜索框中输入关键词"直播"，或者在首页下方找到"直播服务"链接。点击搜索结果或者点击对应链接，即可找到直播外贸服务。

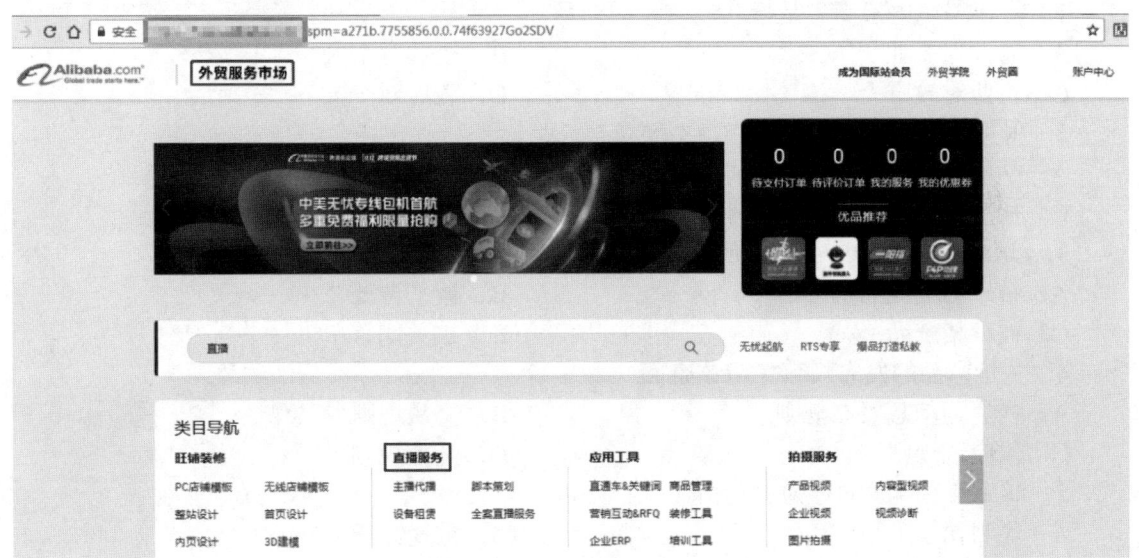

图 1-31　"外贸服务市场"首页

（3）除此之外，外贸服务市场还可为供应商提供如运营服务、旺铺装修、软件服务、检测认证等多项服务内容，以满足供应商的个性化推广和精益化运营的需求。

【任务思考】

通过本任务的学习，我们能够通过"外贸服务市场"功能获得更好的服务。除此之外，

"9月采购节"即将开始,A公司数据运营专员Coral想在"商家活动"及"9月采购节"中找到活动期攻略。今年采购节在大市场中首次划分"Customization"和"Ready to ship"采购模式,并搭建了更为丰富的导购场景如"全球产业带、实力代工、爆款榜单、节庆一站式采购"等,请帮助Coral了解每个场景的规则和玩法,获取官方小二、外贸大咖关于活动的解读。

项 目 小 结

本项目首先介绍了跨境电商B2B的概念和全球知名的跨境电商B2B平台阿里巴巴国际站,并了解了阿里巴巴国际站数据运营的基本内容。其次介绍了阿里巴巴国际站规则总则,并依次介绍了内容与信息发布规则、交易规则、跨境供应链规则及其他规则。最后介绍了帮助商家成长的基本方法,了解了"商家成长"的内容和学习过程。通过本项目的学习,我们可以学会在"商家学习"中找到相关课程或资料,学会在"外贸服务市场"中获得更多更好的服务。

项 目 训 练

一、选择题

1. B2B跨境电子商务是指(　　)的交易。
   A. 企业对企业　　　　　　　　　　B. 企业对个人
   C. 企业对政府　　　　　　　　　　D. 政府对个人
2. 阿里巴巴国际站的商家类型主要是(　　)。
   A. 从事全球贸易的大型企业　　　　B. 从事全球贸易的中小型企业
   C. 从事国内贸易的大型企业　　　　D. 从事国内贸易的中小型企业
3. 卖家未按照约定时间发货时将(　　)。
   A. 被平台关闭店铺　　　　　　　　B. 被平台处罚
   C. 被下架产品　　　　　　　　　　D. 被关闭订单
4. 关于产品的发布规范,应该查阅(　　)。
   A. 内容与信息发布规则　　　　　　B. 交易规则
   C. 供应链规则　　　　　　　　　　D. 其他规则
5. 商品信息滥发的行为主要指(　　)。
   A. 类目错放　　　　　　　　　　　B. 重复铺货
   C. 虚假价格　　　　　　　　　　　D. 盗用他人图片

二、判断题

1. 广义的B2B跨境电商是指企业之间基于跨境电子商务B2B交易平台进行的贸易活动。(　　)
2. 跨境电商B2B交易平台在跨境电商B2B交易中占据主导地位,协调买方和卖方的交易活动。(　　)

3．数据运营是指利用数据驱动的方式来管理、优化和提升业务运营效率和效果的一系列活动和过程。在跨境电商中，数据运营可以帮助企业更好地理解市场、优化业务流程和提升客户体验。（　　）

4．商家在阿里巴巴国际站发布商品时，设置虚假价格、虚假SKU的行为，会被平台判定为商品信息滥发。（　　）

5．阿里巴巴国际站规定的知识产权投诉处罚，首次被投诉将扣分，且基于同一知识产权的投诉5天内算一次。（　　）

三、实操题

某全球跨境电子商务公司新开设阿里巴巴国际服装类店铺，请和运营经理 Chen 共同完成如下任务：

（1）了解阿里巴巴国际站；

（2）了解服装类目准入规则；

（3）查询服装类目产品发布规范；

（4）了解服装类目常见纠纷原因，制订纠纷处理防范措施；

（5）学习在线交易收款准则，制订店铺收款与交易规范。

项目二　店铺管理

【学习目标】

（1）了解平台入驻的基本条件与操作步骤，能开通阿里巴巴国际站店铺。
（2）掌握店铺信息设置的基本方法，了解阿里巴巴国际站店铺后台各板块的功能。
（3）理解主账号与子账号的基本概念，掌握账号设置的基本方法。

任务一　平台入驻

 知识梳理

1. 入驻条件

要想入驻阿里巴巴国际站，需要有公司类型和实地认证。

（1）要想在阿里巴巴国际站办理出口通（Gold Supplier），成为国际站卖家会员，在公司类型方面的要求主要有以下 4 种。

① 开通阿里巴巴国际站，必须是在我国工商行政管理机关注册成立的做实体产品的企业，生产型企业和贸易型企业都可以，可收费办理。
② 服务型企业如从事物流、检测认证、管理服务等业务的企业暂不能加入。
③ 离岸公司和个人无法办理。
④ 各个区域对个体经营执照的限制不同，需要联系阿里巴巴国际站当地的客户经理，让其判断是否能够加入。

（2）实地认证。公司类型符合后，还需要通过实地认证才能确认是否可以开通，实地认证需要以下资料。

客户需要提供企业营业执照信息（包含企业中英文名称、营业执照照片、企业注册地址）、企业对公账户信息（包含企业对公账户开户行、开户名、对公账号）、企业经营地址信息（包含企业经营地址及经营场地证明）、认证人信息（包含认证人姓名、联系方式、身份证号码、职位、部门等信息）。

在资料审核通过之后，客户经理将上门采集拍摄公司的办公及生产环境照片，《认证信息确认书》需要盖章确认。

2. 使用费用

阿里巴巴国际站按年收费，费用由基础服务费和增值服务费组成。

基础服务费（出口通）为 29800 元/年，具体几年起购以及是否有套餐方案，会由客户经理根据企业想要的推广效果和选择的增值服务类型给企业制订合适的方案。一般费用会在 3～10 万元/年，也可根据企业自身情况实时调整。

金品诚企（Verified Supplier）是阿里巴巴国际站根据买家采购习惯推出的综合性推广服务，能够帮助企业快速赢得买家信任，促成交易，也就是在出口通（Gold Supplier）基础上再次升级。金品诚企市场价格为 8 万元/年。

3．阿里巴巴国际站认证流程

阿里巴巴国际站认证三部曲包括提交认证信息、提交公司信息、发布产品信息。

（1）提交认证信息。

公司类型符合的情况下，为了保障企业身份真实有效，企业还需要准备并提交认证信息，通过阿里巴巴国际站业务经理的实地认证之后才能确认是否可以入驻。对网站供应商进行认证审核，可以为买家提供更加真实安全的交易环境，以确保买家在网站上能放心交易。

阿里巴巴国际站的 A&V 认证环节，目的是认证公司信息。在公司信息认证中，需要准备的基础信息是工商四要素：公司名称、证照类型、法人代表姓名、法人代表身份证号。工商信息查询验证每天不能超过 3 次。

实地认证信息包括企业营业执照信息、企业对公账户信息、企业经营地址信息、认证人信息。企业营业执照信息包含企业中英文名称、营业执照照片、企业注册地址。企业对公账户信息包含企业对公账户开户行、开户名、对公账号。企业经营地址信息包含企业经营地址及经营场地证明。认证人信息包含认证人姓名、联系方式、身份证号码、职位、部门等。

客户经理会上门拍摄企业的办公及生产环境照片，企业还需要在《认证信息确认书》上盖章确认。实地认证涉及企业的配合、客户经理的确认、阿里巴巴国际站的信息审核以及第三方认证机构的认证，各个环节涉及的当事人相互配合才能保证认证及时并顺利地进行。一般情况下，企业资料提交后 7～8 天完成认证。

（2）提交公司信息。

公司信息主要包括 5 个部分，分别是基本信息、工厂信息、贸易信息、展示信息、证书商标及专利。

对于基本信息，已认证信息不支持自行修改。如果需要变更，可以联系阿里巴巴国际站客户经理申请修改信息，客户经理会上门完成变更内容的认证。工厂信息主要是向买家展现生产能力，要求如实完整地填写，如生产线、加工信息、年产量信息等。贸易信息主要是向买家展示外贸能力，要求如实完整地填写，如出口市场、出口港口、最小起订额、支付方式等。展示信息用于整体介绍公司，为必填项，填写后才能开通网站，并且该信息会在旺铺中进行展示。主要包括公司标志、公司详细信息、公司形象展示图、公司视频、展会信息等。其中三张公司形象展示图一般为展示公司 LOGO 的门头照、办公室或工厂内景照以及公司全景照。证书、商标及专利信息主要是向买家展示公司获得的相关证书、商标及专利，从而反映公司整体实力。

（3）发布产品信息。

提交完公司信息之后，商家需要至少发布一款产品，且审核通过。出口通服务开通前，最多可以发布 24 个商品。发布产品时需要关注产品名称、产品关键词、类目与属性、产品图片、产品描述等产品信息六要素。登录 My Alibaba，进入"产品管理→发布产品"页面之后，依次选择产品类目、填写基本信息、交易信息、物流信息、商品描述、特殊服务及其他，最后点击"检测产品信息质量"选项。当产品信息质量符合发布要求时，就可以点击"提交"按钮，通常产品信息发布后1个工作日内完成审核。

4．店铺开通

在 My Alibaba 首页的"业务管理"下，可以查看认证信息、公司信息、产品信息的审核状态。如果已经审核通过，则可以都打上绿色√。当商家至少发布一个产品信息并审核通过约3小时后，需要完成国际站规则考试，通过考试后即可选择网站开通时间。

阿里巴巴国际站目前没有强制性要求商家参与国际站规则考试，但为了避免后续出现违规扣分的情况，建议学习并完成考试。开通资料审核通过后，需要等待3小时左右，再登录后台进行开通，选择开通时间。开通时间一旦确认将无法修改，平台开通后将正式开始计费。因为网站开通数据同步需要时间，为保证所有产品在开通当天完整展示，建议如果是18点前操作可选择次日开通，如果是18点后操作则选择隔日开通。

5．经营权限

商家店铺可经营类目根据企业会员类型有所不同。出口通商家可以经营2个一级类目（含1个主营类目），金品诚企-工厂/工贸一体商家可以经营3个一级类目（含1个主营类目），金品诚企-贸易型商家可以经营4个一级类目（含1个主营类目）。

 操作体验

任务2-1　入驻阿里巴巴国际站

【任务描述】

某全球跨境电子商务公司的主营产品是珠宝首饰，该公司想拓展海外市场，入驻阿里巴巴国际站。假设你是该公司的运营专员 Coral，请完成阿里巴巴国际站账号注册及认证任务。

【任务实施】

1．账号注册

进入阿里巴巴国际站官网，点击主页右上角的"Join Free"（免费注册）按钮，进入注册会员的页面，会员注册页面如图2-1所示。在 Join Free 页面，填写相应信息。

2．提交认证信息

（1）A&V 认证。

点击进入"店铺管理→A&V 信息"页面，查看《认证信息确认函》，检查公司名称、企业类型、企业经营地址、现场照片等信息。确认无误之后点击"确认"按钮。在确认合同并款项到账之后，进入"店铺管理→A&V 认证信息"，提交认证信息。提交认证信息路径如图2-2所示。

图 2-1 会员注册页面

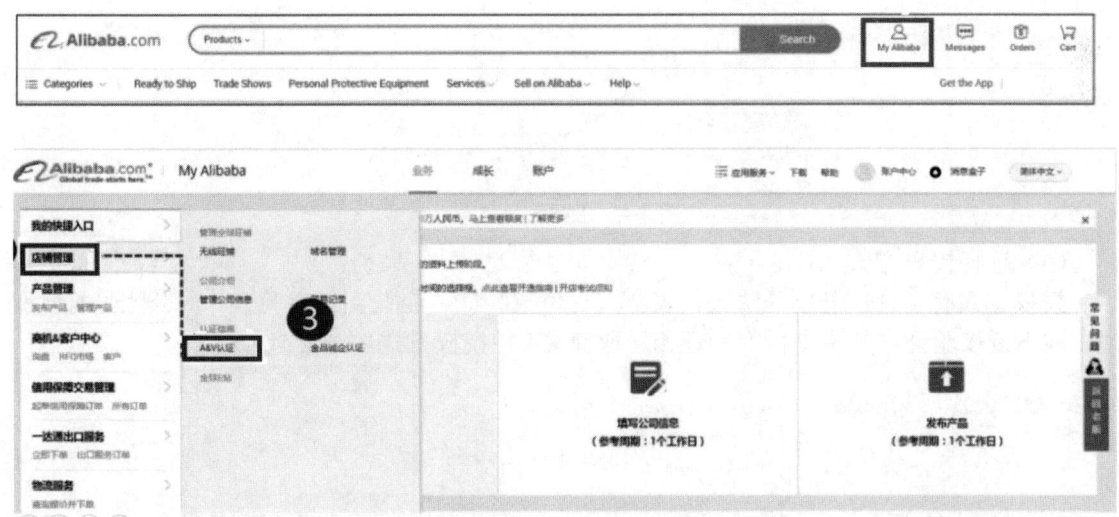

图 2-2 提交认证信息路径

《认证信息确认函》由客户经理提交，商家查看之后，如无问题点击"确认"按钮。认证信息确认函页面如图 2-3 所示。

图 2-3　认证信息确认函

（2）提交工商四要素。

《认证信息确认函》确认无误之后，商家需要提交工商信息，主要包括公司名、证照类型、法人代表姓名、法人代表身份证号。每天工商信息验证只能申请 3 次，相关信息需要细致填写并认真检查之后再提交。工商信息填写页面如图 2-4 所示。

图 2-4　工商信息填写

（3）选择授权方式。

授权方式有 4 种，分别是法人代表个人支付宝验证、企业支付宝验证、对公账号打款验证、线下授权验证，其中支付宝验证相对快捷。4 种授权方式如图 2-5 所示。

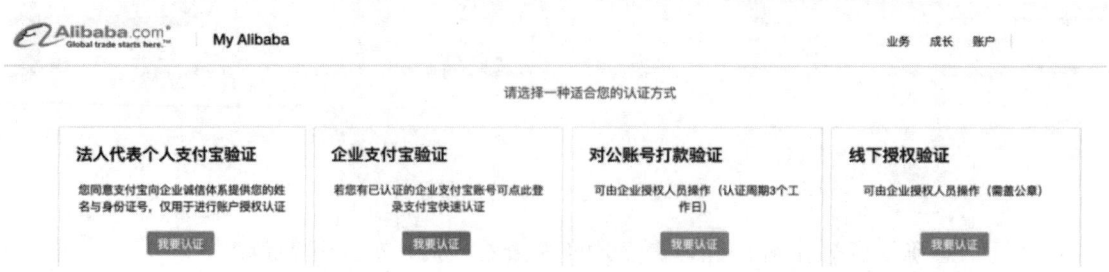

图 2-5　授权方式

（4）提交英文名称等认证资料。

商家可以在提交英文名称等认证资料页面填写公司中英文名称、公司中英文注册地址、企业中英文经营地址、认证联系人姓名等信息。提交英文名称等认证资料页面如图 2-6 所示。

图 2-6　提交英文名称等认证资料

（5）经过阿里巴巴国际站平台认证审核之后，即可认证通过。

3．提交公司信息

主账号登录 My Alibaba，进入"店铺管理→管理公司信息"页面填写公司信息，要求如实完整地填写，填写完之后点击"提交"按钮。

公司信息提交之后，审核中的公司信息显示灰色，无法再次编辑。一般 1 个工作日内会完成审核，审核通过之后才可以再编辑或修改。

（1）补充完整基本信息，已认证信息不需要重新准备。

（2）收集生产线、加工、年产量等工厂信息。

（3）收集出口市场、出口港口、最小起订额、支付方式等贸易信息。

（4）收集公司标志、公司详细信息、公司形象展示图、公司视频、展会信息等展示信息。准备三张公司形象展示图，包括含有公司 LOGO 的门头照、办公室或者工厂内景照以及公司全景照。

（5）收集公司获得的相关证书、商标及专利信息。

（6）用主账号登录 My Alibaba 首页，打开 My Alibaba 的"店铺管理→管理公司信息"页面。

（7）如实完整地填写公司信息 5 个模块的内容，如果需要变更已认证了的公司基本信息，可以联系阿里巴巴国际站客户经理申请信息修改，填写完成后点击"提交"按钮。

4．提交产品信息

为型号 AK00101 的手表，准备与收集产品基本信息、产品属性、交易信息、物流信息、产品详情、产品分组。

（1）准备能精准显示产品个性的产品名称。

（2）获取并筛选覆盖率高、搜索指数高的关键词。

（3）充分利用阿里资源选择类目与添加产品属性。

（4）准备6张尺寸为1000像素×1000像素的产品主图，图片大小为3M以内，图片格式可以为jpg、png。

（5）准备15张详细描述中的图片，图片大小为3M以内，图片格式可以为jpg、png。

（6）准备结构化的产品简要描述，要求突出与他人产品特性的区别，尽量分成5行。

（7）准备多维度、结构化的产品详细描述，可插入表格与图片。

（8）在My Alibaba首页的"业务"下，如果原先发布产品位置打上了绿色√，并显示"您已成功发布1个产品，开通前，还可发布23个产品"，则表明发布了的那款产品已通过审核。

5．开通阿里巴巴国际站店铺

（1）登录操作平台。

（2）在My Alibaba首页的"业务管理"页面中，查看认证信息、公司信息、产品信息是否都已打上绿色√，如果是，则已审核通过。"开通三部曲"审核通过页面如图2-7所示。

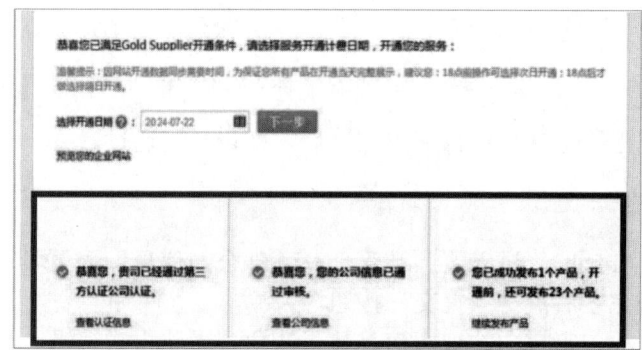

图2-7 "开通三部曲"审核通过

（3）打开My Alibaba首页的"业务管理"页面，点击"去考试"按钮。"国际站新会员考试规则说明"页面如图2-8和图2-9所示。

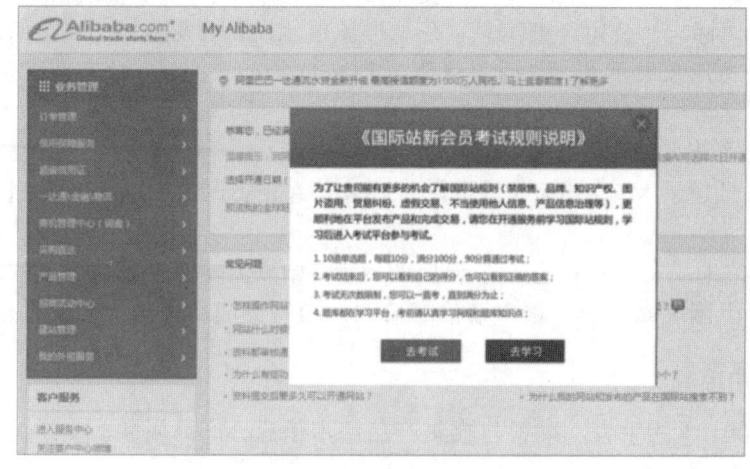

图2-8 国际站新会员考试规则说明-1

项目二 店铺管理

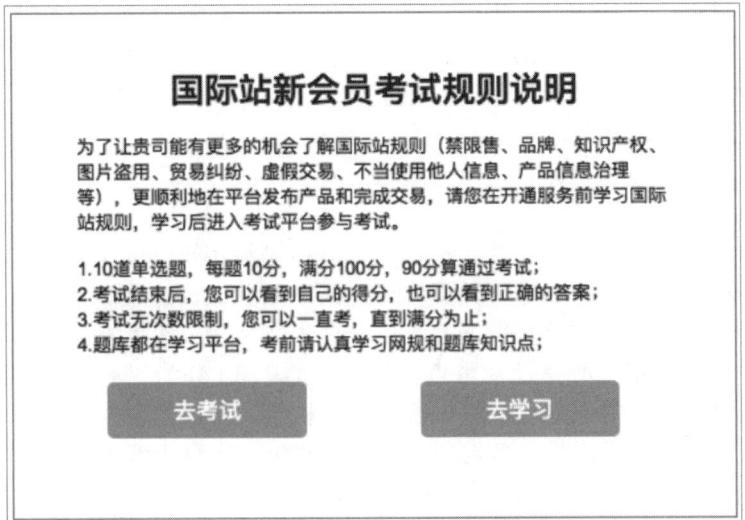

图 2-9　国际站新会员考试规则说明-2

选择"开通时间"的页面如图 2-10 所示。

（4）设置服务开通时间。设置出口通服务开通时间，如图 2-10 所示。

图 2-10　选择服务开通时间

【任务思考】

不同行业开通国际站的流程相同吗？

任务二　后台功能

  知识梳理

阿里巴巴国际站的操作后台 My Alibaba 聚焦了商家外贸业务的核心链路，是为商家提供稳定、高效的一站式服务的操作平台，助力商家开展外贸工作，培养商家自运营的能力。店铺开通之后，只有在了解店铺后台基本功能的基础上，灵活应用平台进行运营操作，才能更

31

好地向海外买家展示公司与产品，进而获得更多的贸易商机和订单，拓展出口业务。阿里巴巴国际站后台的主要功能包括店铺管理、商品管理、媒体中心、数据参谋等。

（1）店铺管理。店铺管理是对整个店铺整体的管理，店铺装修、A&V 认证、金品诚企认证、域名管理、贸易记录展示等都在这个栏目进行操作。

（2）商品管理。商品管理栏目是运营重点，发布产品、管理产品、工具中心等都在这一栏目下操作。

（3）媒体中心。媒体中心的功能包括视频、直播等数字媒体的运营。

（4）数据参谋。优化必看数据，数据参谋包括产品参谋、流量参谋、市场参谋等，热门关键词收集、行业商家、店铺首页数据、流量入口、产品效果等都在这个栏目。

（5）营销中心。营销中心是运营重点，外贸直通车（P4P）、橱窗、顶级展位（顶展）、明星展位、优惠券活动、粉丝通等的操作都在这个栏目。

（6）商机沟通。商机沟通是业务常用栏目，主要包括询盘查看、分配、导出，还有 RFQ（Request For Quotation）的报价操作、样品单管理等。

（7）客户管理。客户管理是业务常用栏目，客户列表、EDM 设置、营销活动、访客详情等都在这个栏目操作。

（8）交易管理。交易管理是业务常用栏目，信用保障服务、运费模板、验货服务等都在这个栏目，主要是对线上订单的相关操作。

（9）出口服务。出口服务是业务常用栏目，主要包括出口服务订单的订单管理、退税管理等内容。

（10）物流服务。物流服务包括物流结算、物流营销、海外仓管理等。

（11）资金管理。资金管理是业务常用栏目，包括资金明细、结汇、退税、资金提现等操作。

 操作体验

任务 2-2　了解阿里巴巴国际站后台功能

【任务描述】

某全球跨境电子商务有限公司完成了店铺开通，请和运营专员 Coral 共同了解店铺后台功能模块。

【任务实施】

1．后台登录方法

主账号与子账号均可以使用注册邮箱或账号 ID 进行登录，登录方式一样。

（1）登录阿里巴巴国际站，点击"My Alibaba"按钮，输入账号密码即可登录。

（2）通过点击阿里卖家聊天模式上方的快捷入口进入。

（3）输入阿里巴巴国际站后台网址，输入账号密码后直接进入后台。

2. 后台菜单导航

进入后台页面，在左侧的导航栏可以看到各个操作板块，包括快捷入口、业务菜单、服务工具，如图 2-11 所示。

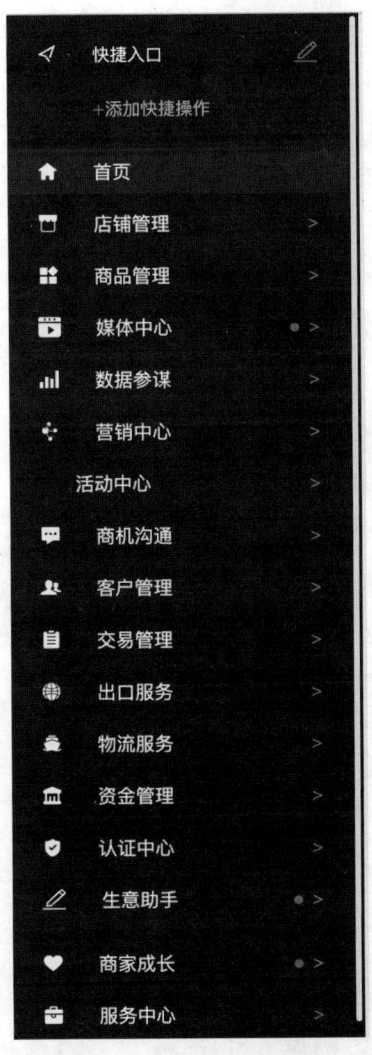

图 2-11　后台导航栏与板块分布

（1）业务菜单板块。

业务菜单板块的栏目包括店铺管理、商品管理、媒体中心、数据参谋、营销中心、商机沟通、客户管理、交易管理、出口服务、物流服务、资金管理等。

①"店铺管理"页面如图 2-12 所示。

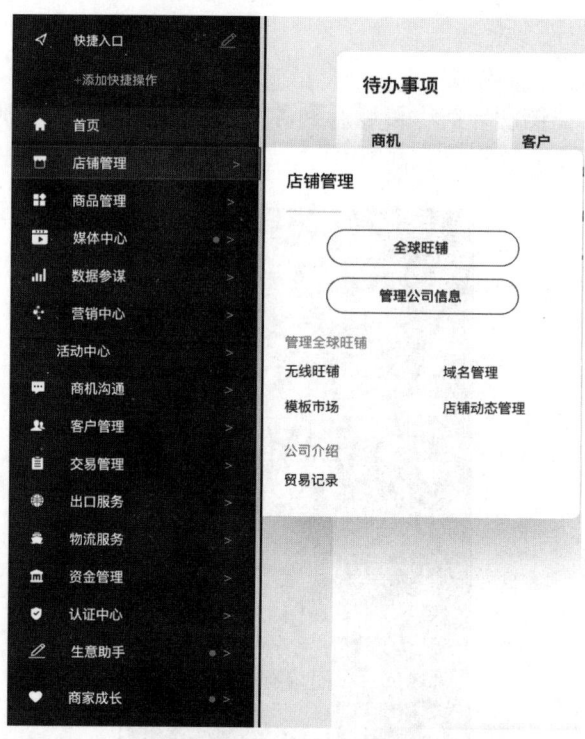

图 2-12 "店铺管理"页面

② "商品管理"页面如图 2-13 所示。

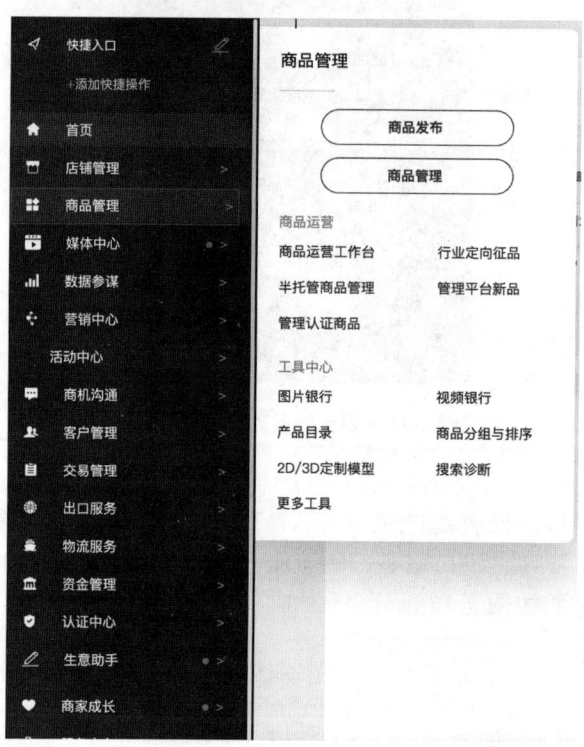

图 2-13 "商品管理"页面

③ "媒体中心"页面如图 2-14 所示。

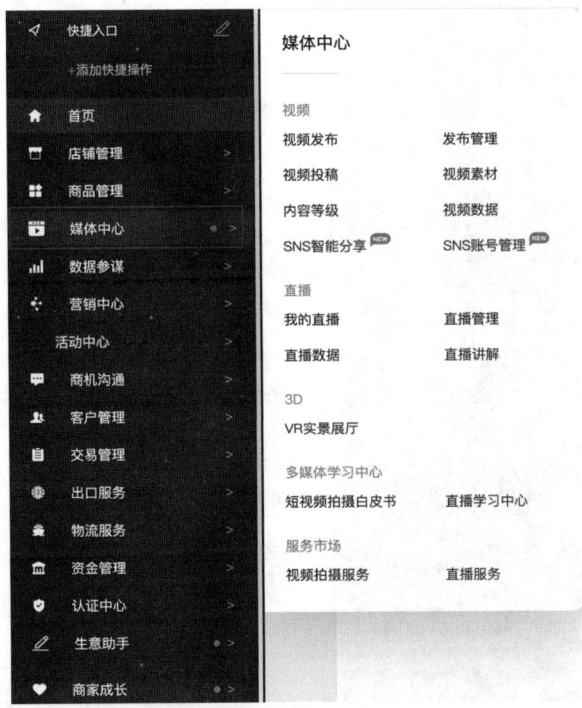

图 2-14 "媒体中心"页面

④ "数据参谋"页面如图 2-15 所示。

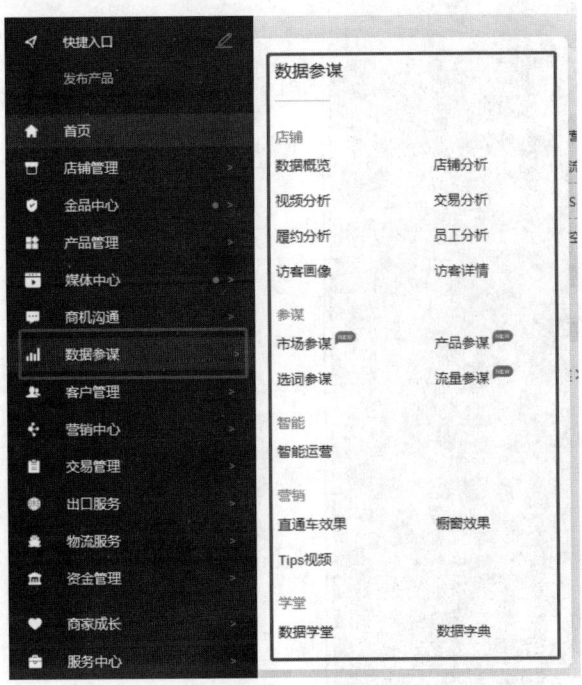

图 2-15 "数据参谋"页面

⑤ "营销中心"页面如图 2-16 所示。

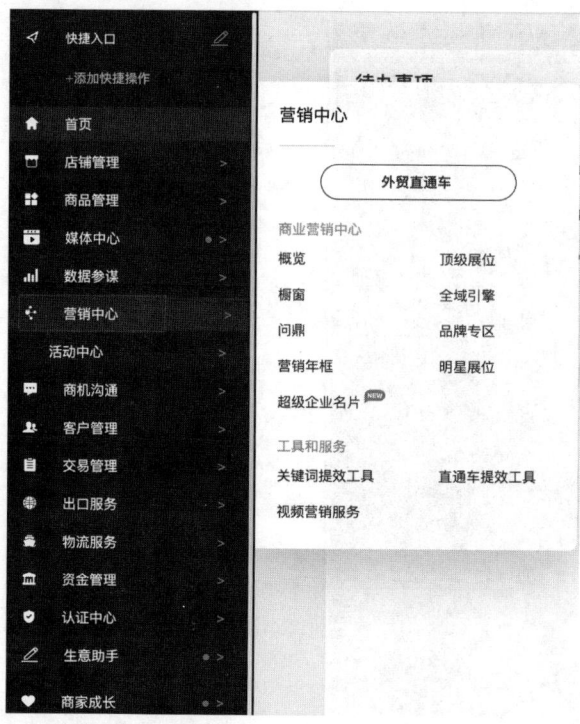

图 2-16 "营销中心"页面

⑥ "商机沟通"页面如图 2-17 所示。

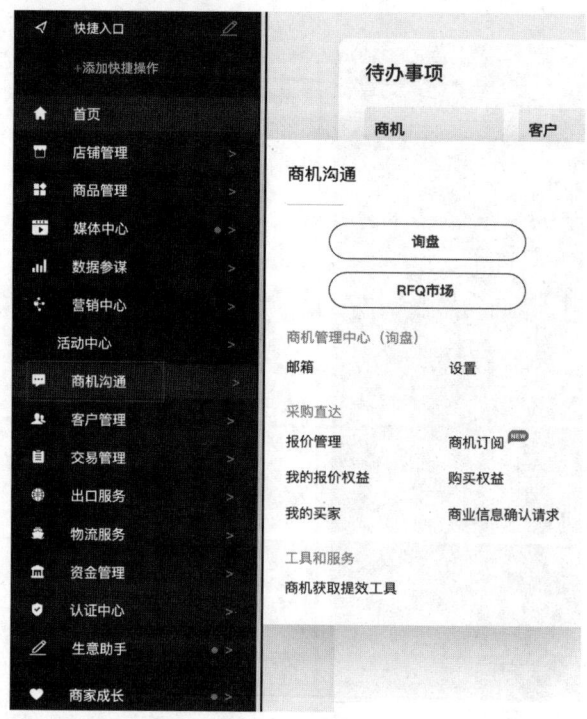

图 2-17 "商机沟通"页面

⑦ "客户管理"页面如图 2-18 所示。

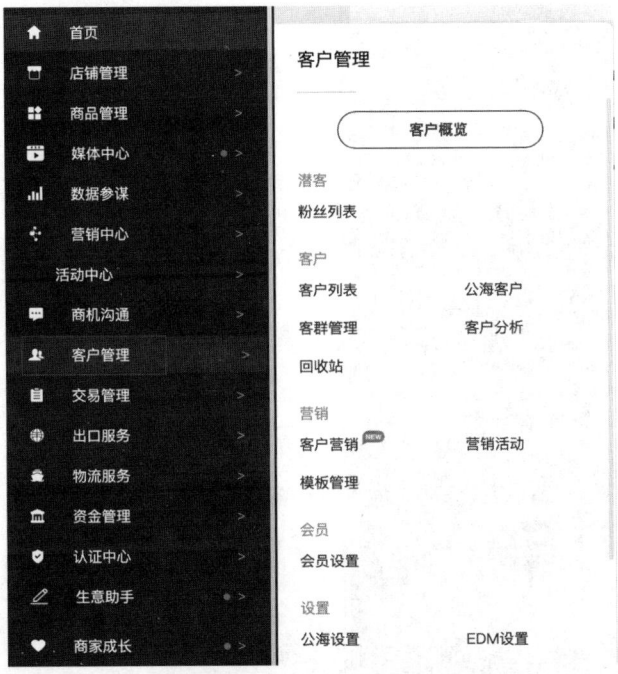

图 2-18 "客户管理"页面

⑧ "交易管理"页面如图 2-19 所示。

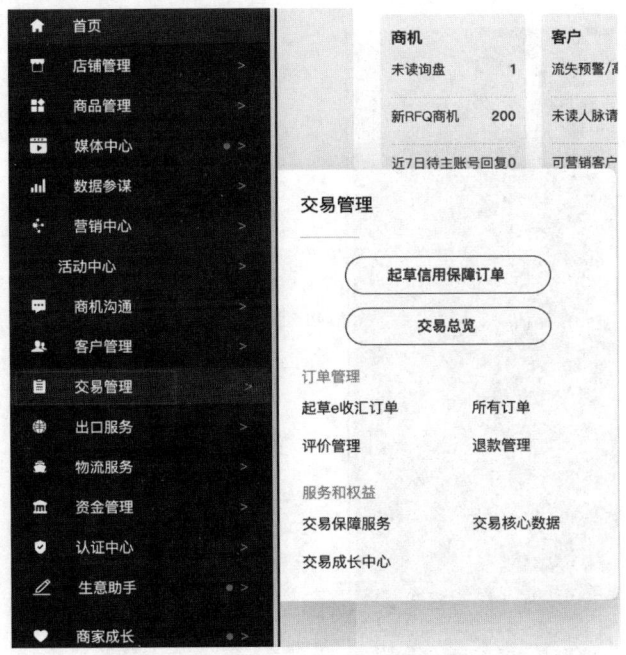

图 2-19 "交易管理"页面

⑨ "出口服务"页面如图 2-20 所示。

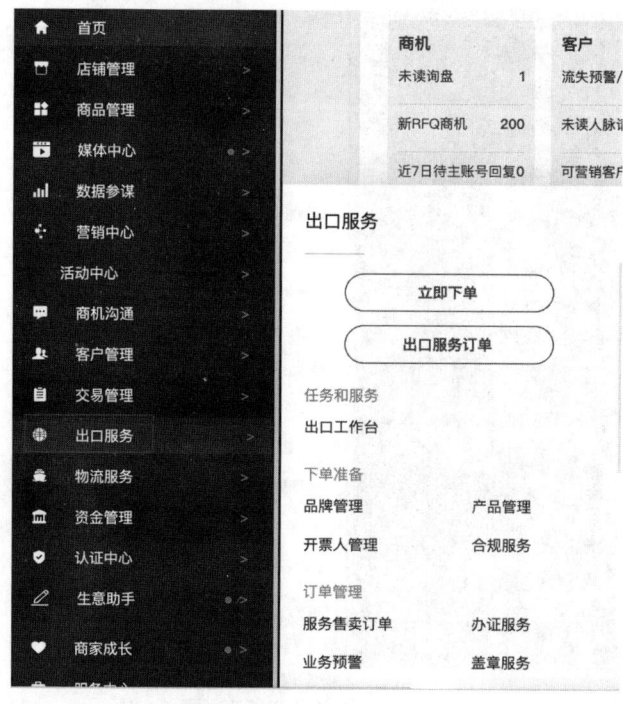

图 2-20 "出口服务"页面

⑩ "物流服务"页面如图 2-21 所示。

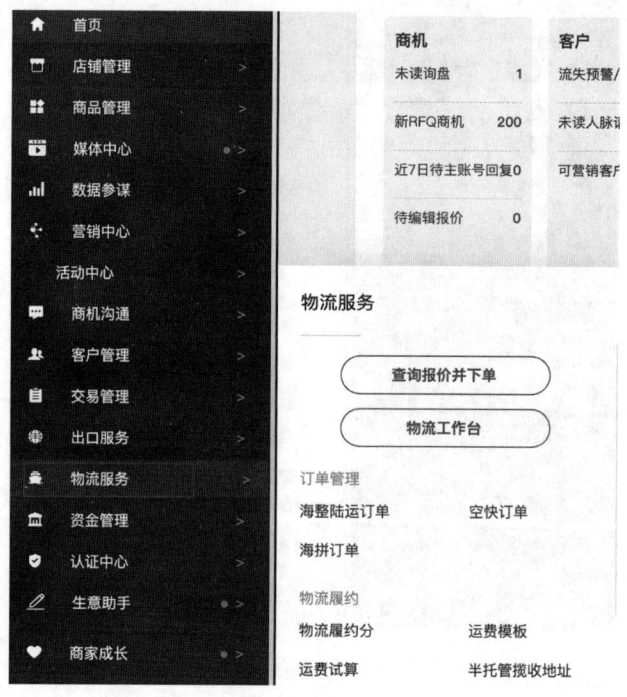

图 2-21 "物流服务"页面

⑪"资金管理"页面如图 2-22 所示。

图 2-22 "资金管理"页面

（2）服务工具板块。

服务工具板块有商家成长、服务中心两个栏目。服务工具板块建立了"商家成长"学习阵地，商家在这里可以通过学习平台的最新课程资源，使用这里提供的服务项目，提升自身的运营能力。

① 商家成长。商家成长是商家的学习频道，如图 2-23 所示。

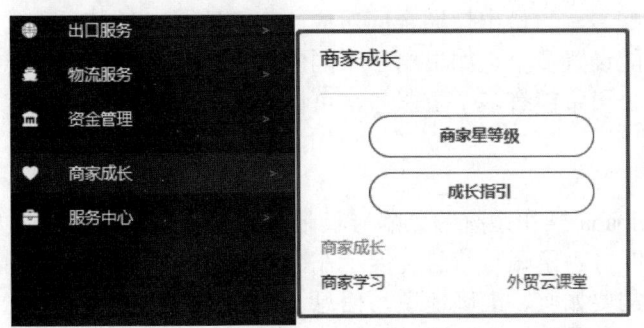

图 2-23 "商家成长"页面

② 服务中心。服务中心包括规则中心、开放生态、账户中心等，知识产权保护、外贸服务市场、发票中心等都在这个栏目进行操作，如图 2-24 所示。

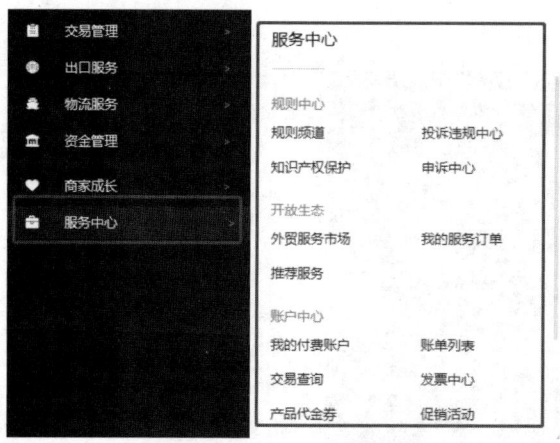

图2-24 "服务中心"页面

任务三　账号管理

 **知识梳理**

1. 账号信息

账号信息包括个人信息、账号安全信息、账号设置、资金账户管理等。这些信息可以帮助商家更好地管理店铺，进行交易时提供相关信息以确保账号的安全性，一些担保交易或退换货等问题，也需提供相关信息以便处理售后事宜。

个人信息包括姓名、性别、邮箱、联系地址、电话、职位、头像等信息。个人信息可以展示在店铺前台，作为客户服务的名片。需要注意的是，这些信息必须真实准确，并且应与商品相关联。

2. 主账号与子账号

（1）主账号。

主账号即管理员账号，一份出口通合同对应一个主账号。签订一份出口通合同的会员只能有一个主账号，不能设置多个。如果出于不同的操作需求，希望有多个操作账号，可以添加子账号。如果一个公司希望有多个主账号，可以联系阿里巴巴国际站客户经理签订多份出口通合同。

（2）子账号。

子账号即My Alibaba操作系统的分账号权限，如果公司有多个人需要操作My Alibaba平台，就需要开通子账号。子账号信息会展示在名片中，作为客户沟通的联系信息，因此在进行子账号创建时，需要如实、准确地填写信息。一般子账号信息为英文。

子账号由管理员创建，有自己独立的ID和密码，可以登录My alibaba系统进行操作，比如发布和管理产品，处理收到或者分配所得的询盘；也可以登录Trademanager和买家在线交流，只是权限配置上和管理员有差异。子账号的权限配置可以分为业务员、业务经理、制作员3种类型。

子账号创建数量有一定的限制。在阿里巴巴速卖通中,每个主账号(管理员账号)可以设置 50 个子账号。在阿里巴巴国际站中,仅管理员可添加子账号,且最多只能添加 5 个高级子账号。

3. 子账号类型

管理员可以创建的子账号共分 3 种类型:业务经理、业务员、制作员。

主账号的权限最大,可以查看子账号的相关操作以及管理网站,主账号发布产品的排名与子账号无区别,只在操作权限上做区分。业务经理负责创建产品,管理自己和所属业务员的产品,并管理自己的询盘和客户,同时可选择管理所属业务员的询盘和客户;制作员负责创建产品、管理产品和产品组、管理图片银行;业务员负责创建和管理被分配到的产品,接收和回复针对所属产品的询盘和客户。

操作体验

任务 2-3　设置账户信息

【任务描述】

在完成阿里巴巴国际站入驻之后,请你以 AK 公司运营专员 Coral 的身份,设置账户信息。

【任务实施】

1. 个人信息设置

(1)进入账户中心。

进入阿里巴巴国际站后台,点击页面右上角的"账户中心"按钮,即可进入账户设置页面,如图 2-25 所示。

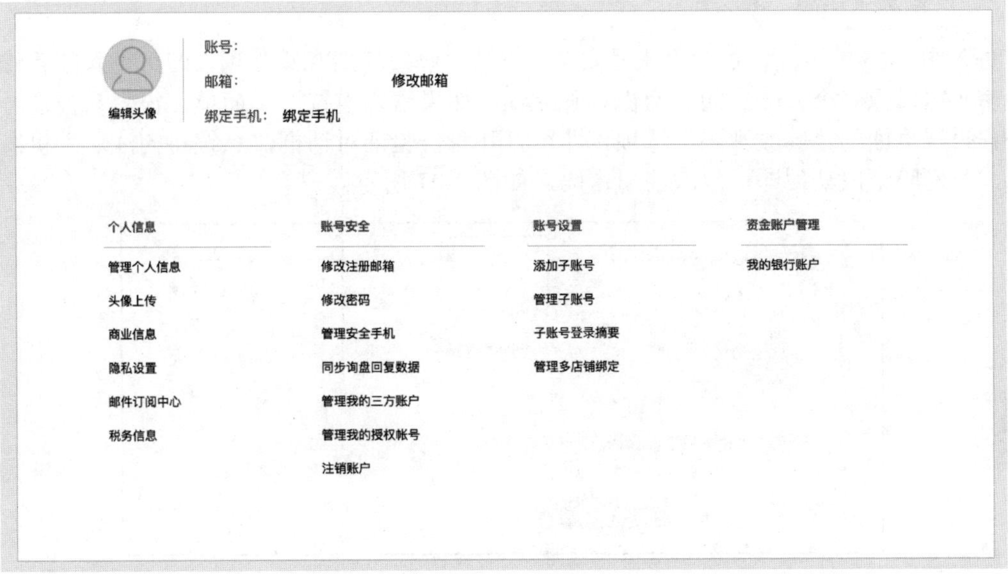

图 2-25　账户设置

（2）设置个人信息。

点击"管理个人信息"选项，进入个人信息管理页面。在个人信息表单中，输入用户姓名、性别、邮箱等个人信息，如图2-26所示。点击"提交"按钮，即可完成个人信息设置。

图2-26　设置个人信息

（3）设置头像。

在账号设置页面，点击"头像上传"选项，即可进入头像设置页面。点击"修改头像"选项，选择需要上传的头像并确认，即可完成头像设置。

2．设置安全信息

进入图2-25的页面，点击"账号安全"下的"修改注册邮箱"项，即可进入邮箱修改页面。密码可以保障个人账户的私密性和独立性，如果密码设置过于简单，很容易被盗号。点击账户设置页面的"修改密码"选项，即可打开身份验证对话框，系统将向注册手机发送验证码。身份验证成功后即可修改注册密码，如图2-27所示。

图2-27　修改密码

【注意事项】

必须如实填写公司信息，提交完公司信息之后查看公司信息是否显示灰色，如审核中的公司信息显示灰色，则无法再次编辑。

操作体验

任务 2-4　设置子账号

【任务描述】

某公司的账号开始正式运营，为了方便运营团队管理，现需设置子账号，请和该公司运营专员 Coral 共同完成子账号的设置。

【任务实施】

1. 进入店铺后台

点击"后台→账户中心→子账号设置"选项，进入"管理子账号"页面，如图 2-28 所示。

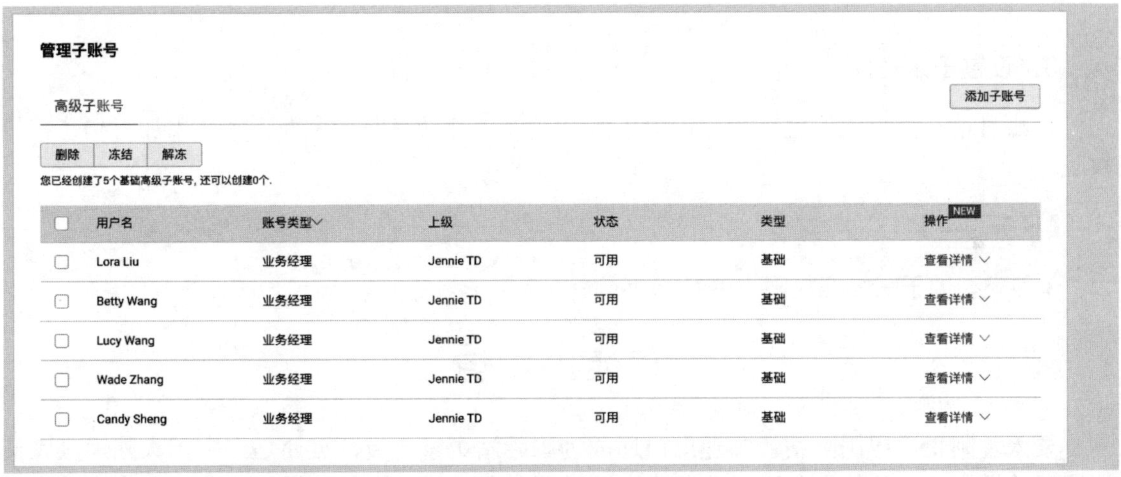

图 2-28　管理子账号

2. 设置子账号信息

进入子账号信息设置页面，先选择子账号类型，然后填写邮箱、密码、用户姓名、性别等信息，填写完毕后提交，即可完成子账号信息设置，如图 2-29 所示。

提交账号信息之后，账号绑定的邮箱会收到账户激活邮件，打开邮件点击"激活"按钮，即可完成账号激活。

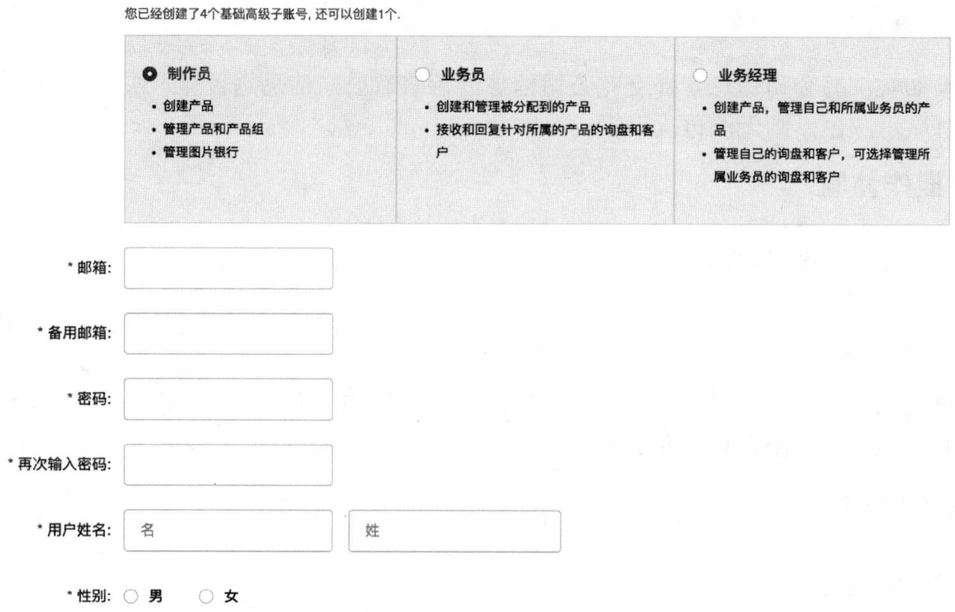

图 2-29　子账号信息设置

3．设置子账号权限

子账号信息添加完毕之后，需设置子账号权限，可以根据需求为子账号添加折扣营销等权限。

【任务思考】

3 种类型的子账号在权限上有什么不同？

项目小结

要入驻阿里巴巴国际站，办理出口通成为国际站卖家会员，需要是在中国大陆地区工商局注册的做实体产品的企业，会员费用由基础服务费和增值服务费组成。

通过点击"Join Free"按钮注册会员之后，可以进入 My Alibaba 的账户中心进行账户信息管理。作为新签商家，已确认合同并款项到账之后，商家需用主账号在 My Alibaba 页面确认认证函，提交工商四要素，选择授权方式，提交英文名称等认证资料进行实地认证。实地认证通过之后，商家按照网站指引准备公司基本信息、工厂信息、贸易信息等，填写并提交。当提交的公司信息审核通过之后，商家需要至少发布一款产品，且审核通过。完成阿里巴巴国际站开通三部曲之后，需要等待三小时左右，再登录后台操作开通，选择开通时间。为了避免后续出现违规扣分的情况，在店铺开通之前建议学习并完成阿里巴巴国际站规则考试。阿里巴巴国际站的操作后台 My Alibaba 聚焦了商家外贸业务的核心链路，导航栏包含了店铺管理、认证中心、产品管理、商机沟通、数据参谋、客户管理、营销中心、交易管理、出口服务、物流服务、资金管理、商家成长、服务中心等各个栏目，每个栏目又包含了各项操作功能。

商家要在阿里巴巴国际站开启跨境贸易，须经过注册会员、提出申请、签约、付费、实地认证、提交公司信息、发布产品、开通等步骤。店铺信息设置包括账号信息与公司信息。账号管理可以设置不同权限的子账号以方便管理。

项 目 训 练

一、单选题

1．下列哪家公司能够成功入驻阿里巴巴国际站？（　　）
A．广州的食品加工厂　　　　　　　　B．东南亚的化妆品公司
C．中东的珠宝设计工作室　　　　　　D．新加坡的电子产品分销商
2．工厂信息主要是向买家展示（　　）。
A．生产能力　　　B．商品颜色　　　C．商品细节　　　D．客户关系
3．以下实地认证的流程正确的是（　　）。
A．确认认证函—提交工商四要素—选择授权方式—提交英文名称等认证资料—认证审核—认证通过。
B．确认认证函—选择授权方式—提交工商四要素—提交英文名称等认证资料—认证审核—认证通过。
C．选择授权方式—提交工商四要素—提交英文名称等认证资料—确认认证函—认证审核—认证通过。
D．提交工商四要素—选择授权方式—提交英文名称等认证资料—确认认证函—认证审核—认证通过。
4．数据运营专员 Emily 关注零效果产品的情况，以便优化店铺运营策略。她应该在阿里巴巴国际站后台的哪个板块进行操作？
A．营销中心　　　B．产品管理　　　C．数据参谋　　　D．认证中心
5．关于主账号与子账号，以下说法错误的是（　　）。
A．主账号即管理员账号，一份出口通合同对应一个主账号。
B．如果同一个公司希望有多个主账号，可以签多个出口通合同。
C．子账号有多种类型，可以设置不同的权限。
D．子账号有独立的 ID 和密码，可以登录 My alibaba 操作系统。

二、判断题

1．只要在中国大陆地区工商局注册的公司就能入驻阿里巴巴国际站，办理出口通。
（　　）
2．商家完成实地认证之后，接下来要至少发布一款产品，且审核通过。（　　）
3．开通阿里巴巴国际站时需要提交公司信息，公司信息全英文填写，是展示给客户看的。
（　　）
4．如果要进行优惠券创建，需要进入商品管理模块寻找对应功能。（　　）
5．主账号可以创建子账号，但是子账号不能创建子账号。（　　）

三、实操题

某全球跨境电子商务公司开通了阿里巴巴国际站店铺,请和运营专员 Coral 共同完成如下任务。

(1) 查看已经在平台发布的产品。

(2) 进入询盘列表,查看询盘详情。

(3) 查看店铺客户列表,查看客户详情。

项目三　商品管理

【学习目标】

（1）了解产品信息、产品定位和风格对确定店铺风格的重要性。
（2）了解关键词获取方法和关键词筛选标准，掌握制作与整理关键词表的方法。
（3）了解产品标题制作双原则、产品标题结构四要素，掌握产品标题制作技巧。
（4）掌握发布产品各环节信息填写与操作的方法。
（5）了解产品分组方法，掌握产品分组与分配的操作方法。
（6）了解橱窗的作用，掌握橱窗基础操作和设置方法。
（7）掌握零效果产品的概念及处理方法。

任务一　产品信息整理

产品信息主要包括产品图片信息和产品文字信息。产品是店铺的核心，准备产品信息并加以整理可确定产品的定位和风格，进而确定店铺的风格。

知识梳理

1. 产品图片信息

产品图片信息主要包括产品主图、产品细节图、产品卖点图、产品包装图、产品使用效果图等。产品图片信息如图 3-1 所示。

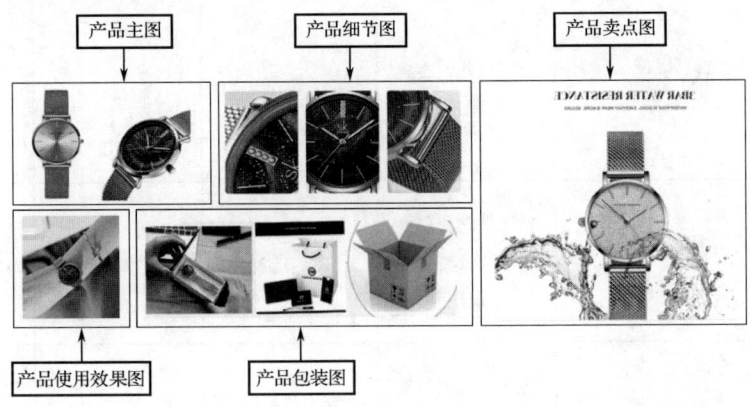

图 3-1　产品图片信息

2．产品文字信息

产品文字信息主要包括产品标题、属性、功能、价格、基础参数、尺寸、重量（指质量）等。某款手表的产品文字信息如表 3-1 所示。

表 3-1　某款手表的产品文字信息

Product Name	Stainless Steel Men Watch
Unit Price	$10
Watch Case Material	Alloy Case
Watch Diameter Size	32mm
Watch Backcase	Stainless Steel back with logo engraved
Colors	4 colors
Quartz Watch Movement	Quartz Movement With
Logo	Hannah Martin/ Accept Custom Logo
Water Resistant	3ATM/ waterproof/water resistance/30 meters/100 Feet
Watch Dials OEM	Custom logo Available
Weight	60g
Payment	T/T/ Trade Assurance/ Western Union/ PayPal
MOQ	20PCS
Packing	Standard Packing- OPP ba

3．产品定位及风格

通过了解公司的主营产品，从而了解公司产品的竞争优势、产品用途、产品特点、产品参数等信息，进而确定产品适合的人群和目标市场，以最终确定产品的定位和风格。某款珠宝的产品定位及风格如表 3-2 所示。

表 3-2　某款珠宝的产品定位及风格

主营产品	产品名称与主图	产品特点	适用人群	目标市场	图片风格描述
珠宝	项链	宫廷奢华、古典元素	35～60 岁	欧洲	主要突出雍容华贵的感觉
	戒指	精工技艺、层叠繁复、"多细节"展现	15～35 岁	欧洲	主要突出精致、优雅的气质
	戒指	古典、奢华、复杂、夸张	所有年龄段	非洲	主要突出奢侈、华丽的恢宏气势

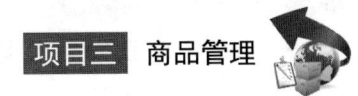

 **操作体验**

任务 3-1　了解产品和分类产品图片

【任务描述】

AK 公司的主营产品是珠宝首饰，假设你是 AK 公司产品管理岗位的实习生，主管让你到阿里巴巴国际站找一款"Gold Ring"（金戒指）的产品图片信息，并通过对其进行分析而进一步了解该产品。

【任务实施】

（1）选定一款"Gold Ring"。在阿里巴巴国际站通过搜索框搜索"Gold Ring"，选择一款产品。

（2）找出产品主图。进入产品页面，从产品页面中找出产品主图。

（3）找出产品细节图。从产品页面中找出产品细节图，并阐述应从哪些方面来展示"Gold Ring"产品的细节。

（4）找出产品卖点图。从产品页面中找出产品卖点图，并阐述"Gold Ring"可以有哪些卖点。

（5）找出产品使用效果图与产品使用场景图。从产品页面中找出产品使用效果图与产品使用场景图，并阐述"Gold Ring"在哪些场景不便于使用。

（6）找出产品包装图。从产品页面中找出产品包装图。

【任务思考】

对产品主图、产品细节图、产品卖点图、产品使用效果图、产品使用场景图、产品包装图等进行分析，可以进一步了解产品。请思考这些产品图片能帮助你确定该产品适合的人群和目标市场吗？

 应用实战

任务 3-2　整理产品基础信息

【任务描述】

请你以 AK 公司产品管理岗位实习生的身份，从任务 3-1 中所选定的"Gold Ring"的产品页面中找出产品文字信息并翻译成中文。

【任务实施】

在"Gold Ring"产品页面中找出产品文字信息，并填写在如表 3-3 所示的"Gold Ring"产品文字信息名称列表中。

（1）收集并列出关键词表。

（2）制作产品标题。

（3）收集产品图片信息，包括六张产品主图和产品详情图。
（4）收集产品文字信息，包括产品属性、规格、价格、基础参数等。
（5）撰写详情页描述。
（6）收集公司素材，包括公司研发能力、产品证书、物流服务等。
（7）收集工厂素材，包括工厂车间照片、制作工艺等。

表 3-3 "Gold Ring" 产品文字信息名称列表

序　号	产品文字信息（英文）	产品文字信息（中文）
1		
2		
3		
4		
5		
...		

注：可自行根据产品页面信息添加列表的行数。

【任务思考】

产品文字信息通常包括标题、属性、功能、价格、基础参数、尺寸、重量等，请思考是否任何一款产品都需要给出尺寸和重量。

任务二　制作关键词表

 知识梳理

1. 关键词获取

关键词是指产品名称的中心词，是对产品名称的校正，有助于系统快速识别并匹配客户的搜索词，以便客户尽快找到所需产品。

关键词是匹配客户搜索的重要因素，当输入关键词进行搜索时，系统会匹配标题里含有该关键词的产品，再根据商家产品的综合质量分数，按分数由高到低的次序将产品推送给客户。需要注意的是，在发布产品前就要知道客户对这款产品的叫法有哪些，只有用这些叫法来制作标题，才能让客户精准地找到产品。搜索列表中标题里的关键词如图 3-2 所示。

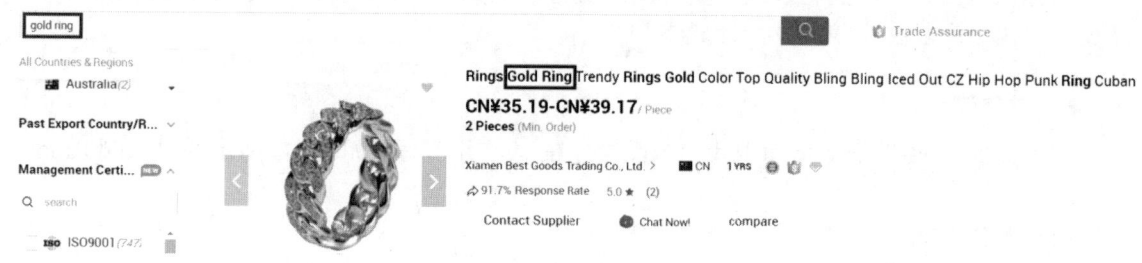

图 3-2　搜索列表中标题里的关键词

关键词获取方法主要包括平台首页搜索栏下拉框、同行产品内页的底部推荐关键词、发布产品时的关键词下拉框、数据参谋、RFQ 商机、产品管理的管理行业商机、P4P 关键词工具、站外找词等。

2．关键词的筛选标准

关键词的搜索人气、搜索指数、支付转化率、Top3 热搜国家、竞争指数等数据，都可以作为关键词选择的依据。商品热搜词如图 3-3 所示。

搜索词		是否品牌原词	搜索人气	搜索指数	点击率	支付转化率	竞争指数	Top3热搜国家
traf	查看商品	N	470,722	3,938,716	25.92%	0.10%	5.02	法国 智利 西班牙
dress	查看商品	N	516,203	2,850,442	35.10%	0.12%	38.34	美国 英国 沙特阿拉伯
vestidos	查看商品	N	462,354	2,633,725	27.56%	0.08%	19.59	墨西哥 西班牙 巴西
платье женское	查看商品	N	472,132	2,001,361	61.32%	0.11%	13.70	俄罗斯 乌克兰 白俄罗斯
платье	查看商品	N	421,410	1,724,679	60.68%	0.10%	13.22	俄罗斯 乌克兰 德国
فساتين مناسبة رسمية	查看商品	N	133,767	1,711,792	32.77%	0.02%	26.49	沙特阿拉伯 德国 以色列

图 3-3　商品热搜词

一个产品会有很多相关的关键词，但并不是所有关键词都可以使用，筛选关键词时主要依据以下 4 个方面：覆盖率高、搜索指数高、对应产品排名靠前、避免侵权。

（1）覆盖率高。

客户通过搜索关键词能够搜索到产品，关键词覆盖内容越多、覆盖率越高，就越容易搜索到对应产品。关键词覆盖率=采用的关键词个数÷搜索的关键词个数。

（2）搜索指数高。

关键词搜索指数是指某产品被访客搜索的次数指标，该数值越大，搜索热度也越大。在阿里巴巴国际站后台"数据参谋"中可以找到关键词的搜索指数。

（3）对应产品排名靠前。

关键词搜索指数、产品质量分、店铺活跃情况等因素都会影响产品排名。利用阿里巴巴国际站后台的"排名查询工具"，可以直接检测使用了该关键词的产品排名情况。选择能让产品排名靠前的关键词比选取搜索指数高的关键词更重要，因为排名决定了曝光次数。

（4）避免侵权。

阿里巴巴国际站严禁使用未经品牌方授权的品牌词、协会名称等作为关键词，同时需要关注店铺主要销往国的商标、著作权等知识产权问题，以避免侵权。

3. 关键词表的制作与整理

（1）关键词分类。

关键词分类最常用的方法是按产品类型分类，如皮沙发、布沙发、转角沙发等。此外，也可以按照关键词关注度分类，如未收录新词、蓝海词、飙升词、排名靠前词等。

（2）关键词表。关键词表如表3-4所示。

表3-4 关键词表

关键词	搜索指数	搜索涨幅	点击率	点击率涨幅	卖家规模指数	已发布产品数量	词来源
gold ring jewelry	457.0	1789.04%	3.76%	4.71%	119.00	9	关键词指数
gold ring design	367.0	-3.45%	1.81%	5.10%	123.00	6	访客详情
gold ring woman	234.0	-21.69%	1.6%	18.28%	17.00	1	引流关键词
gold ring set	145.0	-7.39%	10.23%	-25.98%	56.00	2	访客详情
gold ring diamond	141.0	-21.90%	4.21%	-38.97%	165.00	4	关键词指数
gold ring stainless steel	135.0	-26.56%	3.81%	-18.04%	98.00	6	RFQ
gold ring men	128.0	10.60%	6.30%	-60.08%	45.00	1	引流关键词
gold ring customisation	110.0	-41.91%	7.04%	170.50%	67.00	0	RFQ
gold ring 14k	105.0	33.45%	10.79%	108.77%	19.00	2	RFQ
gold ring 18k	92.0	67.21%	4.36%	-14.60%	53.00	3	P4P

（3）关键词表整理的步骤。

① 表格可直接从"热门搜索词"导出，再补充添加所需栏目。
② 直接删除品牌词、侵权词或不符合的关键词。
③ 可利用搜索框查询不确定的关键词，查看查询结果是否与自己的产品相符。
④ 在表头增加"筛选"功能，以方便查找。

操作体验

任务3-3　收集关键词

【任务描述】

请你以AK公司产品管理员的身份，在阿里巴巴国际站分别利用以下几种方法收集"Gold Ring"的关键词。

（1）平台首页搜索栏下拉框。
（2）同行产品内页的底部推荐关键词。
（3）关键词指数。
（4）RFQ商机。
（5）管理行业商机。

【任务实施】

（1）进入阿里巴巴国际站，在平台首页搜索栏输入"Gold Ring"，从下拉框中找到与"Gold Ring"相关的关键词。

（2）在阿里巴巴国际站首页搜索栏输入"Gold Ring"，点击进入同行商家产品内页，下拉到底部的 Related Searches，找到推荐关键词。

（3）进入阿里巴巴国际站后台的数据参谋的"关键词指数"页面，通过输入并搜索"Gold Ring"，下拉到"热门搜索词"，找到以"Gold Ring"为核心关键词的相关搜索词。

（4）进入阿里巴巴国际站后台的商机沟通的"RFQ 商机"页面，找到"关键词匹配"中的相关热搜词。

（5）进入阿里巴巴国际站后台的产品管理的"管理行业商机"页面，在"我的行业"里输入"Gold Ring"，针对"Gold Ring"行业收集蓝海词。

【任务思考】

获取关键词是筛选关键词的前提，且获取路径有多种，请思考获取关键词后应如何筛选。

任务三　制作产品标题

 知识梳理

1．产品标题制作双原则

在制作产品标题时应遵循以下两个原则。

（1）逻辑清晰。

清晰的逻辑能够帮助客户快速地获取关键信息，一个好的产品标题通常包含产品的功能、特性及优势。

（2）长度适中。

产品标题的长度控制在 80 个字符左右时，显示效果最佳，太长的标题不利于客户阅读和理解，长度适中的产品标题在一定程度上有利于产品的排名与曝光。

2．产品标题结构四要素

产品标题结构四要素包括营销词、属性词、核心关键词、场景词。

（1）营销词。

营销词是指产品营销性词语，如 Promotion、Popular、New Arrival、Hot Sale、New Trend 等。

（2）属性词。

属性词通常用于描述产品的颜色、规格、尺寸、材质、功能、应用、工艺等，根据产品不同而有所不同，如半身裙的属性词可以有 Winter（冬天）、Blue（蓝色）等。

（3）核心关键词。

核心关键词是指客户常用的产品搜索词，如背包的核心关键词有 Hand Bag、Leather bag、School bag、Ladybag 等。

（4）场景词。

场景词是指描述产品应用场景的词，如 for Women、for Men、for Girl、for Holiday 等。

3．产品标题制作规则

产品标题通常有以下两种制作规则。

（1）"产品标题=营销词+属性词+核心关键词"。

例如，Hot Sale 14K 1ct rose gold moissanite ring

（2）"产品标题=营销词/属性词+核心关键词+应用场景"。

例如，Hot Sale 14K 1ct rose gold moissanite ring for Women

4．产品标题制作技巧

（1）避免出现堆砌和滥用关键词的情况。

（2）需包含关键词，并应突出产品属性、功能和卖点。

（3）长度应控制在 80 个字符左右，以保证显示效果最佳。

（4）用英文符号输入，单词的首字母大写，除连词、冠词、介词外。

（5）严禁标题中无明确商品名称、带有联系方式、图文不符等。

（6）特殊符号如/、-、（）等可能被系统默认成无法识别的字符，进而影响排序。另外，不要输入中文字符。

（7）如需加 for 或 with 突出产品属性和用途，则核心词要放在 for 或 with 前面。

（8）禁止用他人品牌词作为标题。

操作体验

任务 3-4　运用产品标题制作规则制作女包的标题

【任务描述】

请你以 Obali 箱包有限公司产品管理专员的身份，根据下面提供的词为这款女包制作标题，其产品图片如图 3-4 所示。

- 营销词：New arrival、Hot sale、Fashion、Promotion。
- 属性词：Red（红色）、Lady（女士）、PU（PU 皮）。
- 关键词：Hand bag、Lady bag、Leather bag、Tote bag 等。

【任务实施】

图 3-4　女士包

1．标题调研

（1）在浏览器里输入官网网址，打开阿里巴巴国际站首页。

（2）在搜索框中输入关键词"Hand bag"，点击"Search"按钮。
（3）从搜索结果列表中收集排名前十的产品标题。
在搜索结果列表中分别选择进入排名前十的产品，并把每款产品的标题复制出来放到方便编辑的文本或文档里。
（4）对应每个产品标题分别分析它们的结构要素，如营销词、属性词、核心关键词、场景词等。

2．标题编写

（1）根据产品标题制作规则"产品标题=营销词+属性词+核心关键词"制作标题。
（2）根据产品标题制作规则"产品标题=营销词/属性词+核心关键词+应用场景"制作标题。

【任务思考】

产品标题通常有以上两种制作规则，请思考一款产品的标题是否唯一。

 应用实战

任务 3-5　找出产品标题存在的问题并修改

【任务描述】

请你以 Hom 洗漱用品有限公司产品管理专员的身份，找出以下产品标题存在的问题，并做出修改。

（1）Exfoliating Bath　Durable Scrub Cloth for Deep Cleansing Towel Body Exfoliation Smooth Skin Care.
（2）OEM Organic Rose Oil/Argan Oil/Peppermint Oil Anti-Pollution Sulfate Free Hydration and Refreshing Body Wash.
（3）high quality Private label SPA works perfumed shower gel for women body wash.
（4）2020 Factory New Product Custom Mint Refreshing Fragrance Shower Lasting Fragrance Natural.

【任务实施】

（1）根据产品标题制作技巧分别找出以上产品标题存在的问题点。
（2）列出以上产品标题存在的问题点。
（3）根据所找出的问题点对产品标题做相应的修改。

【任务思考】

在制作产品标题时只有注意制作技巧，才能制作出高质量的产品标题。请思考产品标题制作技巧有哪些。

任务四　产品发布

产品是店铺的核心，发布产品是最基础的工作之一。发布产品时要填写和完善产品的各项信息,提高产品信息质量,同时要避免侵权,为今后的成交打下基础。

 知识梳理

1. 产品发布素材准备

产品发布前需准备的主要素材如下。
(1)关键词表。
(2)产品素材。
(3)公司素材。
(4)工厂素材。

其中,产品素材主要指产品信息,包括产品图片信息和产品文字信息,如产品主图、产品详情图、标题、属性、规格、价格、基础参数、详情页描述等。

2. 产品发布注意事项

(1)应发布真实、准确、合法、有效的产品信息。

卖家发布的信息应与实际情况一致,禁止发布虚假信息或夸大信息,不得违反国家法律法规及阿里巴巴国际网站禁限售规则,同时应符合电子商务英文网站的定位。

(2)避免侵权。

若发布含有他人享有知识产权的信息,则应取得权利人许可或属于法律法规允许发布的情形。禁止发布假货、仿货等侵犯他人知识产权的信息。未经权利人许可,不得发布含有奥林匹克运动会、亚洲运动会、世界博览会等标志的信息。

(3)避免产品不被展示。

有些产品发布后不被展示,因此在发布时应避免出现这种情况。不被展示的产品如表 3-5 所示。

表 3-5 不被展示的产品

序号	产品	序号	产品	序号	产品
1	重复铺货	4	价格不合理	7	图片质量不佳
2	类目放错	5	标题拼写错误	8	产品信息不完整
3	标题堆砌	6	产品信息冲突	9	标题缺少核心产品词

3. 产品发布流程体验

在阿里巴巴国际站后台,进入产品管理的"发布产品"页面后,主要通过以下步骤进行产品发布的相关操作。在发布产品的操作过程中,带红色星号的为必填项。

 操作体验

任务 3-6 发布 RTS 产品

【任务描述】

AK 公司的产品主管让小王根据已整理和优化的素材,在阿里巴巴国际站发布型号为

AK00101的金项链产品信息，要求产品质量评分不低于4.4分。

【任务实施】

(1) 选择产品类目。

"选择产品类目"可通过"搜索类目"和"您经常使用的类目"进行搜索或选择，选择完类目后，需要阅读阿里巴巴国际站规则，再点击"我已阅读如下规则，现在发布产品"按钮进入下一步，如图3-5和图3-6所示。

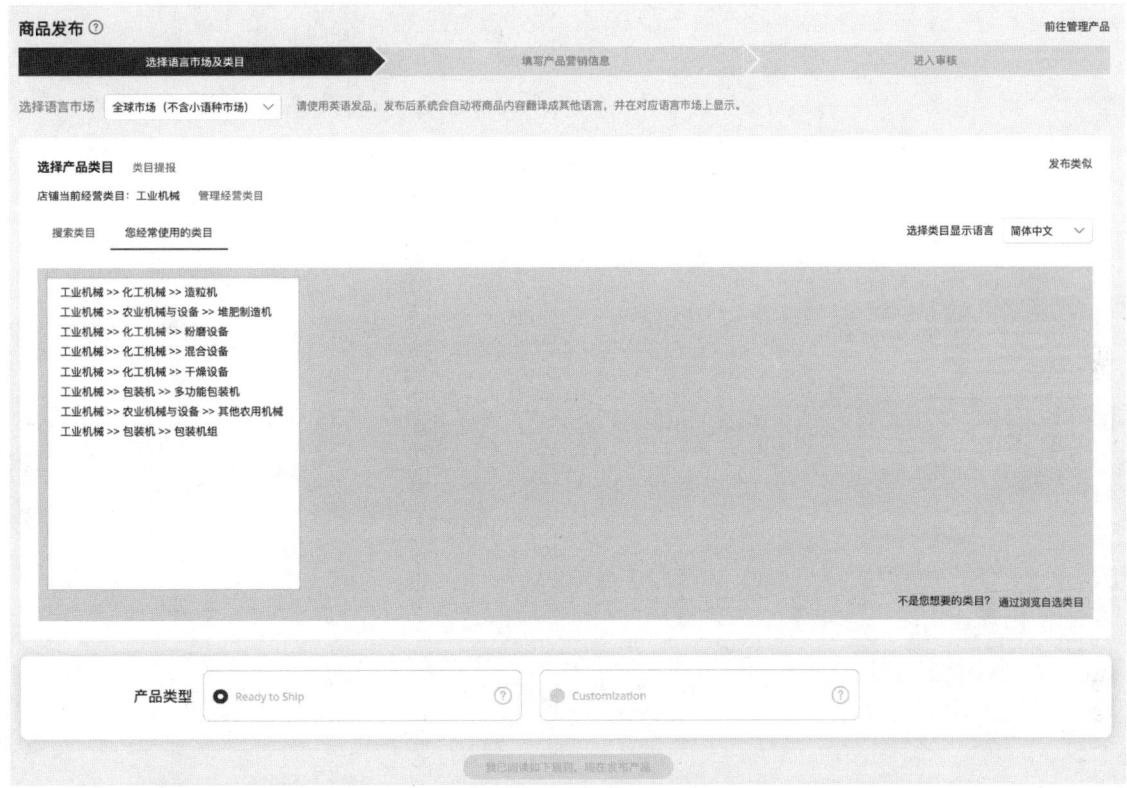

图3-5 选择产品类目

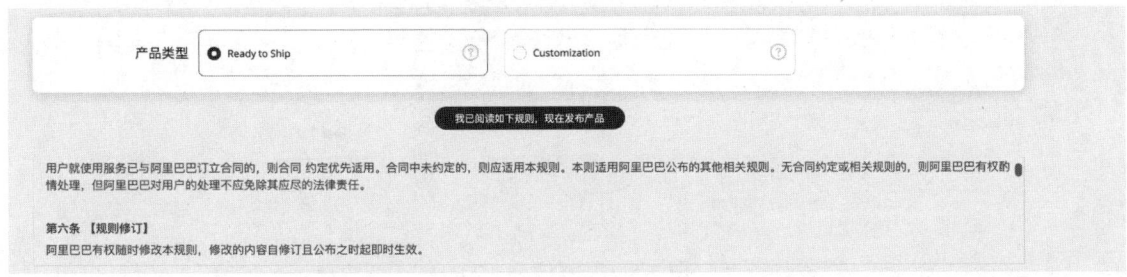

图3-6 点击"我已阅读如下规则，现在发布产品"按钮

(2) 填写基本信息。

选择完产品类目后进入"填写产品信息"页面，首先填写的是基本信息，其中包括商品

名称、商品关键词、商品分组、原产地、产品类型、新旧程度、机器类型、产能、产品规格、产品证书等,如图 3-7 和图 3-8 所示。

图 3-7　基本信息(1)[①]

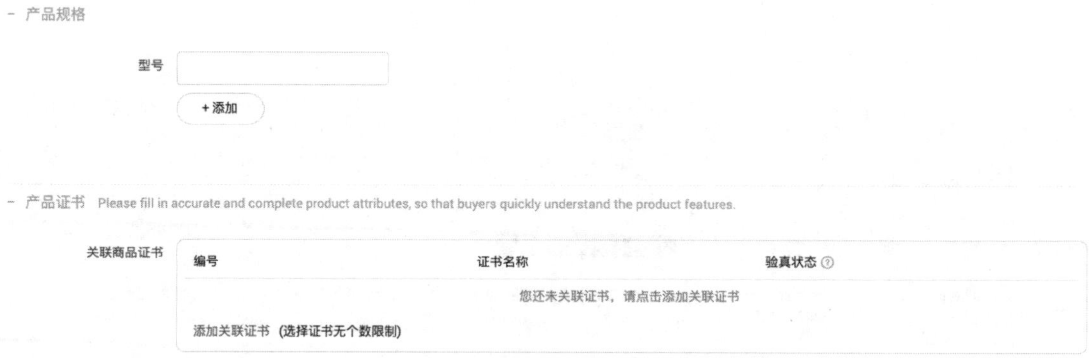

图 3-8　基本信息(2)

(3)填写商品描述。

商品描述包括产品主图和产品详情页,如图 3-9 所示。

---

① 图中"产品""商品"同义,为与图一致,上文叙述中并未统一。

商品描述主要是插入产品图片、产品视频，并对产品详情描述进行编辑。

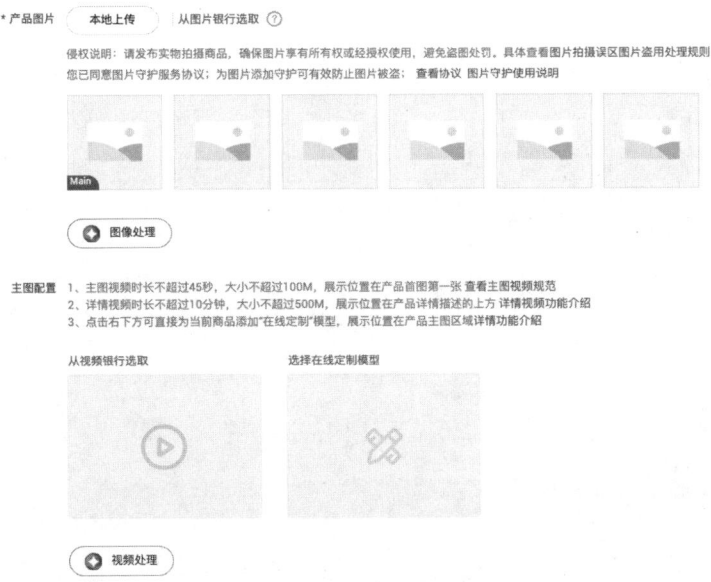

图 3-9　商品描述

（4）填写交易信息。

交易信息包括计量单位、价格设置等，如图 3-10 所示。

图 3-10　交易信息

（5）填写包装及发货信息。

包装及发货信息主要包括发货期、每个商品长宽高（含包装）、每件商品毛重及物流属性等内容，如图 3-11 所示。

图 3-11　包装及发货信息

（6）填写物流信息。

物流信息主要包括运费模板等内容，如图 3-12 所示。

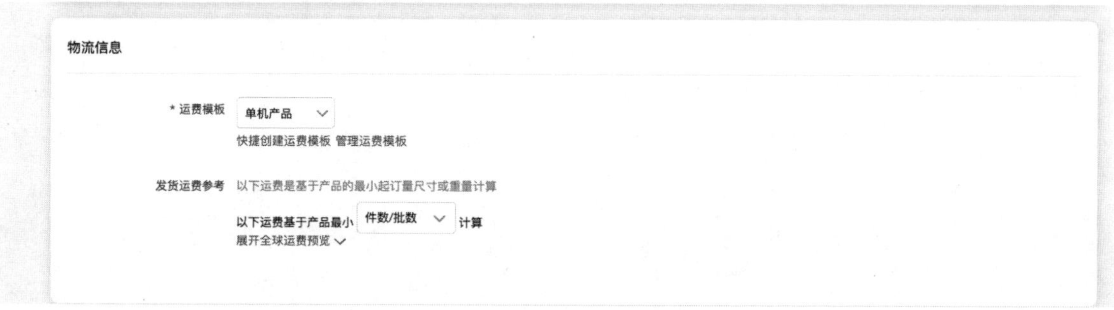

图 3-12　物流信息

（7）特殊服务及其他。

特殊服务及其他主要用于设置是否支持样品服务、一年远程质保服务、样品间服务、私域品服务、一件代发服务等，如图 3-13 所示。

（8）目标国家/地区偏好。

国家、地区偏好信息是产品销售的重点国家组合，如图 3-14 所示。

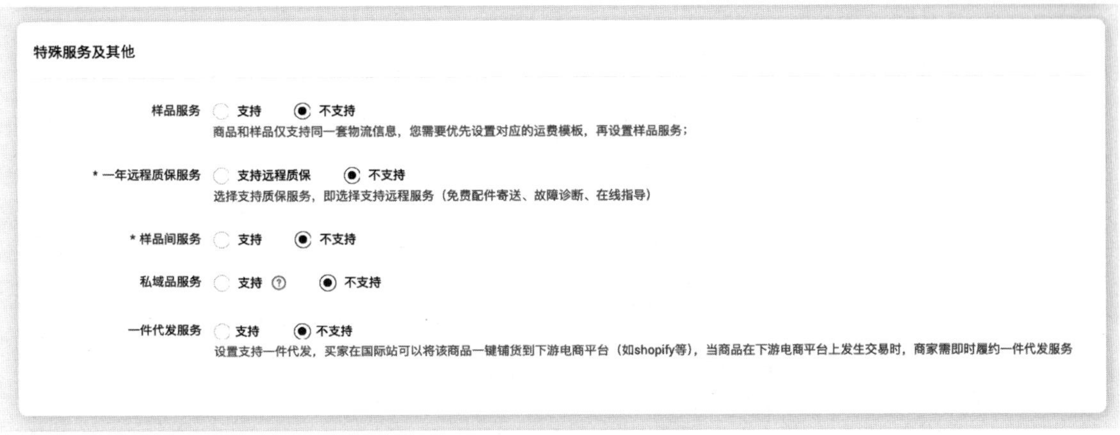

图 3-13 特殊服务及其他

图 3-14 国家、地区偏好

(9) 产品信息质量评分。

当全部产品信息填写完成后点击"保存"或"预览"按钮，没有问题后就可以进行产品信息质量检测。当产品信息质量符合发布要求时，点击"提交"按钮。如果不立即提交，则点击"保存"按钮，此时产品发布条目就会出现在管理产品的草稿箱里。若发现有误，还可以重新编辑。产品信息质量评分如图 3-15 所示。

图 3-15　产品信息质量评分

【任务思考】

发布产品流程包含从选择产品类目到检测产品信息质量的各个环节，请思考为什么要检测产品信息质量并进行评分？

 应用实战

任务 3-7　发布定制产品

【任务描述】

AK 公司的产品主管让小王根据已整理和优化的素材，在阿里巴巴国际站发布型号为 AK00101 的金项链定制产品信息，要求产品质量评分不低于 4.4 分。

此处不再展开，请参照"操作体验"发布流程进行实践。

任务五　产品分组

 知识梳理

产品分组与产品分配是产品管理的基础操作。掌握产品分组技巧，有助于客户快速找到目标产品并进行操作设置；掌握产品分配技巧，有助于业务员对产品进行专业的、有针对性的管理。

1. 产品分组

（1）产品分组方法。

产品分组的方法有很多，可以根据使用场景、产品类型、产品风格、使用人群等进行分组，合理的产品分组有助于客户快速查询到想找的产品类型，有利于后续营销。产品分组类目表如表 3-6 所示。

表 3-6 产品分组类目表

分组方法	分组类目	
	一级分组	子分组
使用场景	珠宝	手链、项链、戒指、耳环
产品类型	珠宝	珍珠、翡翠、钻石、黄金、宝石
产品风格	珠宝	日韩、欧美、波西米亚、复古宫廷
使用人群	珠宝	女、男、情侣

(2) 产品分组管理。

在阿里巴巴国际站后台"管理产品"的产品分组与排序页面，可以统一设置和管理产品分组，进行添加一级分组、重命名、保存、添加子分组等操作。

在阿里巴巴国际站后台"管理产品"页面，可以重新调整产品分组。

设置好产品分组后，产品分组会在旺铺导航、主营类目产品板块、产品分组模块等进行展示。

2．产品分配

在阿里巴巴国际站后台"管理产品"页面可以将产品分配给指定的业务员，以便业务员在后台针对这个产品进行专业的产品营销与管理操作。例如，有买家针对某个产品询盘时，对应的询盘就会分配给指定的业务员，由其在后台针对该产品进行专业的回复。

操作体验

任务 3-8　设置产品分组

【任务描述】

JS 公司是一家主营男士服装的跨境贸易公司，该公司产品种类较多、市场分布较广。请根据使用人群、产品类型、产品风格为 JS 公司制定一个产品分组类目表，并在店铺后台进行设置。

【任务实施】

1．产品分组规划

(1) 根据使用人群、产品类型、产品风格制作一个产品分组类目空表。
(2) 参考阿里巴巴国际站首页的类目，分别按照前述 3 个分组的方法填写一级分组和子分组。

2．产品分组设置

进入阿里巴巴国际站后台"管理产品"的产品分组与排序页面，添加一级分组设置"服装"，在一级分组栏添加子分组，设置牛仔裤，如图 3-16 所示。

图 3-16 产品分组管理

3. 产品分配

进入阿里巴巴国际站后台"商品管理"页面,点击"分配给"选项框,如图 3-17 所示,在下拉列表里选择业务员 null null。

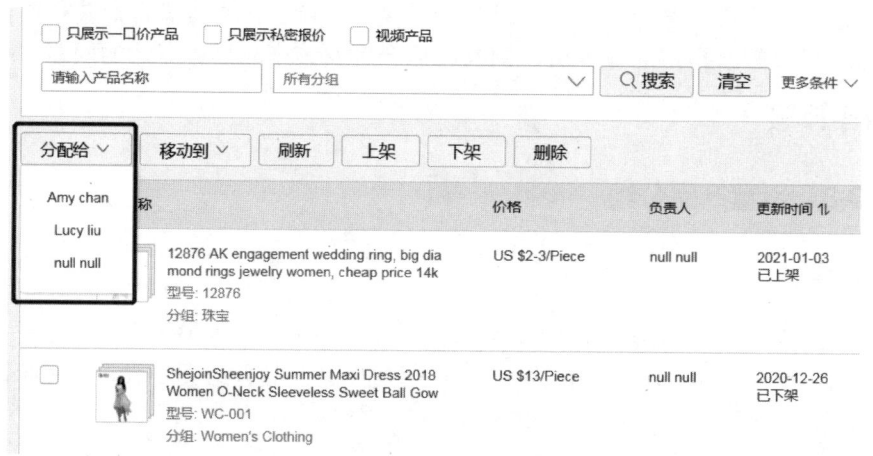

图 3-17 产品分配操作页面

【任务思考】

产品分组的方法有很多,请思考一款产品是否只能使用一种分组方法。

任务六　产品运营

知识梳理

1. 橱窗的作用

橱窗是产品的展示位，也是阿里巴巴国际站的推广资源之一，可以将公司主打的产品设置为橱窗产品，让它拥有一个较好的曝光机会。在阿里巴巴国际站，普通会员一般拥有 10 个橱窗展示位，金品诚企会员拥有 40 个橱窗展示位。

（1）优先排名权。橱窗是免费资源位，在同等的条件下，橱窗产品的排名会高于普通产品。

（2）旺铺首页推广。橱窗在旺铺首页拥有推广专区，有利于提升主打产品的核心竞争力。

（3）自由调整橱窗产品。可以根据营销计划自由替换橱窗展示的产品，自主掌握产品推广权。

2. 橱窗基础操作和设置

（1）橱窗产品效果概览。

可以通过在后台"管理橱窗产品"页面查看橱窗产品效果，在"橱窗产品效果概览"页面可以按日、周、月设置日期，选择被统计和展示的数据，这些数据包括搜索曝光、点击、询盘、订单数、买家数等。这些数据能帮助客户分析橱窗产品效果，如图 3-18 所示。

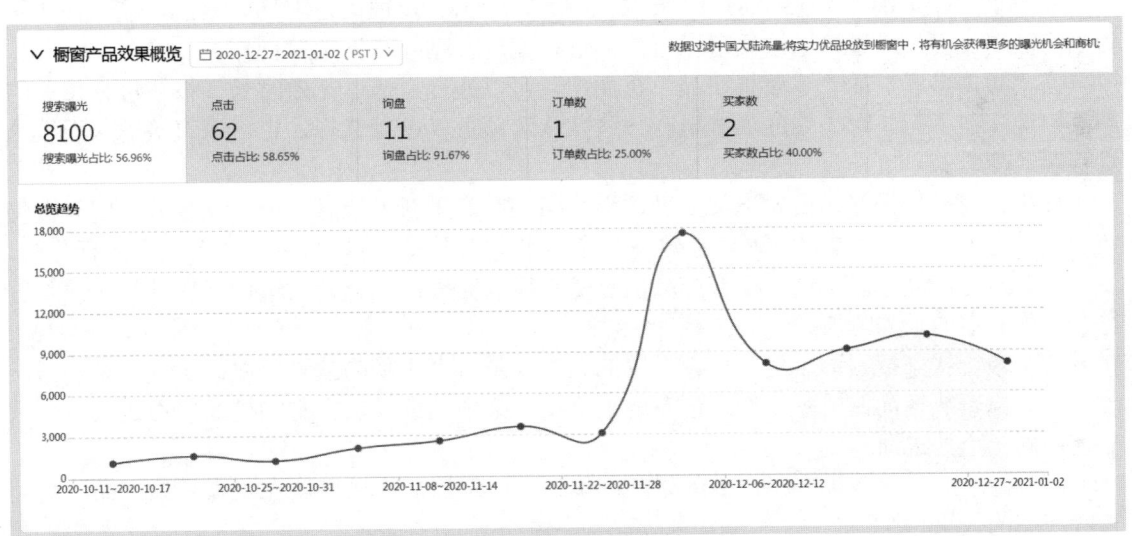

图 3-18　"橱窗产品效果概览"页面

（2）橱窗产品设置。

在"橱窗管理"页面可以进行添加产品、一键移除无效产品、批量删除等操作。成功添加产品后，可以看到该产品的产品信息、产品成长分、曝光量、点击量、询盘、订单数，还可以通过点击"查看效果趋势"链接来查看一段时间内该橱窗产品的效果。在"橱窗管理"

页面右侧还可以进行橱窗卖点设置、优化、排序、替换和移除等操作。合理有效地运用橱窗，有助于帮助商家获取更多的曝光和询盘。"橱窗管理"页面如图3-19所示。

图3-19 "橱窗管理"页面

3．零效果产品及其处理

零效果产品是指持续15天或15天以上曝光、点击、反馈、访客均为零的产品。在"零效果产品"页面，通过筛选结果可以对产品进行编辑、删除和下架等操作。

在"数据参谋"的"零效果产品"页面中，可以通过点击"无效时长"按钮进行相关的产品筛选，在"无效时长"选项框里有一些默认选项可以进行选择，也可以直接输入天数来进行手动搜索。

如果针对零效果产品仅做下架处理，那么当该产品重新上架时，该产品零效果的天数仍然会累计在内，但如果单纯地更新零效果产品其作用也不大，可以从以下4个方面进行分析。

（1）检查产品信息质量。检查产品信息是否填写完整，标题、关键词、属性等方面是否符合国外买家的采购习惯。

（2）检查买家搜索词热度。检查设置的关键词是否有实际的搜索热度。

（3）检查热搜词使用率。如果过多地重复使用某个搜索词也会影响排名，不建议多个产品使用同一个搜索词。

（4）定期观察零效果产品。零效果产品修改1~2周后，要重新在"零效果产品"页面查看产品的效果。

此外，对零效果产品的处理也要根据店铺的产品数量和行业的淡旺季进行。如果店铺的产品数量比较多，一般超过100天以上零访问次数的产品都建议删除，其他的可再观察一段时间，如果效果依旧为零可再进行删除。如果在行业的淡季，则对零效果产品可以多观察一段时间，如果在行业的旺季，则零效果产品的观察期应相应缩减。通常零效果产品超过180天以上没有效果的应直接删除。

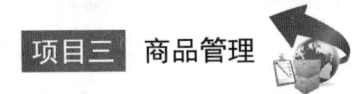

任务 3-9 橱窗产品管理

【任务描述】

AK 公司新发布了一款型号为 AK00101 的金项链产品信息，请把这款产品设置为橱窗产品。

【任务实施】

1．添加橱窗产品

（1）进入后台"管理橱窗产品"页面。
（2）下拉"管理橱窗产品"页面至"橱窗管理"功能模块处。
（3）点击"添加产品"按钮，在弹出的窗口中选择型号为 AK00101 的金项链，并点击"确认"按钮。

2．替换橱窗产品

（1）下拉"管理橱窗产品"页面至"橱窗管理"功能模块处。
（2）选择型号为 AK00101 的金项链，在弹出的窗口中点击"替换"按钮。
（3）在弹出的窗口中选择型号为 AK00111 的金手镯，点击"确认"按钮。

【任务思考】

橱窗产品如何选品才能发挥橱窗的最佳效果？

应用实战

任务 3-10 零效果产品管理

【任务描述】

AK 公司的业务员发现在无效时长大于等于 15 天的条件下筛选出来的产品列表里有公司的主打产品，AK 公司决定对这部分产品不进行删除和下架处理，请对这部分产品进行优化。

【任务实施】

（1）进入后台"数据参谋"的"零效果产品"页面。
（2）在"无效时长"选项框的下拉菜单中选择"大于等于 15 天"，如图 3-20 所示，点击"搜索"按钮。
（3）在搜索结果中找出并选择公司主打产品，点击"编辑"按钮。
（4）根据产品信息质量、买家搜索词热度、热搜词使用率的检查结果与分析，对产品进行优化。

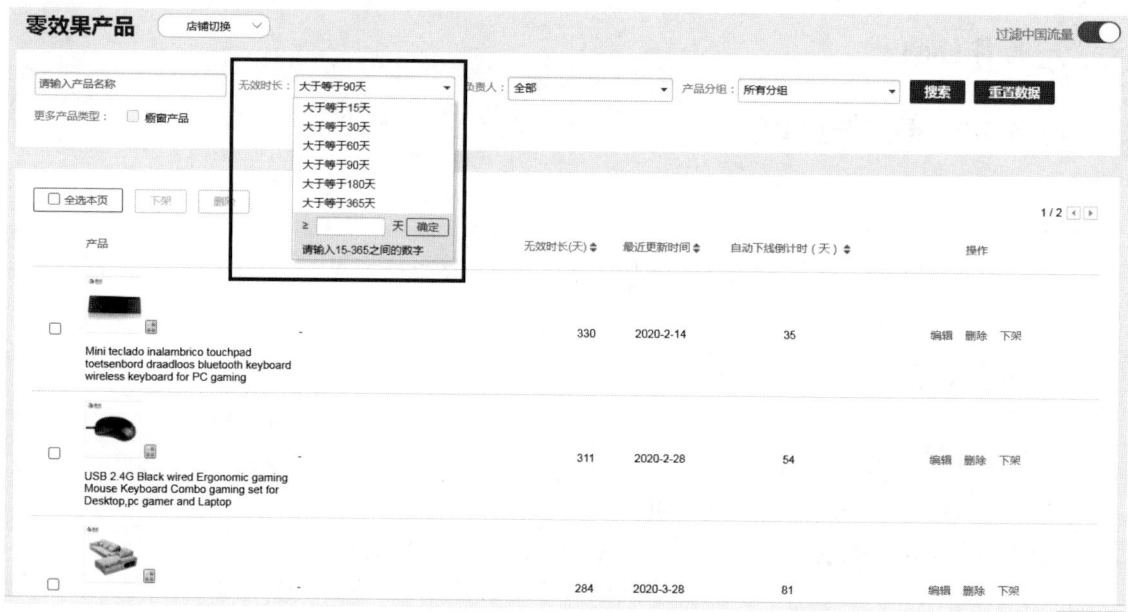

图 3-20 "零效果产品"页面

【任务思考】

对于持续 15 天或 15 天以上曝光、点击、反馈、访客均为零的零效果产品可以不进行删除和下架处理，请思考无效时长大于或等于多少天的产品才必须进行删除或下架处理。

项 目 小 结

产品是店铺的核心，产品信息主要包括产品图片信息和产品文字信息。准备产品信息并加以整理，可确定产品的定位和风格，进而确定店铺的风格。关键词是指产品名称的中心词，是对产品名称的校正，便于系统快速识别、匹配买家搜索词，能让买家尽快找到产品。可通过关键词筛选标准筛选出关键词，并通过制表整理关键词。产品标题是指产品的名称，是最大的关键词，制作产品标题时要遵循逻辑清晰、长度适中两个原则，应用各种制作技巧，根据产品标题结构四要素制作产品标题。

发布产品是店铺运营最基础的工作之一，发布产品时要填写和完善产品基本信息、交易信息、物流信息、商品描述等各项信息，提高产品信息质量，同时要避免侵权。对发布后的产品需要进行产品管理，产品分组与产品分配是产品管理的基础操作，在阿里巴巴国际站后台管理产品页面可以对产品进行分组与分配。橱窗是产品的展示位，有优先排名权和旺铺首页推广的作用，如果将公司主打的产品设置为橱窗产品，可以使产品拥有一个较好的曝光机会。零效果产品是指持续 15 天或 15 天以上曝光、点击、反馈、访客均为零的产品，在零效果产品页面通过筛选，可以对产品进行编辑、删除和下架处理，但要注意区分店铺的产品数量和行业的淡旺季。

项 目 训 练

一、选择题

1．标题长度控制在（　　）个字符左右，显示效果最佳。
A．80　　　　　　　B．70　　　　　　　C．60　　　　　　　D．50
2．产品图片信息包括但不限于（　　）。
A．产品主图　　　　B．产品细节图　　　C．产品卖点图　　　D．产品包装图
3．关键词的筛选标准包括（　　）。
A．覆盖率高　　　　B．搜索指数高　　　C．对应产品排名靠前　D．避免侵权
4．产品标题在制作时应遵循的两个原则是（　　）。
A．逻辑清晰　　　　　　　　　　　　　B．长度适中
C．属性清晰　　　　　　　　　　　　　D．核心关键词明确
5．产品发布前需准备的素材主要有（　　）。
A．关键词表　　　　B．产品素材　　　　C．公司素材　　　　D．工厂素材

二、判断题

1．产品图片是店铺的核心，准备产品图片并加以整理，可确定产品的定位和风格，进而确定店铺的风格。（　　）
2．关键词是指产品名称的中心词，是对产品名称的校正。（　　）
3．产品标题是指产品的名称，标题是最大的关键词。（　　）
4．制作标题时如需加 for 或 with 突出产品属性和用途，则核心词要放在 for 或 with 的后面。（　　）
5．产品分组的方法有很多，可以根据使用人群、使用场景、产品类型、产品功效、产品风格等进行分组。（　　）

三、实操题

1．制作鼠标产品的标题。

请你以 ECL 电子数码有限公司产品管理专员的身份，根据某款鼠标产品的介绍，制作其产品标题。该款产品中文与英文对照的产品介绍分别如表 3-7 和表 3-8 所示。

表 3-7 "鼠标"中文产品介绍

产品介绍			
产品名称	鼠标	品牌	ECL
USB 类型	无线 USB	材料	ABS
电源类型	可充电	颜色	黑、白
DPI	1200	零售价	72 元
风格	3D、手指	手持方向	双手

表 3-8 "鼠标"英文产品介绍

Product Introduction			
Product Name	Mouse	Brand Name	ECL
USB Type	USB Wireless	Material	ABS Plastic
Power	Rechargeable	Color	Black, White
DPI	1200	Unit Price	$11
Style	3D, Finger	Hand Orientation	Both Hands

2．发布产品。

请你以 AK 公司实习生的身份挑选一款金手镯的产品，进行素材收集、整理和优化，并在阿里巴巴国际站按产品发布流程发布产品，要求产品质量评分不低于 4.4 分。

项目四　商机沟通

【学习目标】

（1）了解商机沟通方式，掌握商机订阅的设置方法。
（2）掌握 EDM 营销的设置步骤和营销邮件发送的操作方法。
（3）掌握询盘回复的基础技巧，包括售前和售后问题的操作方法。
（4）掌握智能营销的设置方式。

任务一　RFQ 设置

知识梳理

1. 商机管理

商机管理关系到公司商业目标的实现，商机获取与管理的能力越强，店铺经营成效越显著。商机获取是跨境电商店铺经营过程中需要长期投入资源与精力且坚持不懈地去做的一项工作。

2. 采购直达

采购直达简称 RFQ（Request for Quotation），是指买家在阿里巴巴平台发布采购消息，以寻找合适的卖家，供应商查看到买家的采购需求后，根据买家要求及时报价以建立联系。RFQ 是一个买卖双方从达成意向到完成订单的高效线上外贸通道。如图 4-1 所示。

图 4-1　RFQ 市场

3. 商机订阅及设置

系统会根据设置的订阅类目及关键词，同时结合报价历史行为予以综合推荐 RFQ。商机订阅可以分为类目订阅、关键词订阅、RFQ 搜索订阅，如图 4-2 所示。

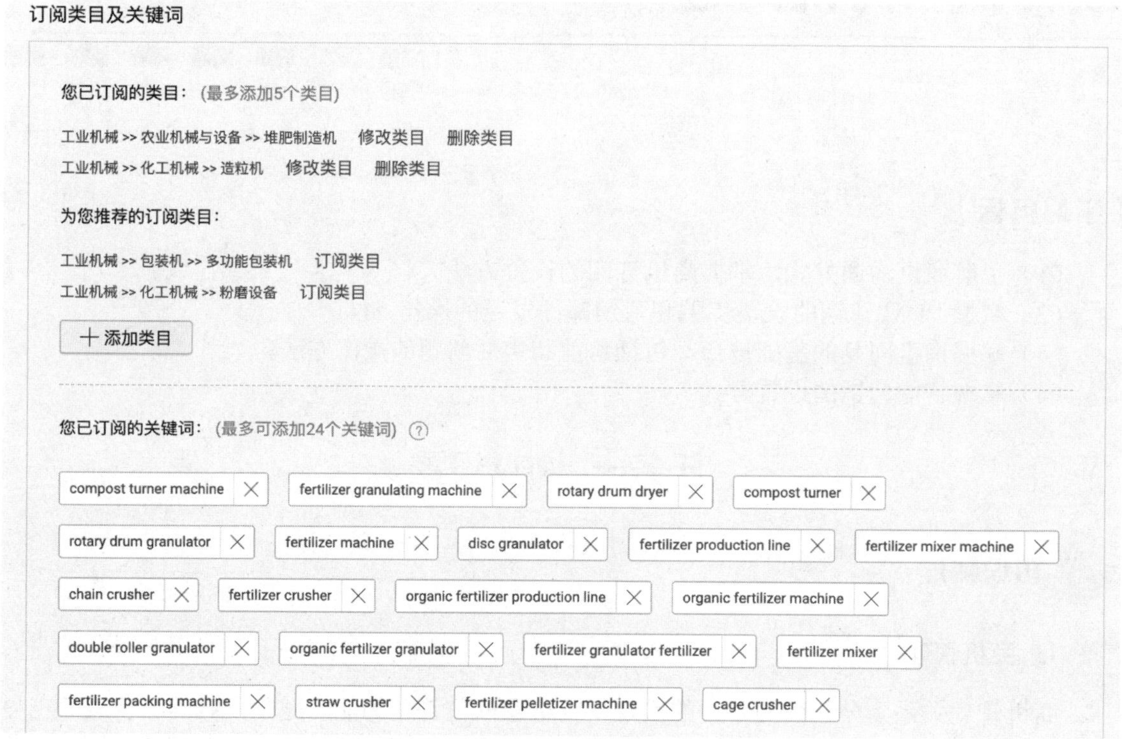

图 4-2 订阅类目及关键词页面

其中，类目订阅时可以根据公司的具体经营产品进行订阅类目设置，最多可以添加 5 个类目。关键词订阅可以根据公司的具体经营产品进行订阅关键词设置，最多可以添加 24 个关键词。

此外，阿里巴巴国际站根据发布产品时使用的词汇和在 RFQ 市场客户经常搜索的词汇来推荐感兴趣的订阅词，供设置时参考和采纳。另外可以根据公司的具体经营产品在输入相关词汇后，点击添加订阅词将词汇添加进已订阅的关键词页面。

 **操作体验**

任务 4-1　商机订阅的设置

【任务描述】

A 公司的业务经理 Candy 为了做好 RFQ 报价的前期准备工作，找到业务员 Joy，希望 Joy 根据公司实际经营的产品进行商机订阅设置。请和 Joy 共同按照如下要求完成商机订阅的设置：

（1）A 公司主营产品为 Granular Packing Machine、Vacuum Packing Machine、Heat Shrink Packing Machine、Sealing Machine、POF Film，请根据这 5 个主营产品设置订阅类目。

（2）A 公司主营产品的相关词汇为 Liquid Packing Machine、Powder Packing Machine、Granular Packing Machine、Vacuum Packing machine、Sauce Packing Machine、Heat Shrink Packing Machine、Sealing Machine、POF Film、PE Film、Filling Machine、Selling and Cutting Machine、Packing Machine Automatic、Food Packing Machine 等 13 个词汇，请根据这 13 个词汇设置已订阅的关键词。

【任务实施】

（1）在阿里巴巴国际站官网首页页面右上角点击"Sign In"按钮，在弹出的页面中输入用户名和密码后进入店铺后台。

（2）选择 My Alibaba 进入商家后台，在首页左侧菜单中选中"商机沟通"选项，再点击页面中间的"商机订阅"项进入商机订阅及设置页面，如图 4-3 所示。

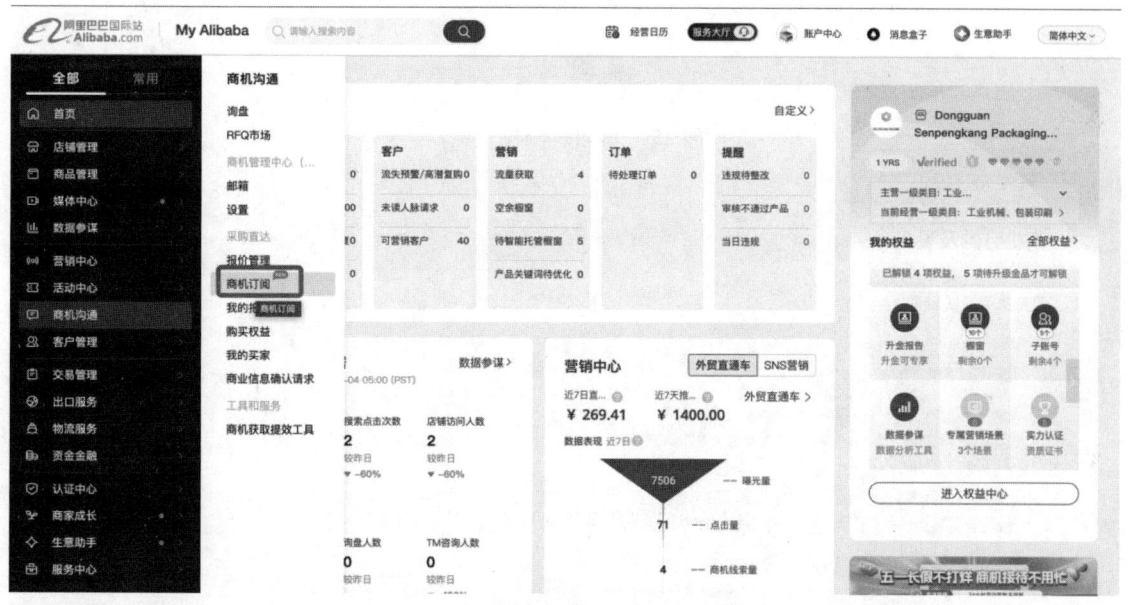

图 4-3　阿里巴巴国际站后台页面

（3）首先设置您已订阅的类目，点击"添加类目"按钮，进入设置页面。

（4）输入主营产品关键词 Granular Packing Machine，点击搜索，出现推荐订阅类目"工业机械>>包装机>>多功能包装机"，选中后点击"确认订阅"按钮，设置即可完成，如图 4-4 所示。

（5）按照以上步骤进行操作，依次完成 5 个订阅类目的设置流程，如图 4-5 所示。

（6）接下来要完成您已订阅关键词的设置，在添加订阅词框里面填写 Liquid Packing Machine，点击"+添加订阅词"按钮，即可将该关键词加入您已订阅的关键词里，如图 4-6 所示。

跨境电商 B2B 店铺运营实战（第 2 版）

图 4-4　商机订阅类目选择

图 4-5　您已订阅的类目

图 4-6　您已订阅的关键词

（7）最后将剩余的 12 个词汇，按照以上步骤进行操作，即可完成"您已订阅的关键词"的添加工作，如图 4-7 所示。

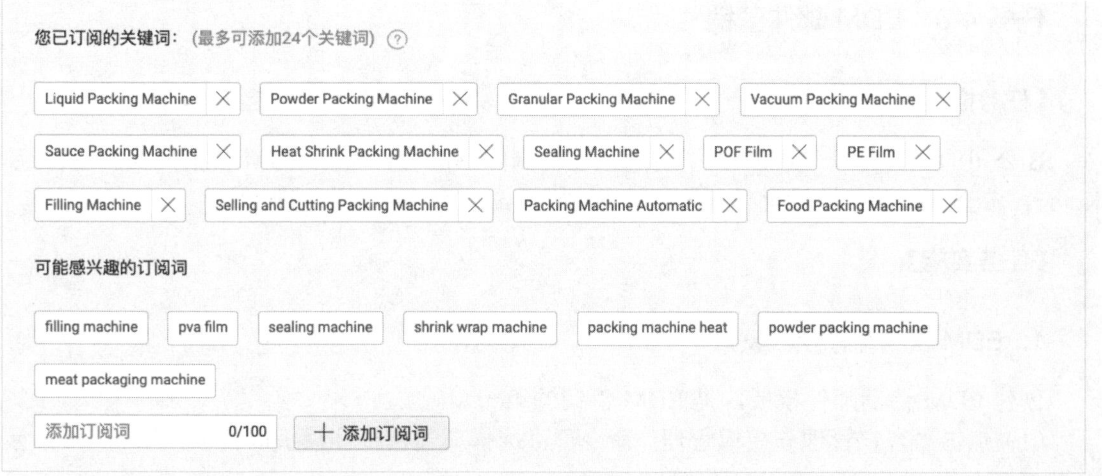

图 4-7 完成订阅的关键词

【任务思考】

RFQ 商机订阅的类目和订阅的关键词是否越多越好？应该怎么设置最合理？

任务二 EDM 邮件营销

知识梳理

1．客户营销

阿里巴巴国际站 EDM 邮件营销是以邮件的形式对店铺客户进行批量营销，以提升客户的营销效率和到达率，客户营销在客户管理板块。

2．阿里巴巴国际站 EDM 营销规则

阿里云群发邮件，每个阿里云主账号总共 2000 封免费发信额度，额度用完即止。同时，在 2000 封免费额度内，每天最高支持免费发送 200 封，超过 2000 封的按照 2 元/1000 封收费。

3．EDM 邮件模板

此模板是阿里巴巴国际站提供给商家参考和使用的营销文案，商家可以通过设置最多 9 个推广产品的形式对模板进行编辑，同时在模板内可以新建优惠券等功能，这可以帮助商家提升营销成功率，邮件模板在客户管理板块。

应用实战

任务 4-6　EDM 邮件营销

【任务描述】

B 公司的业务经理 Wendy 为了对阿里巴巴国际站的客群进行 EDM 营销,找到运营经理 Kevin,希望 Kevin 帮忙设置邮件 EDM 邮件模板,并发送一封营销邮件。

【任务实施】

1. EDM 营销邮件模板设置

创建 EDM 营销邮件模板,是 EDM 营销的第一步。

(1)点击"客户管理→模板管理"命令,可选择新建模板和模板库模板,如图 4-8 所示。

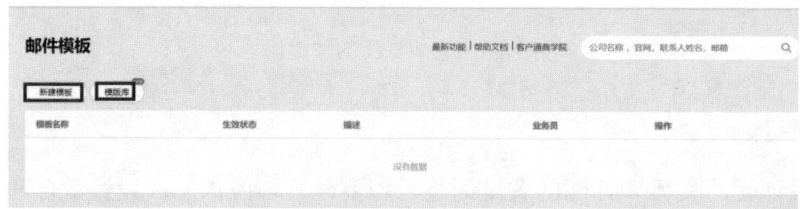

图 4-8　选择邮件模板

(2)点击"模板库"按钮,即可选择预览模板和下载模板,选择适合的模板进行下载,如图 4-9 所示。

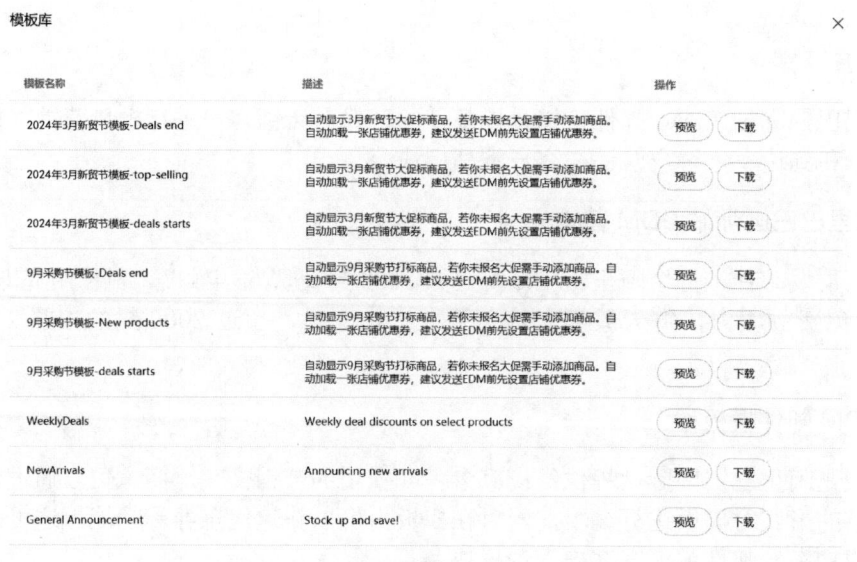

图 4-9　模板库

（3）模板编辑。下载完成后，可以点击"编辑模板"按钮进行编辑，包括对模板名称、描述、邮件标题等进行修改。另外，还可以添加和删除店铺已发布商品，并且能创建优惠券。如图 4-10 所示。

图 4-10　编辑已下载模板

（4）编辑完成后点击"发布"按钮，EDM 营销邮件模板即创建成功，如图 4-11 所示。

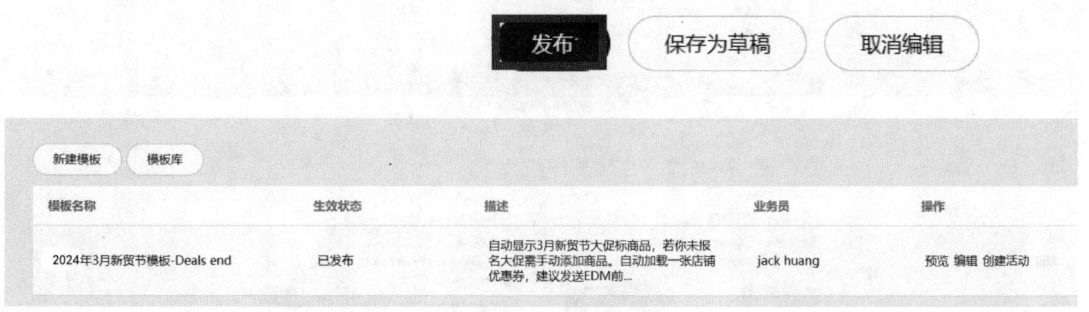

图 4-11　发布已编辑模板

（5）查看 EDM 营销邮件模板设置效果，如图 4-12 所示。

图 4-12 EDM 营销邮件模板设置效果

2. EDM 营销邮件群发

（1）点击"客户管理→营销→营销活动"命令。

（2）填写活动名称（见图4-13），选择客户分群，设置投放渠道（目前仅可选择EDM邮件投放），选择邮件模板，设置邮件发送时间（可选择立即发送和定时发送），最后点击"①计算可营销人数""②发布活动"（点击"活动生效"按钮即可完成EDM营销邮件群发）。

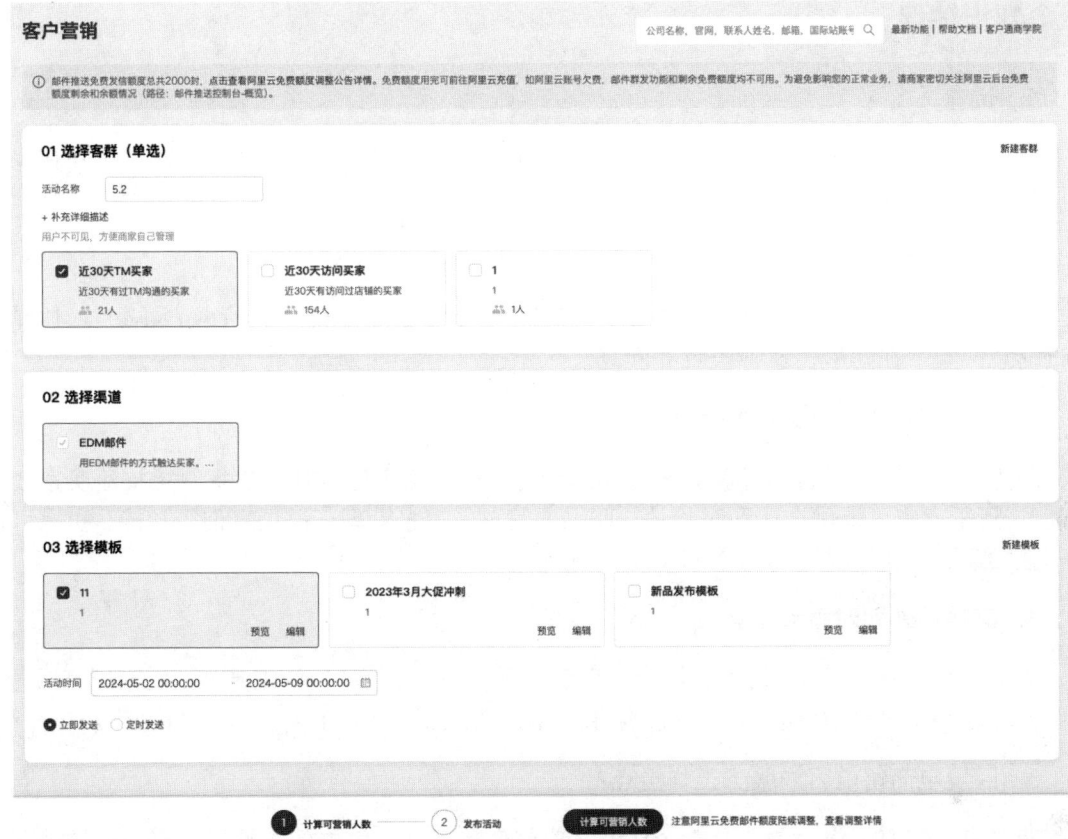

图4-13　填写营销活动信息

（3）查看营销活动效果如图4-14所示。

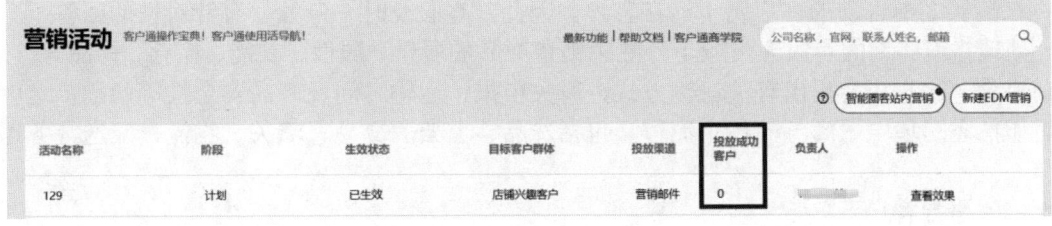

图4-14　查看营销活动效果

【任务思考】

如何通过匹配客户分群与模板内容优化访客EDM效果？

任务三　询盘回复

 知识梳理

1．询盘

阿里巴巴国际站询盘是指国内外买家通过阿里巴巴国际站，对发布的产品或公司信息发送的反馈或询价。

2．TM 咨询

TM 是 Trade Manager 的缩写，阿里巴巴国际站买家通过页面点击"Chat Now"按钮发送咨询信息，卖家在阿里卖家中查收并回复。

3．阿里巴巴国际站即时聊天工具

阿里巴巴国际站平台即时聊天工具叫阿里卖家。卖家可通过阿里卖家直接接洽买家（采购商），阿里卖家可提供在线即时洽谈、联系人管理、消息管理、记录查询等功能。卖家可以在阿里卖家回复买家发送的询盘和 TM 咨询。

4．其他站外即时聊天工具

为了与客户保持长期、及时、畅通的联系，除了平台提供的站内工具外，卖家还可以通过邮件、或其他站外在线社交工具等进行沟通。例如：Wechat、WhatsApp、Facebook、Twitter 等。

5．跨境电商售前客户服务工作重点

跨境电商客服工作主要涉及 3 个环节：售前产品咨询、售中问题解答、售后问题处理。售前服务是客户在客户未接触产品之前所开展的一系列刺激客户购买欲望的服务工作，客服人员主要的工作重点如下所述。

（1）解答客户咨询问题。

在购买之前咨询的客户属于潜在客户。因此，客服及时、专业、有针对性的回答十分重要。处理售前咨询的客服人员应十分熟悉销售产品的质量、属性、功能、库存、样品等信息。售前咨询，客户还会提出有关运输方式、海关申报、运输时间及产品安全性等问题，这就要求客服熟悉跨境电子商务的各个流程，包括选品、上架、交易、清关、物流、配送等各运作环节。

（2）引导客户下单。

客服引导客户购买时要注意沟通礼仪和技巧、言简意赅，体现专业性，才能消除客户疑虑，促成交易。另外，售前产品推荐要恰当，不要过度承诺，要合理管理好客户的预期。客服在与客户沟通过程中应整理汇总重要意见和建议，并及时反馈，促进企业改进产品。

（3）追踪客户动态。

在客户咨询后，客服要关注客户的订单情况、是否下单或存在其他疑问。如果已下单，通知仓库准备发货。如果回复客户后没有反馈，可进一步沟通询问是否需要提供其他咨询。

6. 售前客服回复商品基本信息范例

1)回复常见商品属性问题。

售前咨询比较多的一般是商品属性,比如尺码或其他产品规格问题,需要根据产品实际情况进行回复。

Dear ××,

So please to hear from you. According to the information you provide, I recommend you take size ×××. The detailed size please refer to following size chat. I'd like to advise you to choose one more size if your feet are a bit higher.

Please let me know if you have any questions.

Sincerely

2)回复商品库存。

关于库存的咨询,客服人员应根据事实回答现有库存状况。

Dear ××,

Thank you so much for your inquiry about the dress. I am happy to tell you that we do have it in our store. This hot-selling item is very popular. If you like it please place order ASAP. We can arrange shipment within 48 hours.

Sincerely

以上范文除了回复客户商品有库存,可以正常下单,还补充说明了该款式非常受欢迎,催促客户尽快下单。

Dear ××,

Thanks for your inquiry. I am regret to tell you that the black is out of stock now. Meanwhile, I'd like to recommend grey at the following link…… which is also very popular, hope you will like it.

If you have any further question, please feel free to contact me.

Best regards!

对于缺货的商品,客服应如实告知客户暂无库存,并提供两种解决方案:一是给客户推荐其他款式/颜色,引导客户购买,二是补货后联系告知客户。

3)回复商品样品问题。

一般来说,公司为了开拓某个市场,如果商品成本较低,客户愿意支付运费,可以免费寄送样品。一般愿意支付运费的客户比较有合作诚意,此类客户可重点跟进。如果货物价值较高,客户不愿意支付样品费或运费,客服应委婉拒绝客户,或建议客户先支付样品费,在未来订单中再减免。

(1)要求客户支付样品运费范例:

Dear ××,

Thank you so much for your inquiry for dress. We can send you the samples but the shipping cost should be on your account. Looking forward to your reply.

Best regards!

(2)拒绝客户寄送样品范例:

Dear ××,

For your sample request, we are regret that we can't offer free sample. We recommend you ordering one piece as trail order. We can refund you the sample cost if you place bulk order. Thanks for your understanding.

Best regards!

操作体验

任务 4-2　售前咨询交流

【任务描述】

A 公司的业务经理 Grace 为了提高新入职业务员售前接待能力，提升询盘和 TM 咨询的订单转化效率，现在需要给业务员进行售前咨询的演示培训，请根据询盘或 TM 咨询的详细内容进行实战演练。

【任务实施】

（1）进入商家后台，在首页点击鼠标往下翻动，翻动到底部，找到阿里卖家 App 下载通道，根据自己使用的设备进行下载即可，如图 4-15 所示。

图 4-15　阿里卖家 App 下载通道

（2）登录阿里卖家 App。下载阿里卖家 App 后，点击该应用程序，输入阿里巴巴国际站账号和密码，即可进入阿里卖家页面，如图 4-16 所示。

（3）输入账号和密码，点击登录后会跳转到阿里卖家后台，如图 4-17 所示，可以根据收到的买家咨询信息，进行回复。

项目四 商机沟通

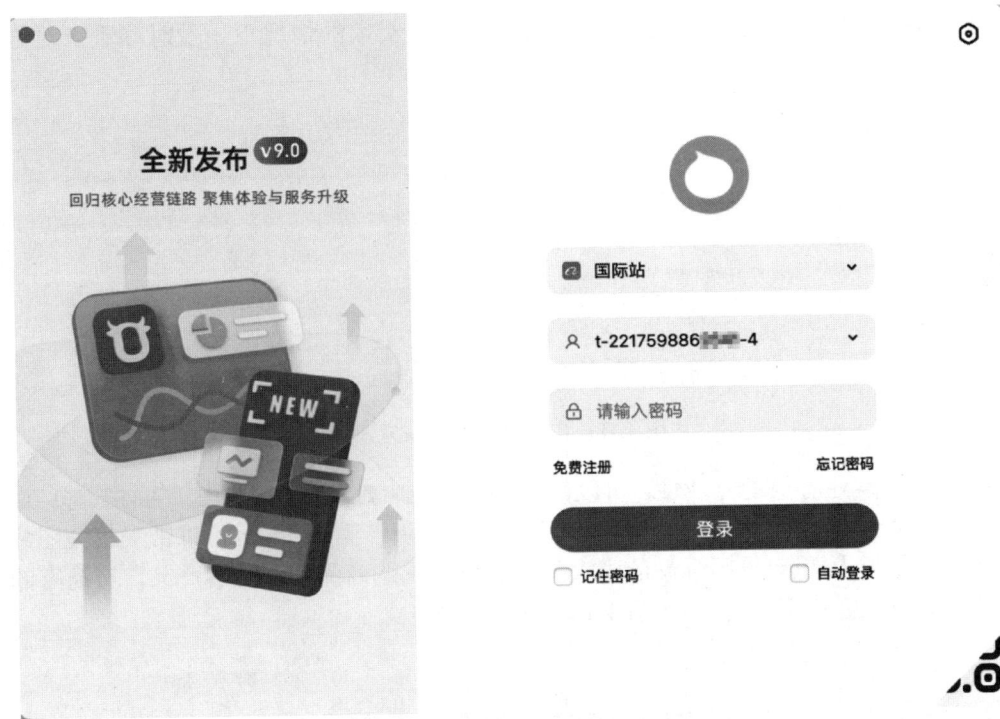

图 4-16 "阿里卖家"登录页面

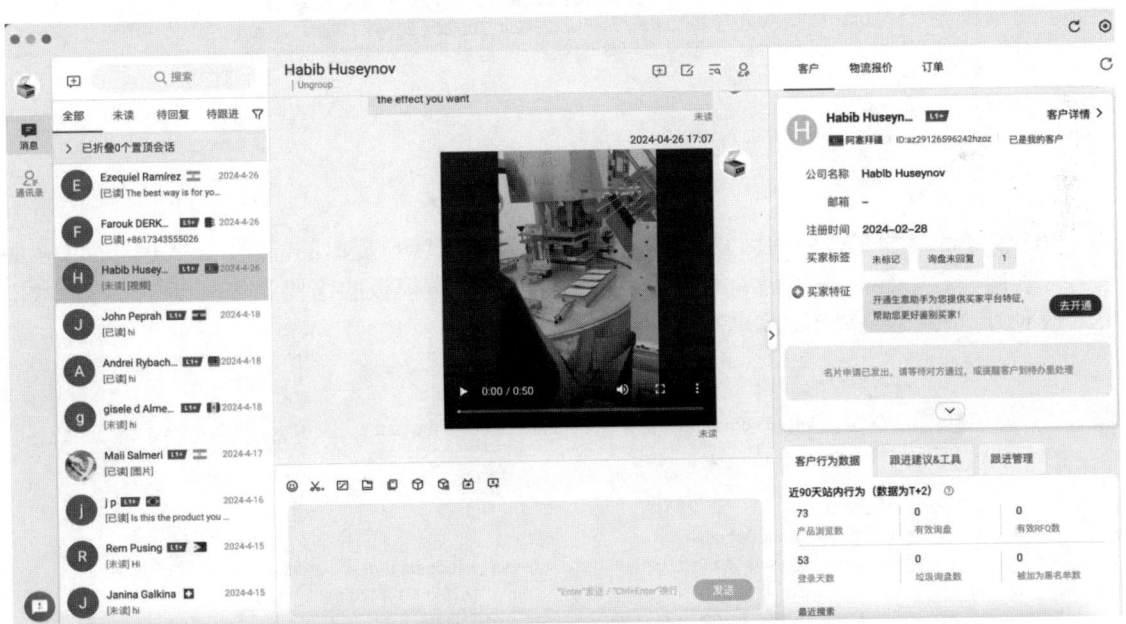

图 4-17 阿里卖家

（4）询盘和 TM 咨询回复前的准备。由于阿里巴巴国际站是 B2B 平台，大多数买家都是购买的定制化产品，不会直接下单，沟通的时间也会比较长，所以在进行回复之前，在实际工作中需要确认买家的联系方式（包括但不限于买家的邮箱、WhatsApp 账号、Facebook 账

83

号、手机号等信息，方便在阿里卖家 App，联系不到买家的情况下，及时联系上对方，如图 4-18 所示。

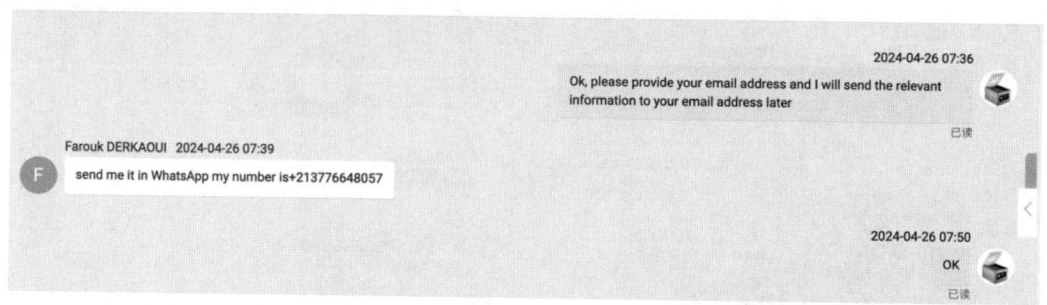

图 4-18　向买家索要联系方式

（5）为了体现业务员的专业性，可以简单介绍职位、姓名、公司的工厂面积、员工人数、主营业务、生产制造能力、获得的专利、证书、公司网址等，必要时可以带上相关图片和视频，和 C 端不同，阿里巴巴国际站的中大型采购商，采购商品除了查看产品，对商家的生产能力、公司实力也有较高要求，如图 4-19 所示。

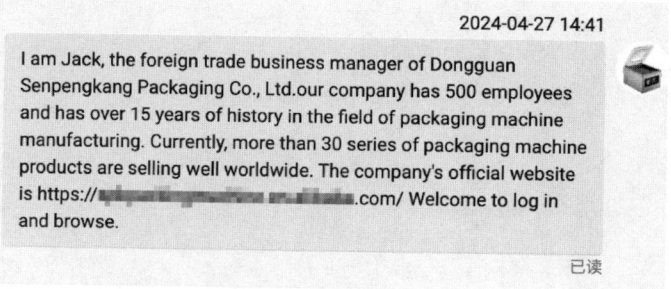

图 4-19　向客户介绍公司

（6）做好询盘和 TM 咨询回复前的准备，就可以根据客户提出的问题，正式进行回复（如果客户提问库存、样品等问题，可参考上面的模板，没有模板的需要业务员自行思考话术，灵活应对），正式回复如下，如图 4-20 所示。

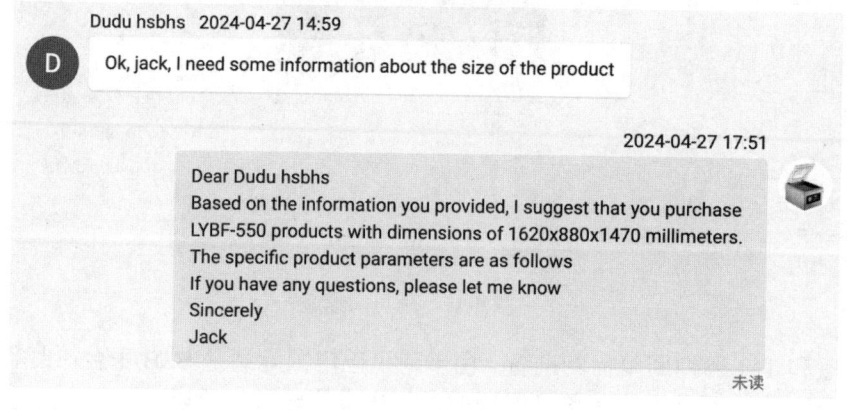

图 4-20　回复客户咨询的问题

（7）在回复流程中，业务员还需要主动向客户提供产品的参数信息。以包装机为例，即便客户只询问了包装机的尺寸信息，业务员最好也要提前把包装机的生产效率、包装机适合包装的产品类型、包装机的重量、材质等介绍给客户。如有必要还可以发送图片和视频，这样既能体现出专业性，也能缩短和客户的沟通时间，加速买家的下单进度，如图4-21所示。

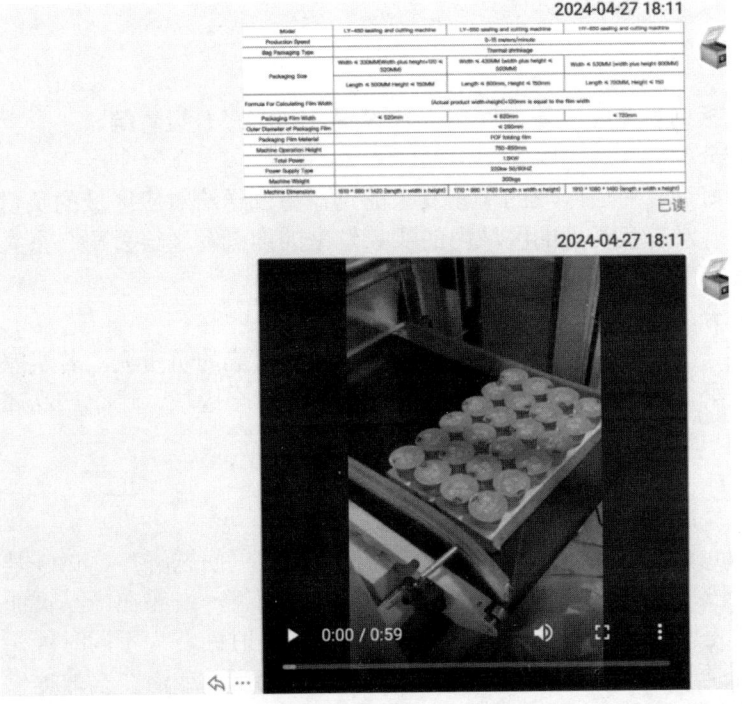

图4-21　图文并茂介绍产品

（8）由于阿里巴巴国际站的客户群体大部分是批发客户，在沟通完毕后，除了回复如图4-22所示的基本礼貌用语外，业务员还应该根据客户的采购意向把客户加入客户通，给客户进行建档（详细情况可以参考项目五客户建档）。业务员需要根据和客户的沟通情况，进行基础的记录，如对客户的采购意向、联系方式、咨询的产品等重要信息进行记录，以便和客户进行下次沟通。

图4-22　回复基本礼貌用语

【任务思考】

询盘和TM咨询有什么区别？我们应该怎么高效回复？

任务四 询盘设置

知识梳理

1. 询盘设置

询盘设置包括询盘分配设置、回复卡片设置、邮箱账号设置等。

（1）按区域分配。

按区域分配好后，对应区域的买家发来的询盘将发送给对应区域的负责人。一个区域只能分配一个账号。没有负责人的区域内的买家发来的询盘发送给公司联系人，此时和产品属于哪个账号是没有关系的。

（2）按产品分配。

买家针对某一个产品发来的询盘，分配给该产品对应的负责人。若买家是针对公司发来的询盘，将发送给公司联系人。此时，不管客户来自哪个区域，这个产品属于谁询盘就分配给谁。

2. FAQ

FAQ 是 Frequently Asked Questions 的缩写，是指常见问题解答。FAQ 是当前电商提供在线帮助的主要手段，通过事先准备好一些可能的常用问答，发布在产品页面，为用户提供咨询服务。由于时差原因，跨境电商客服人员很难在第一时间，为不同时区买家提供即时咨询服务。FAQ 页面是一种节省时间的客户服务策略，可为当前或潜在客户提供最常见的问题和解答。对于跨境电商店铺的客服人员而言，了解和学习平台常用的 FAQ 内容有助于学习地道的英语表达方式，掌握正确、规范的常见表达方法，培养专业素养，提高工作质量和效率。

3. 常见物流 FAQ 案例

物流 FAQ 一般包括何时发货、物流方式、运费、物流时效、关税等问题类型，以下是常见的 FAQ 案例。

Q: When will you ship my order?
A: Ordinary ship in 48 hours upon receipt of your payment.

Q: Who is your delivery partner?
A: China Post，TNT，UPS，FedEx，DHL and YANWEN are our delivery partners.

Q: How long can I get my order?
A: It depends to the shipping service you chosen. Overall shipping time varies depending on location. Ordinary most of countries like this:
20-35 days for shipment by Aliexpress Standard Shipping.
7-15 days for shipment by EMS.
2-5 days for shipment by TNT，UPS，FedEx，DHL.

Q: Where do you ship from?
A: Your order will be shipped from China.

Q: Do I need to pay for the packing material?
A: No, the packing material is included in the shipping cost.

Q: How can I track my order?
A: You can track the status of your order from tracking information on Aliexpress.

Q: What need I to do after shipment?
A: Firstly, pay attention to the post delivery information. Secondly, check the package carefully when you get the parcel. Contact with buyer if you have any problem.

Q: Do I need to pay for import tax and/or duty?
A: Depending on your local customs. In most countries and regions, personal items and low-cost items are free of VAT and customs duty.

Q: Is it necessary for me to provide identification when I receive the package?
A: No, it is not necessary. Carrier will deliver the package according to the shipping address. Please make sure your address information is correct.

操作体验

任务 4-7　智能接待设置

【任务描述】

A 公司的业务经理 Amy 管理着一个阿里巴巴国际站平台，请和 Amy 一起完成回复卡片设置。条件如下：

（1）回复卡片时间设置为北京时间每天晚上 21:01 到第二天早上 8:00。
（2）设置欢迎语。
（3）设置常用问答。
（4）设置智能提问。
（5）设置商机跟进。

【任务实施】

（1）进入店铺后台。点击"My Alibaba→商机沟通→询盘"命令。
（2）进入"询盘列表"页面，点击"接待设置"命令，进入"回复卡片设置"页面，如图 4-23 所示。
（3）设置开启设置的时段，可以在"不开启""全天"或"自定义时段"3 个选项中任意择一，如图 4-24 所示（图中，自定义时段为北京时间每天晚上 21:01 到第二天早上 8:00），设置完成后点击"保存"按钮。

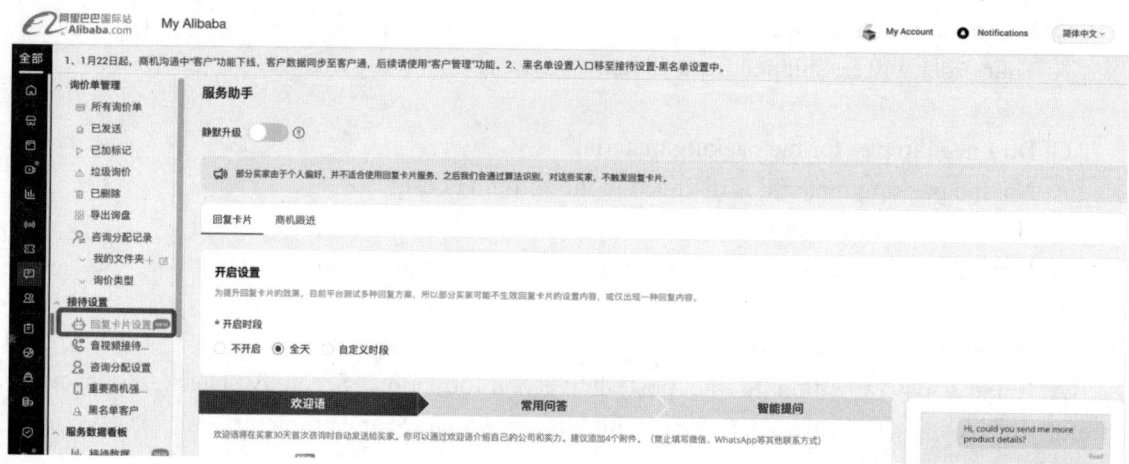

图 4-23　回复卡片设置

图 4-24　开启设置

（4）设置"欢迎语"，如图 4-25 所示。欢迎语是自动服务的开始，可以在这里进行简单的问候，告诉客户会回复消息，还可以上传四张图片展示公司实力。

图 4-25　设置欢迎语

(5)"常用问答"(即常见问答,软件页面中为"常用问答")设置。针对常见问题提前设置好答案,买家询问时,平台可自动回复已设好的答案,如图4-26所示。常用问答包括价格、定制、MOQ、样品、产品、公司、物流、支付、售后等方面的问题,需要根据自身店铺情况进行设置。

图4-26 设置常用问答

(6)智能提问。聊天机器人会根据商家的需求自动向买家提问,如图4-27所示。商家也可以自定义设置提问内容。

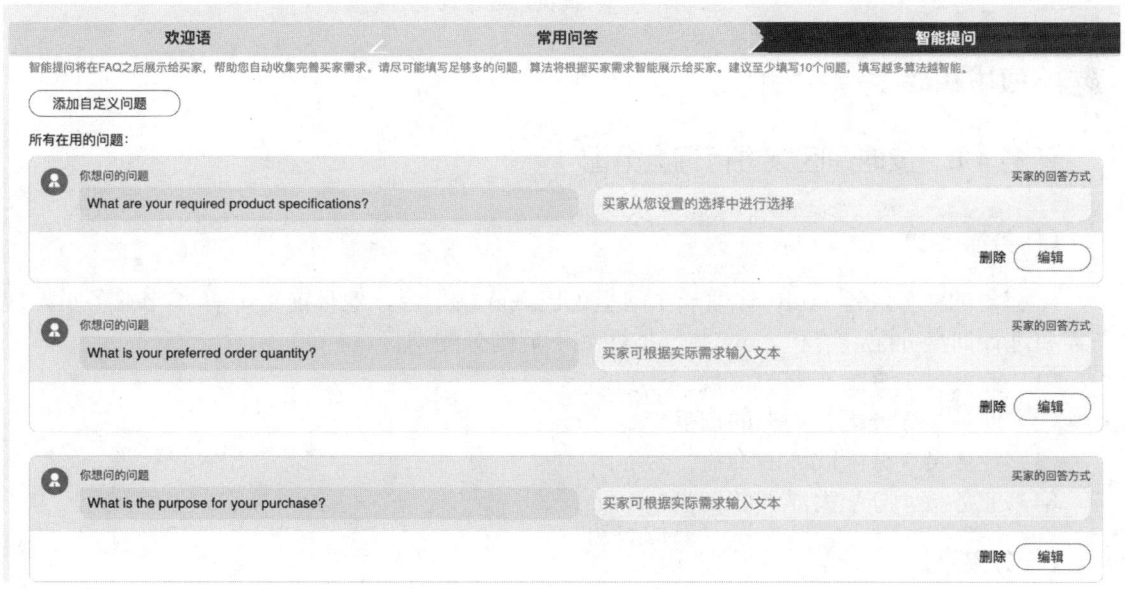

图4-27 设置智能提问

(7)商机跟进。开启商机自动跟进后,平台将在早上7点,针对昨天未读业务员回复的买家,用算法识别出有更高概率激活的买家,发送随机跟进话术,为业务员降本增效。我们需要在商机跟进开启设置模块选中"开启自动跟进"选项,并添加自己想要添加的跟进话术即可。

除欢迎语需要确认无误后点击"保存"按钮外,常用问答、智能提问、商机跟进设置编辑完成即可自动保存,如图4-28所示。

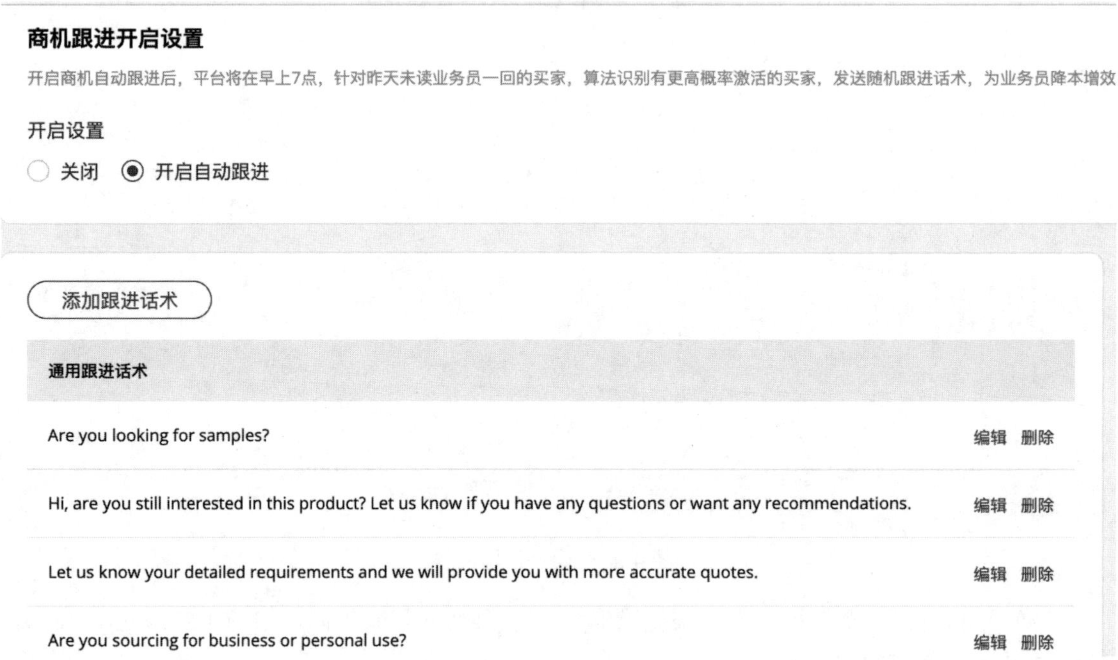

图 4-28 商机跟进设置

应用实战

任务 4-8　按地理区域进行询盘分配

【任务描述】

A 公司的业务经理 Amy 管理一个阿里巴巴国际站平台,他目前手下有 4 个业务员,现在需要进行询盘分配,请和 Amy 共同按照如下规则分配询盘。

(1)业务员 1 分配亚洲的询盘。

(2)业务员 2 分配北美洲的询盘。

(3)业务员 3 分配欧洲的询盘。

(4)业务员 4 分配大洋洲的询盘。

【任务实施】

(1)选择 My Alibaba 进入商家后台,点击"商机沟通→商机管理中心(询盘)→设置"命令。

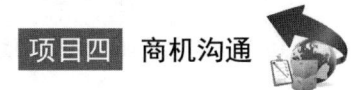

（2）点击"询盘分配设置"菜单，进入"询盘分配"页面进行设置，如图4-29所示。

图4-29　询盘分配设置

（3）找到询盘分配规则，默认的询盘分配方式是"按产品分配"，我们需要点击"按区域分配"选项。

（4）找到业务员1，点击"分配区域"按钮，进入"区域选择"页面，在下拉列表框中勾选"Asia"选项，点击"确认"按钮即可，如图4-30所示。

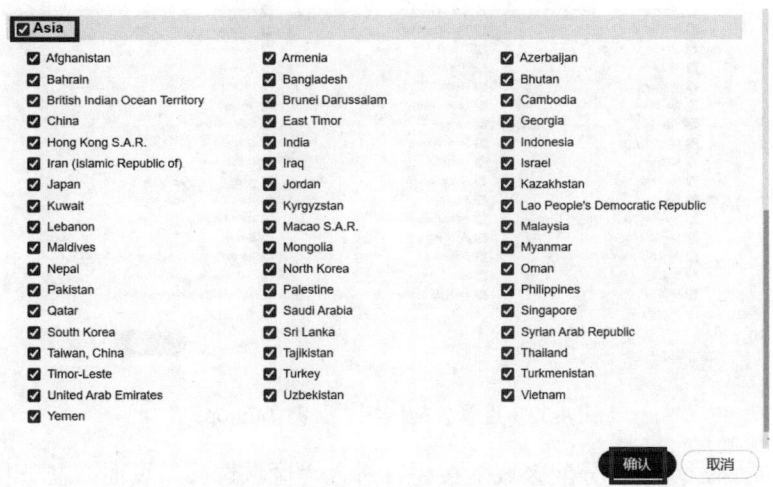

图4-30　选择分配区域"亚洲（Asia）"

找到业务员 2，点击"分配区域"按钮，进入"区域选择"页面，在下拉列表框中勾选"North America"选项，点击"确认"按钮即可，如图 4-31 所示。

图 4-31　选择分配区域"北美洲（North America）"

找到业务员 3，点击"分配区域"按钮，进入"区域选择"页面，在下拉列表框中勾选"欧洲（Europe）"选项，点击"确认"按钮即可，如图 4-32 所示。

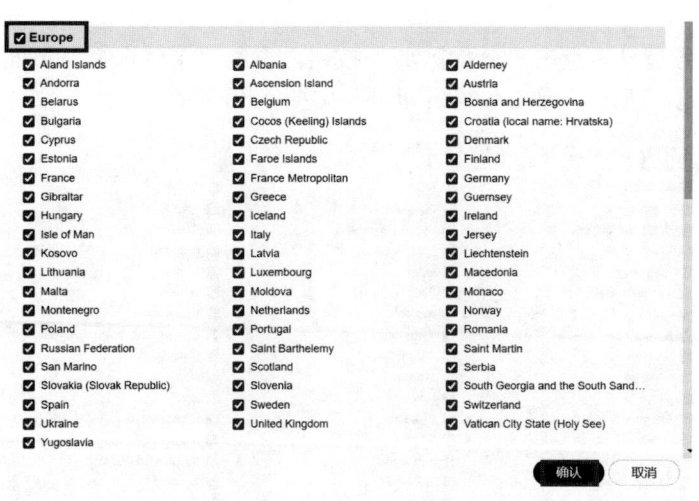

图 4-32　选择分配区域"欧洲（Europe）"

找到业务员 4，点击"分配区域"按钮，进入"区域选择"页面，在下拉列表框中勾选"大洋洲（Oceania）"选项，点击"确认"按钮即可，如图 4-33 所示。

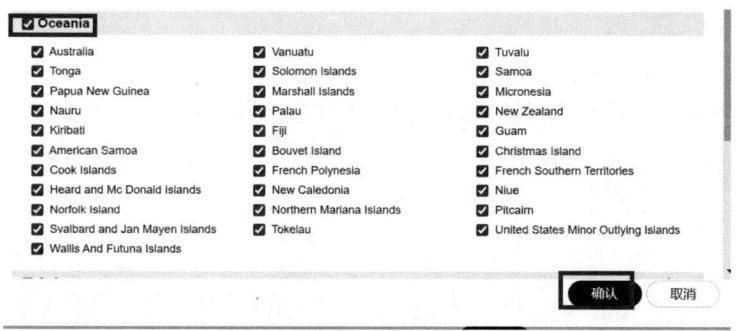

图 4-33　选择分配区域"大洋洲（Oceania）"

（5）设置完成后，核对已分配国家或地区，如图 4-34 所示。

图 4-34　核对已分配国家或地区

（6）核对信息，确认无误后点击"保存"按钮，即完成询盘分配设置任务，如图 4-35 所示。

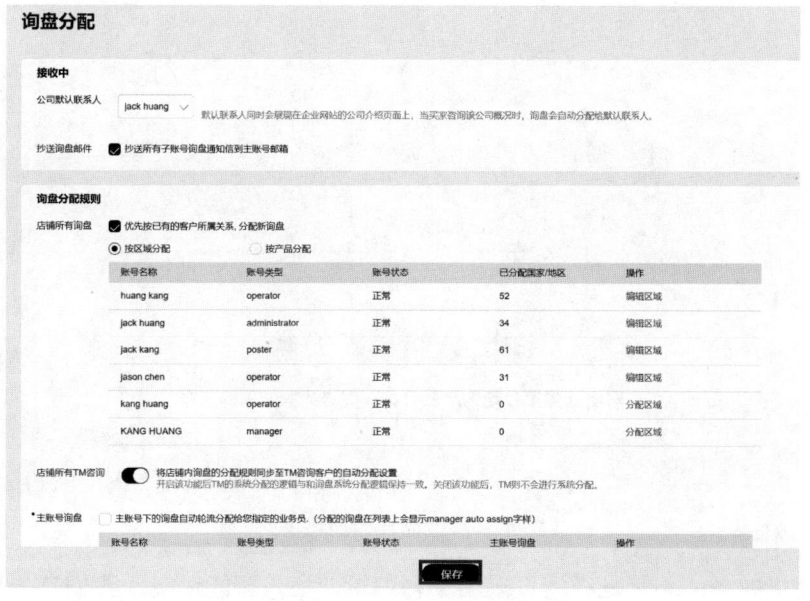

图 4-35　保存分配结果

【任务思考】

询盘按照区域分配与按照产品分配，各自在什么场景下更有利于转化？

任务 4-8　FAQ 设置

【任务描述】

A 公司的业务主管 Tom 需要业务员 Mark 完成 FAQ 设置，请和 Mark 共同完成该任务。

【任务实施】

（1）FAQ 的设置在阿里巴巴国际站有两种形式，一种是在产品发布时放在产品的详情页页面，另一种是在回复卡片→常用问答页面对 FAQ 进行设置。我们先对产品发布部分详情页的 FAQ 板块进行设置；点击 My Alibaba 进入阿里巴巴国际站后台，点击"商品管理→商品发布"命令（具体流程请参考项目三产品发布），直接进入产品详情页描述板块，如图 4-36 所示。

图 4-36　产品详情描述页面

（2）新建导航条：不管是详情页采用平台编辑，还是智能编辑，我们首先得进行导航模板的新建，如图 4-37 所示。双击鼠标左键，可以将 FAQ 导航条导入产品详情页中。

图 4-37　设置导航条

（3）FAQ 填入：导航条的作用是让买家在查看详情页的时候，点击某个部分的导航条，网页会自动翻转到该描述页面，这样买家只看自己想看的部分，可提升买家的观看效率，节省买家的时间，当导航条新建好后，就可以填写 FAQ 的内容，如图 4-38 所示。

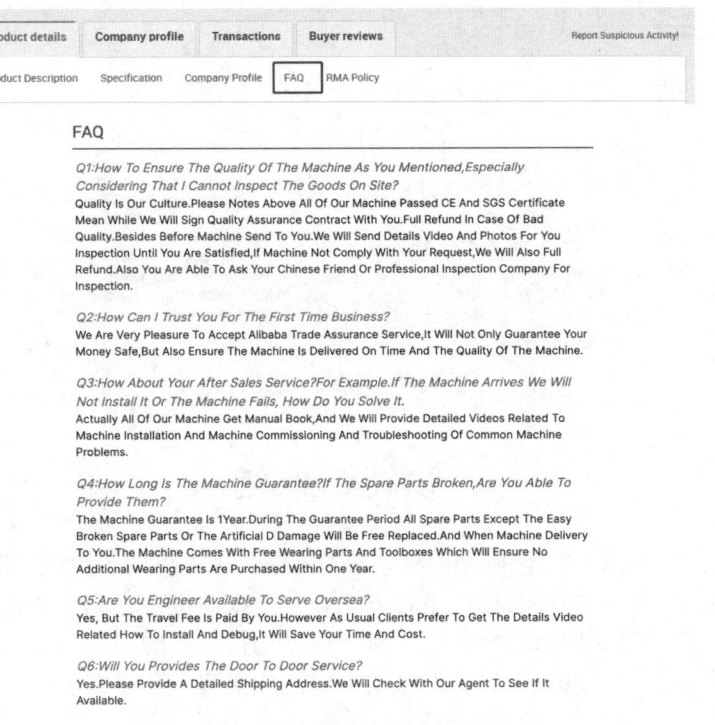

图 4-38　点击导航模板自动跳转

（4）设置完成后在发布产品页面点击"提交"，等待系统审核好，买家点击该产品详情页页面就能通过导航条查找到该产品的 FAQ。

（5）回复卡片设置 FAQ：点击 My Alibaba 进入阿里巴巴国际站后台，点击"商机沟通→询盘→回复卡片设置→点击中间的常用问答模块，选择自定义时间段并点击保存，如图 4-39 所示。

图 4-39　开启时段设置

（6）FAQ 将在欢迎语之后展示给买家，初步解答买家的疑问。请尽可能填写足够多的 FAQ，算法将根据买家需求智能展示给买家。建议每个分类下至少填写 10 个 FAQ，填写越多，算法越智能，如图 4-40 所示。

图 4-40　添加自定义 FAQ

项 目 小 结

本项目主要介绍阿里巴巴国际站商机获取的方法。首先讲解了 RFQ 市场商机订阅的设置方法，其次介绍了 EDM 邮件营销的设置方法。接下来，重点介绍了售前咨询交流和售后问题处理的回复。接着最后讲解智能营销设置，包括询盘分配的设置、智能回复卡片设置等。希望读者通过本项目的学习，可以更好地实现对已成交客户和潜在客户的开发。

项 目 训 练

一、选择题

1. 客户通支持阿里云邮件推送进行营销邮件群发,开通后享受每天（　　）封邮件的免费使用权。
   A．100　　　　　　B．200　　　　　　C．500　　　　　　D．1000
2. 以下关于访客 EDM 营销的说法正确的是（　　）。
   A．EDM 是以邮件的形式给访客发送营销信息
   B．EDM 不支持群发功能,只能逐个发送
   C．EDM 数量没有上限且免费
   D．EDM 营销不能随时发送,需要提前设置
3. 跨境电商客服工作主要涉及的环节不包括（　　）。
   A．产品准备与发布　　B．售前产品咨询　　C．售中问题解答　　D．售后问题处理
4. 以下对于 FAQ 的描述,不正确的是（　　）。
   A．FAQ 表示采购直达
   B．FAQ 是一种提供在线帮助的主要手段
   C．FAQ 是一种节省时间的客户服务策略
   D．学习平台常用的 FAQ 内容有助于掌握地道的英语表达方式
5. 在询盘分配规则设置中,询盘的分配方式可以分为（　　）。
   A．按产品分配　　　　B．按时间分配　　　C．按区域分配　　　D．按年龄分配

二、判断题

1. 营销活动邮件模板中不可创建优惠券。　　　　　　　　　　　　　　　　　　（　　）
2. 阿里巴巴国际站可以设置自定义回复。　　　　　　　　　　　　　　　　　　（　　）
3. 域名只能通过阿里云购买。　　　　　　　　　　　　　　　　　　　　　　　（　　）
4. 询盘具有法律效力。　　　　　　　　　　　　　　　　　　　　　　　　　　（　　）
5. 询盘自动分配,即自动回复,可以实现客户智能营销。　　　　　　　　　　　（　　）

三、实训题

请在阿里巴巴国际站收集智能洗手机产品的 FAQ,并在智能接待中进行设置。

项目五　客户管理

【学习目标】

（1）了解客户建档、客户跟进的基本操作。
（2）掌握公海客户管理的基本方法。
（3）掌握客群管理的操作技能。
（4）掌握店铺会员管理的操作技能。

任务一　客户建档

 知识梳理

1. 客户通

客户通是阿里巴巴国际站后台的客户管理工具，是为阿里巴巴国际站付费会员提供的免费增值功能，包括客户分组管理、客户洞察、客户精准营销等功能。利用客户通，可以实现客户数据可识别与可运营，赋能业务员和运营，提升客户运营的效能。

在跨境电商经营中，往往80%的利润来源于20%的客户，所以客户管理应当有重点。阿里巴巴国际站客户管理板块提供了客户列表维护、客户分层、客群管理等功能。

2. 客户建档

添加客户是客户管理的第一步，客户通中允许添加的客户一般分为站内信询盘客户、阿里卖家询盘客户、站外客户3种类型。

（1）对于站内信询盘客户，可以通过询盘列表添加客户到客户通。

（2）对于阿里卖家询盘客户，可点击右侧客户档案的"加为客户"按钮，将其添加到客户通。

（3）对于站外客户，需要手动录入建立客户档案。

3. 客户查找

客户通提供了便捷的客户查找功能，可以通过选择"客户阶段""客户分群""跟进状态""业务员""国家/地区"等关键词查找客户。

项目五 客户管理

操作体验

任务 5-1 添加客户

【任务描述】

A 公司的业务经理 Tom 需要业务员 Sophie 完成多个场景下添加客户的操作,请和 Sophie 共同完成如下任务。

(1)开通客户通;
(2)完成站内信询盘客户的添加工作;
(3)完成阿里卖家询盘客户的添加工作;
(4)在客户通手动添加线下客户。

【任务实施】

(1)开通客户通。

进入阿里巴巴客户通网站,点击"立即开通"按钮,注册登录后进入个人中心(可用个人淘宝账户注册),补全企业商家信息。客户通注册页面如图 5-1 所示。首次登录客户通的用户将需要几分钟时间同步客户数据。

(2)客户管理。在阿里巴巴国际站后台,点击首页右侧菜单栏"客户管理"命令,即可进入客户通注册页面,如图 5-2 所示。

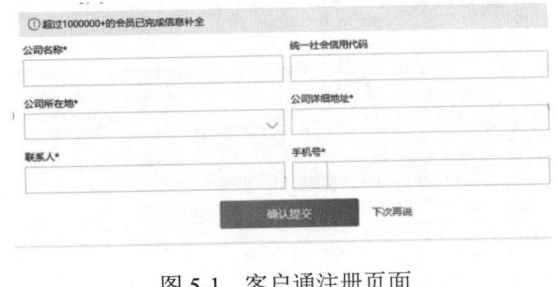

图 5-1 客户通注册页面

(3)添加站内信询盘客户。进入站内信询盘详情页面,在右侧客户详情页面,点击"加为客户"命令,即将该客户自动添加为客户通建档客户,如图 5-3 所示。

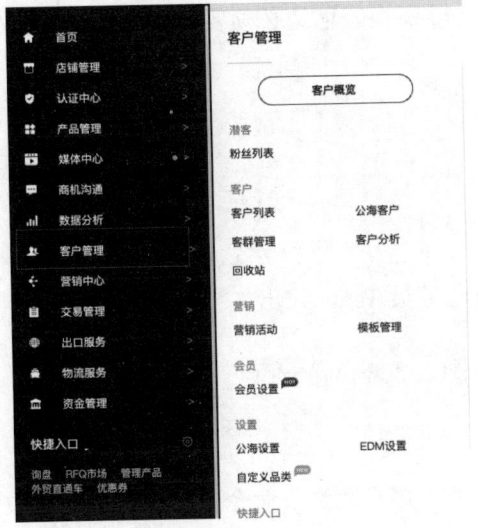

图 5-2 客户通入口

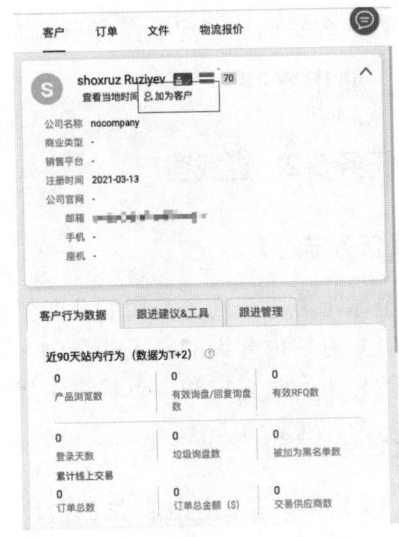

图 5-3 将站内信询盘客户添加进客户通

(4) 添加阿里卖家询盘客户。

在阿里卖家沟通页面，点击右侧客户页面的"加为客户"命令，即可添加该客户为客户通建档客户，如图 5-4 所示。

图 5-4　阿里卖家询盘客户建档

(5) 添加线下客户。

进入客户列表，点击"添加线下客户"命令，即可在客户通为线下客户建档，如图 5-5 所示。

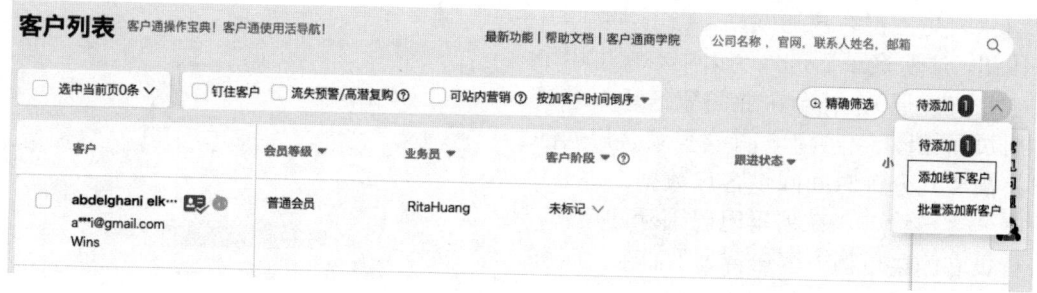

图 5-5　添加线下客户

【任务思考】

为什么要添加客户？在客户添加过程中，你觉得哪些信息是必须要填写的？为什么？

应用实战

任务 5-2　查找客户

【任务描述】

全球跨境电子商务公司的业务经理 Peter 让新业务员 Tania 找出如下两类客户。
(1) 可站内营销的高采购意向客户；
(2) 在询盘客户和样单客户中找到商业类型为线上零售商的客户。

【任务实施】

(1) 进入阿里巴巴国际站后台，点击"客户管理→客户列表"命令，进入客户列表页面，如图 5-6 所示。

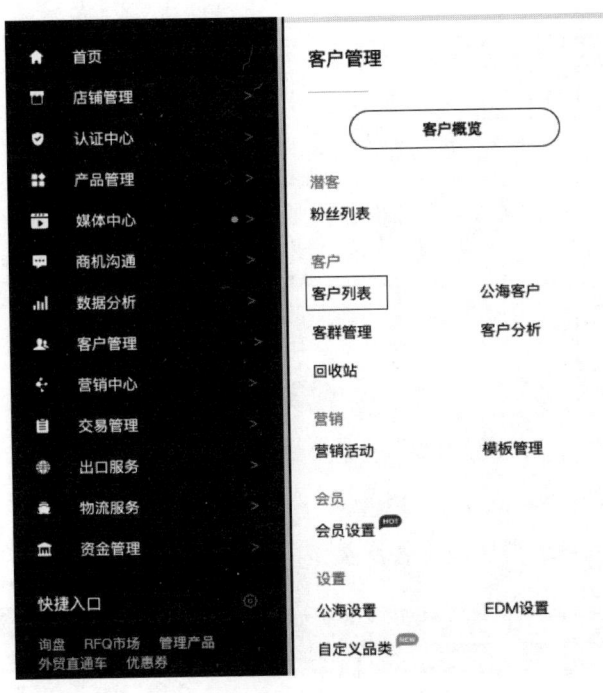

图 5-6 客户列表入口

（2）点击客户列表右侧的"精确筛选"命令，可以通过"客户阶段""采购意向""客户分群""业务员""国家/地区"等关键词进行客户筛选，如图 5-7 所示。

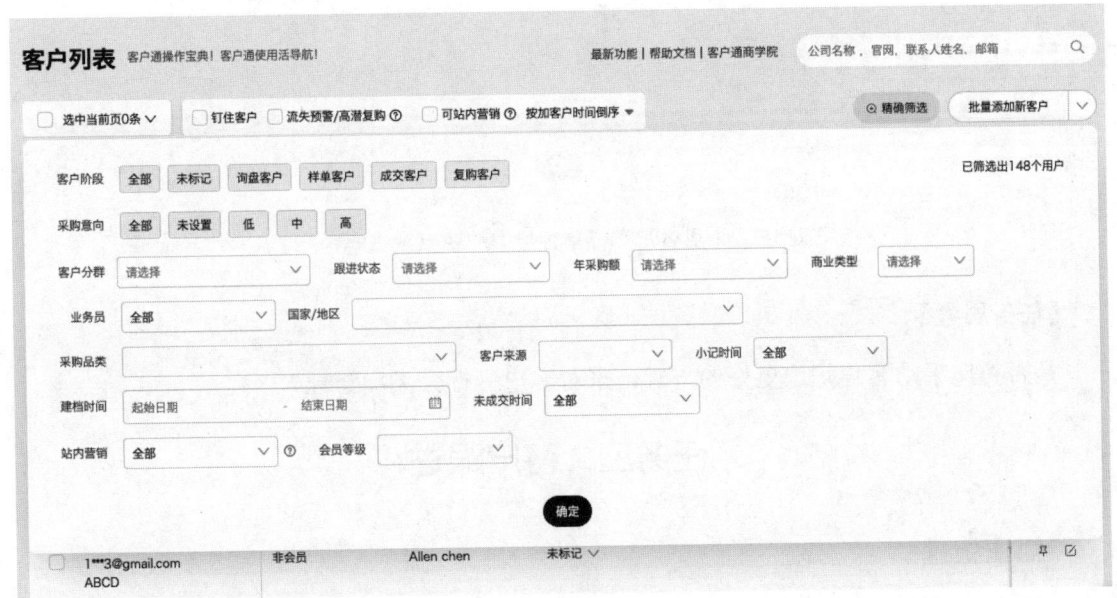

图 5-7 客户筛选

（3）将"采购意向"筛选条件设为"高"，"站内营销"筛选条件设为"可站内营销客户"，即可筛选得出可站内营销的高采购意向客户，如图 5-8 所示。

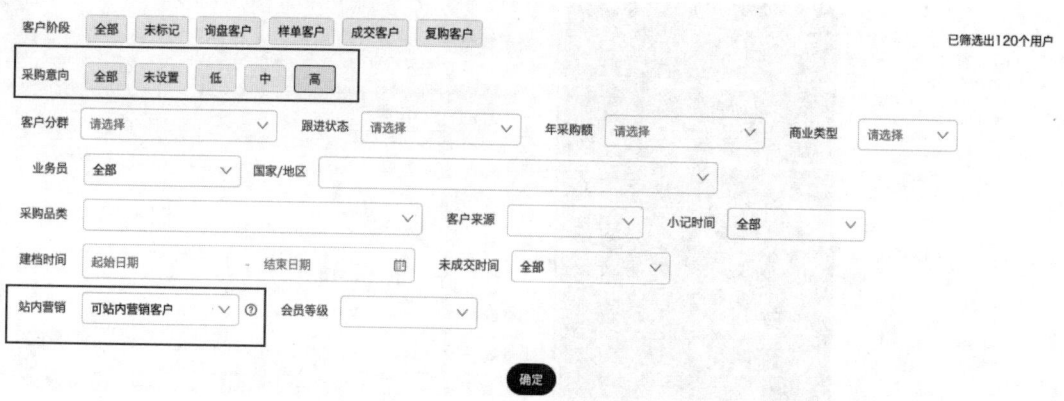

图 5-8 可站内营销的高采购意向客户筛选

（4）选择"客户阶段"中的"询盘客户"与"样单客户"关键词，并选择"商业类型"为"线上零售商"，即可筛选得出指定客户类型，如图 5-9 所示。

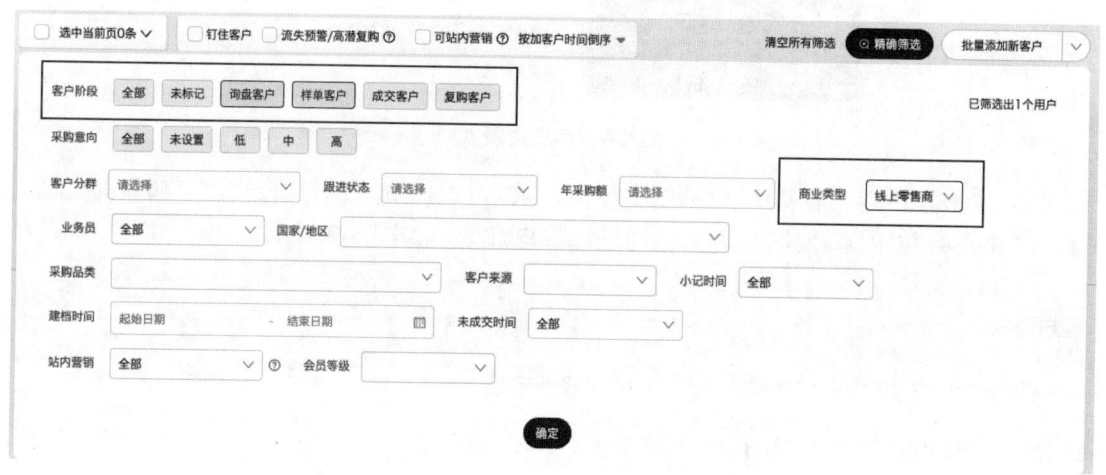

图 5-9 询盘客户和样单客户中的线上零售商客户

【任务思考】

是否有比手动客户筛选更好的方式，来对客户进行分类和管理？

任务二　客户跟进

知识梳理

1. 客户列表

在客户列表页面，可以查看当前店铺的全部客户信息。客户列表展示了多维度的客户信息，包括会员等级、客户阶段、跟进状态、采购意向等。在客户列表页面，我们可以编辑客户信息及跟踪流失预警、高潜复购等重点客户。

2. 客户跟进小记

为了促进客户成交转化，我们需要对客户沟通情况进行持续跟踪，并在客户通对跟进情况进行实时更新，以方便业务员下次对该客户进行跟进。

可以根据订单流程、复购情况、采购意向等多个维度，对所跟进客户进行分类。

按照订单流程，客户通把客户分为洽谈中、未成交、跟单中、售后 4 个状态。

根据客户复购情况，把客户分为询盘客户、样单客户、成交客户、复购客户等。

根据采购意向和买家成交成熟度，将客户分为 3 星客户（合作意向较高）、2 星客户（合作意向居中）、1 星客户（合作意向较低）。

 操作体验

任务 5-3　更新客户信息

【任务描述】

A 公司的业务主管 Joe 需要业务员 Kenny 对客户列表里面的客户信息进行更新，请和 Kenny 共同完成如下操作。

（1）随机选择 1 个客户，对其资料进行编辑和补充。

（2）在客户详情页更新客户跟进小记。

【任务实施】

（1）进入阿里巴巴国际站后台。选择 My Alibaba 进入商家后台，点击"客户管理→客户列表"命令即可打开客户列表页面，如图 5-10 所示。

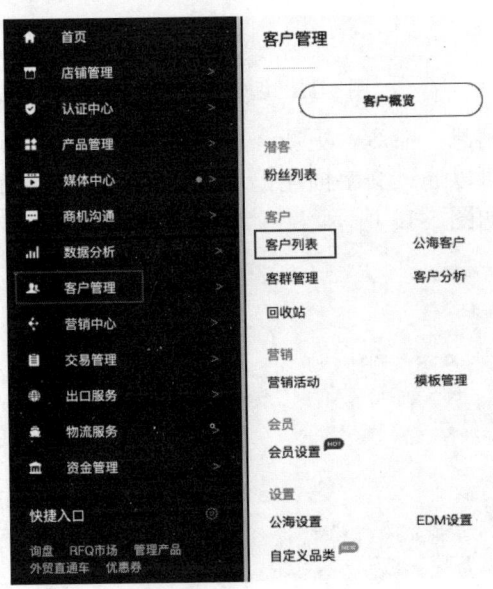

图 5-10　客户列表入口

（2）点击客户信息栏的客户资料补充和编辑，进入客户信息编辑页面，如图 5-11 所示。

图 5-11　客户列表

（3）点击进入"编辑更多信息"页面，编辑补充客户信息。业务员可以根据和客户沟通的情况，对客户阶段、年采购额、采购意向、商业类型、采购品类等状态进行更新，如图 5-12 所示。

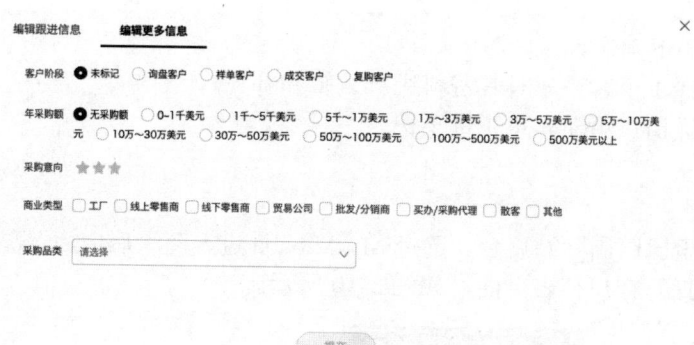

图 5-12　编辑客户信息

（4）点击"编辑跟进信息"命令，更新客户跟进小记，业务员可根据实际沟通情况更新跟进状态、订单状态，还可以通过文字描述记录跟进信息。信息编辑完毕后点击提交命令，即完成客户更新的操作，如图 5-13 所示。

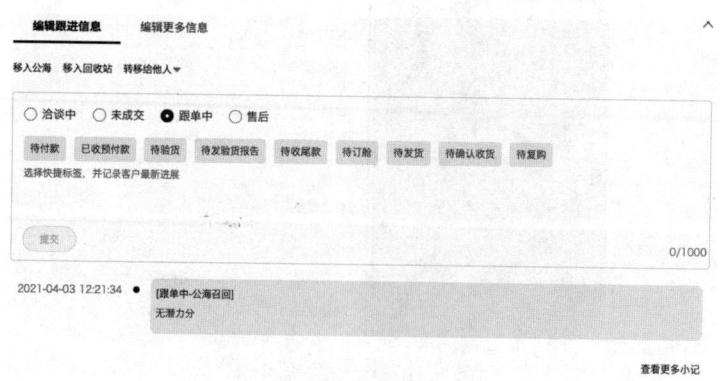

图 5-13　编辑跟进信息

在右下角点击"查看更多小记"按钮可查看更多客户跟进情况。若买家授权，还可查看买家的 Activity in the past 90 days（近 90 天的活动）等相关信息，如图 5-14 所示。

图 5-14 客户跟进详情

【任务思考】

在阿里巴巴国际站有哪些常见的客户跟进方式？

任务三 公海客户管理

 知识梳理

1．公海客户

商家的公海客户是店铺内部的公共客户池，对该店铺名下的所有子账号可见，其他店铺则不可见。

2．公海客户筛选

商家在客户资源池中可以对客户进行有条件的选择，一般来说，如下 5 个条件是关键因素。

（1）主营产品和地址：主营产品和地址的填写可以增加可信度；

（2）客户来源：是否申请过"诚信通"等；

（3）检查客户信息是否重复：是否存在重复注册等情况；

（4）客户职位：是否为业务负责人；

（5）客户基本联系方式：与客户保持联系，作为建立合作的信任基础。

3．公海客户分配

因公海客户是企业公共资源，在不同的业务员之间合理分配才能最大化发挥效益。因此，需要对公海客户进行合理的分配。

4．公海强开

公海强开可以将客户列表内 180 天内无跟进小记的客户强开到公海，并在强开前提前 3 天提醒业务员进行跟进。公海强开功能是为了盘活客户，提高业务员的竞争意识，提升企业效益。客户列表中的"成交客户""复购客户"将受到保护，不会被强开到公海。

为避免企业客户资产流失，未建档的询盘客户、TM 咨询客户、名片客户，系统会自动在收到询盘、TM 咨询消息、名片后北京时间第 8 天早上 8 点强开到公海，以保证所有客户在客户通自动建档。

 操作体验

任务 5-4 公海客户管理

【任务描述】

A 公司的业务主管 Denny 需要新业务员 Ben 对公海的客户进行分配，请和 Ben 共同完成如下操作。

（1）筛选潜力分在 85 分以上的 3 个公海客户，添加进自己的私海。

（2）为 Jack Kang、Jason Chen、Jack Huang 3 个业务员各分配 2 个公海客户。

（3）开启公海客户强开功能。

【任务实施】

（1）进入 A 公司店铺后台，如图 5-15 所示，点击"客户管理→公海客户"命令，进入公海页面。

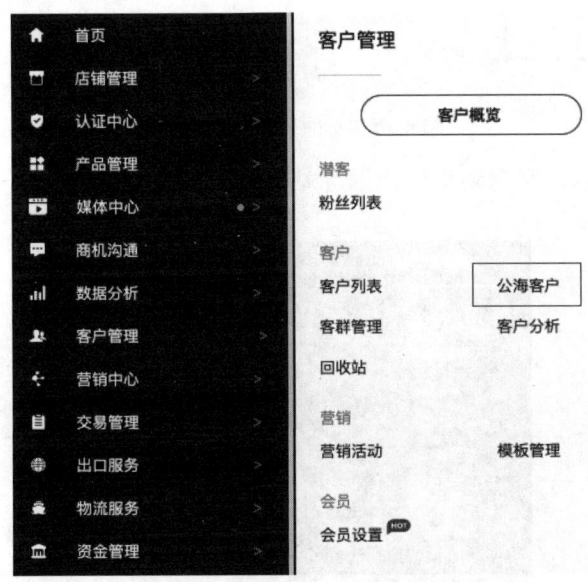

图 5-15　公海客户管理入口

（2）在公海页面，筛选潜力分。选中潜力分在 85 分以上的 3 个客户，点击"加为我的客户"按钮，把公司公海客户变成自己的私海客户，如图 5-16 所示。

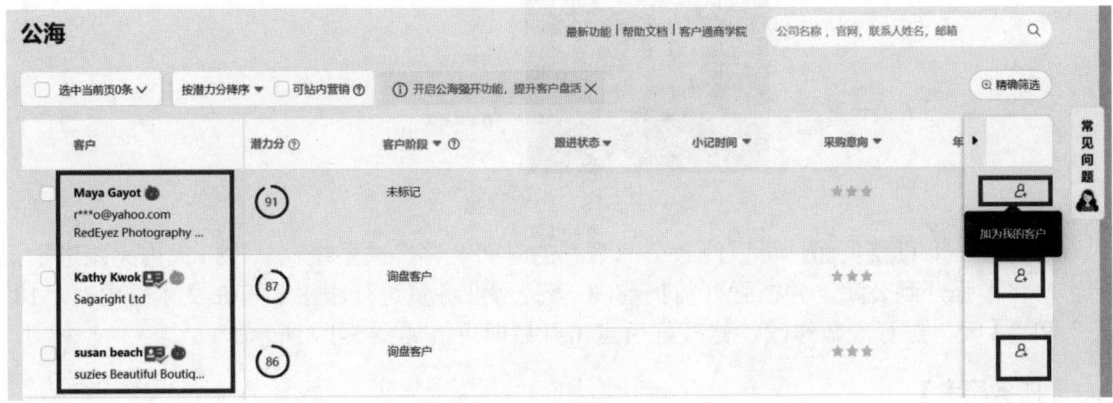

图 5-16　添加公海客户

107

（3）在公海页面，勾选 2 个公海客户，点击分配给业务员 Jack Kang。用同样的方法，分别为 Jason Chen 和 Jack Huang 各分配 2 名公海客户，如图 5-17 所示。

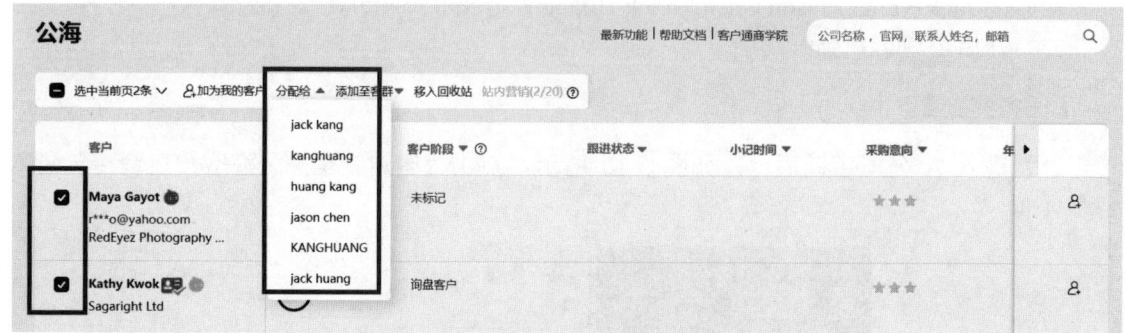

图 5-17　公海客户分配[①]

（4）点击 My Alibaba，回到阿里巴巴国际站后台，点击"客户管理→公海设置"命令，如图 5-18 所示。

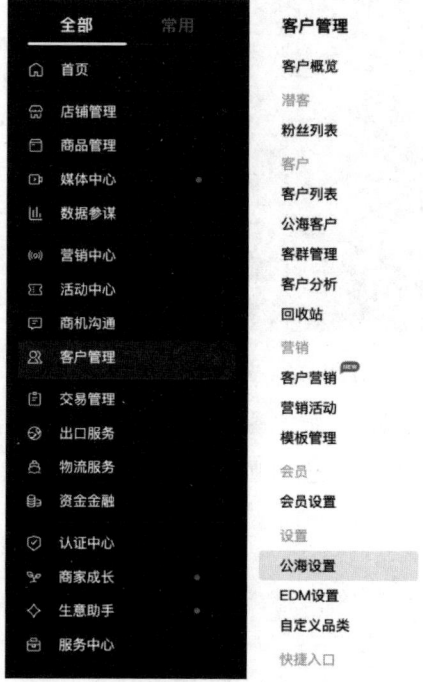

图 5-18　公海设置

（5）在公海设置页面，可以修改公海强开的时间。客户通系统默认 180 天内无跟进小记的客户将被强开到公海，并在强开前提前 3 天提醒业务员进行跟进。可在文本框内对"180 天"和"3 天"进行天数修改，修改好后点击开启即可，如图 5-19 所示。

【任务思考】

新业务员和旧业务员之间，该如何合理分配公海客户才能发挥最大效益？

---

① 软件页面中人名写法不统一，故本书文字描述中统一按国家标准，采取首字母大写、其余字母小写的形式。

项目五 客户管理

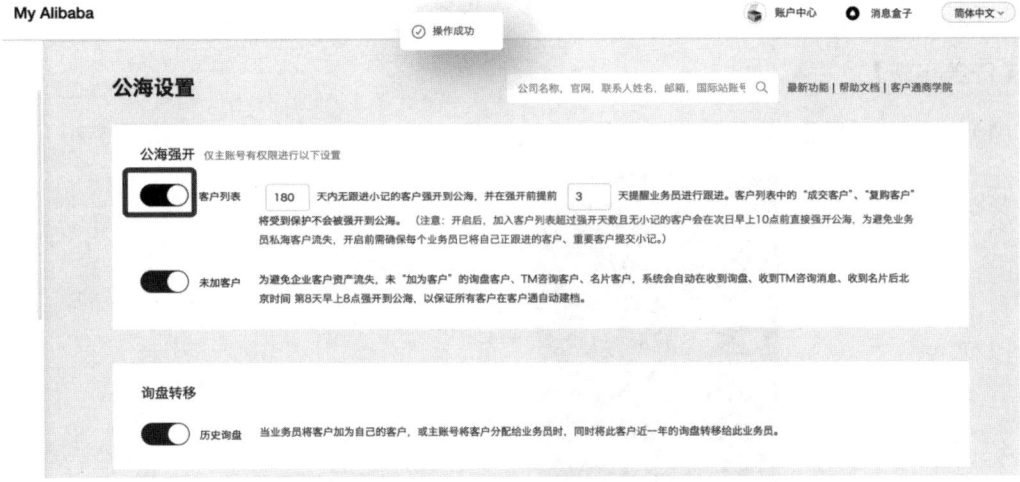

图 5-19 公海强开设置

任务四　客群管理

1. 客群的概念与分类

客群是客户群体的简称。客群管理是客户差异化运营的前提，是精准营销的基础。

固定客群是商家自己选择和分类的客户，客户数量和规模固定。如果商家不手动添加客户至客群中，固定客群中的客户数不会改变。

动态客群是客户通系统根据规则自动生成的客群，动态客群的客户将根据设置的规则自动更新。

2. 客群管理

客户通系统默认的 9 个未启用客群分别是近 30 天 TM 买家、近 30 天访问买家、活跃 RFQ 客户、店铺兴趣客户、店铺忠诚客户、店铺成交客户、店铺粉丝、近 30 天询盘买家和近 30 天订单买家。

对客户进行分群有多重标准，按照地域、客户购物行为、客户生命周期等标准分类，是比较成熟的分类管理方法。

任务 5-5　新建固定客群

【任务描述】

A 公司的业务主管 Lisa 要求新业务员 William 对客群进行设置，请和 William 共同建立成交量在 100 万美元以上的"欧洲客户重点客户"固定客群。

【任务实施】

（1）进入阿里巴巴国际站后台，点击"客户管理→客群管理"命令，如图 5-20 所示。

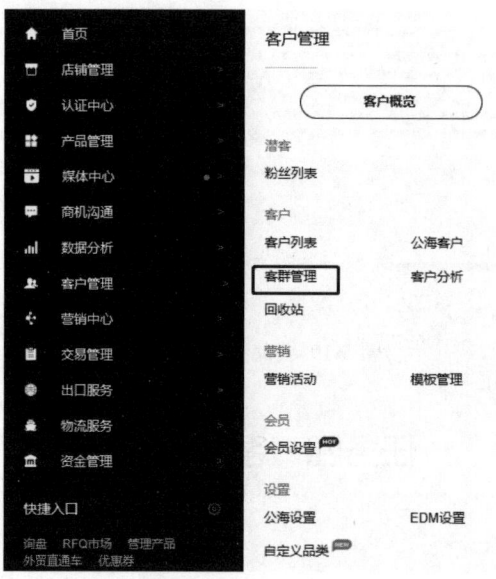

图 5-20　客群管理入口

（2）进入客群管理页面，系统将显示默认的 9 个客群，如图 5-21 所示。

图 5-21　客群管理

（3）点击页面右上方的"新建固定客群"按钮，进入"新建客群"页面，填写新建客群的名称、范围和描述，如图 5-22 所示。

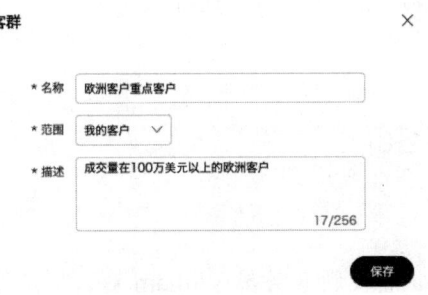

图 5-22　新建客群

（4）根据条件选择客户，界定条件为跟进状态、国家或地区等，如图 5-23 所示。点击"添加选中客户"按钮，即完成客户添加操作。

图 5-23　客户筛选

（5）完成客群建立，进入客户分群详情页面，可查看已建立客群的详细信息，如图 5-24 所示。

图 5-24　客户分群详情

【任务思考】

固定客群和动态客群各适用于哪类客户群体？

应用实战

任务 5-6　新建动态客群

【任务描述】

A 公司的业务主管 Lisa 需要新业务员 William 对客群进行设置，请和 William 共同建立 30 天内有多次询盘或者访问的高潜复购动态客群。

【任务实施】

（1）进入客群管理页面，点击"新建动态客群"按钮，如图 5-25 所示。

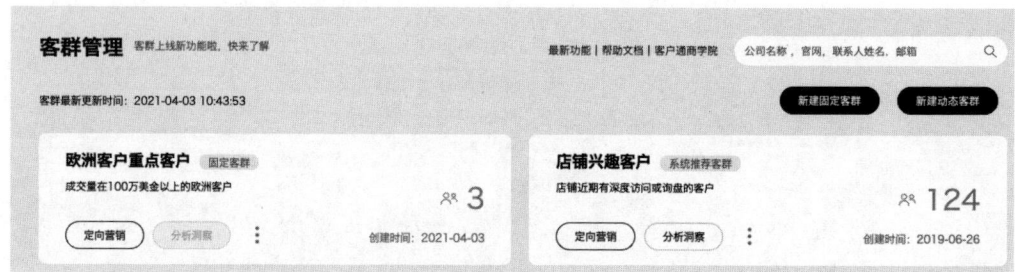

图 5-25　新建动态客群

（2）动态客群的筛选依据包括基础属性标签和客户行为标签。根据主管对高潜复购客户的要求，William 设定基础属性标签为"兴趣客户（I）"，设定客户行为标签为"本店订单笔数"，如图 5-26 所示。

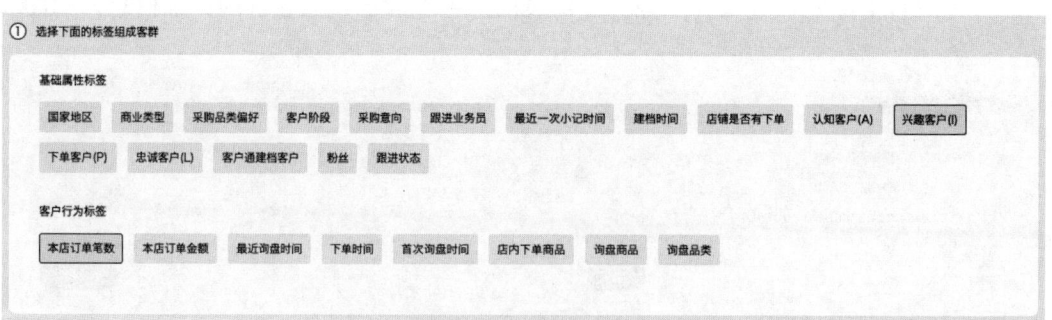

图 5-26　设定客群标签

（3）设定客群详细条件，确认是否点选"兴趣客户（I）"行为标签，并设置"本店订单笔数"的数量区间，如图 5-27 所示。

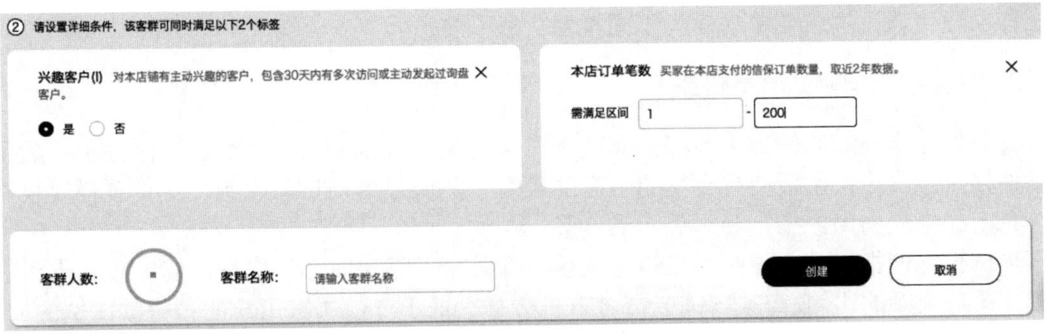

图 5-27　设定客群详细条件

（4）完成动态客群创建，进入客群管理页面，如图 5-28 所示。

图 5-28　完成动态客群创建

【任务思考】

哪些动态客群是值得重点跟进的？

任务五　会员管理

 知识梳理

1. 会员制营销

　　会员制营销是一种市场营销策略，旨在通过发展会员，提供差异化的服务和精准的营销，提高顾客忠诚度，从而长期增加企业的利润。会员制营销的核心在于建立长期、持续和深入的客户关系，通过提供具有较高感知价值的利益包，如会员卡、优惠券、专属活动、积分奖励等，来吸引客户并激发他们的忠诚度。

　　阿里巴巴国际站会员体系指商家提供给买家的一项服务或权益，买家在商家店铺特定页面点击"加入会员"并发送名片信息给商家，买家信息通过商家审核后，即可成为商家店铺相应等级的会员。商家承诺按照会员权益协议及其在店铺会员频道承诺的内容，给予买家在商家店铺查看私密品、享有低预付款比例或免费拿样等相应等级的会员权益。

　　商家开通会员体系功能后，依据买家与商家在阿里巴巴国际站上达成交易订单的情况，将其会员分成普通会员、高级会员、VIP 会员 3 个不同等级。商家可自行设置会员等级分级标准及会员权益内容，不同等级的会员可在商家店铺内享有其会员等级对应的私密品查看、降低订单预付款比例、免费拿样等不同权益。

2. 阿里巴巴国际站会员权益

会员权益指商家店铺的会员在商家店铺内或与商家达成交易时享受的、区别于一般用户的额外权益，具体可包括会员专享的私密品查看、降低订单预付款比例、免费拿样等权益。

私密品指仅向商家指定会员展示的产品。

预付款比例指买家在与商家在线达成信用保障交易订单时，买家需向商家预先支付的金额占订单总金额的比例。商家店铺会员可有机会享受低于一般买家用户的预付款比例的权益。

免费拿样分为免费拿样包邮和免费拿样不包邮。免费拿样包邮即商家随大货订单附送样品或单独寄送样品给买家，买家无需额外支付样品费用和运费。免费拿样不包邮即商家寄送订单样品给买家，不收取样品费用，但运费由买家承担。

操作体验

任务 5-7　会员等级设置

【任务描述】

A 公司的业务主管 Lisa 需要业务员 William 对会员等级进行设置，请和 William 共同完成阿里巴巴国际站会员等级的设计。

【任务实施】

（1）点击 My Aibaba，打开阿里巴巴国际站后台，点击"客户管理→会员设置"命令，进入会员设置板块，如图 5-29 所示。

图 5-29　会员设置

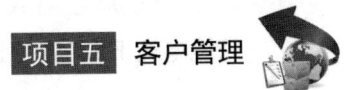

（2）根据商家自身情况，对不同等级买家会员享有的权益进行设置。买家采购金额越大，我们设置的优惠幅度也应越大，如图5-30所示。设置完成，点击"生效"命令即可。

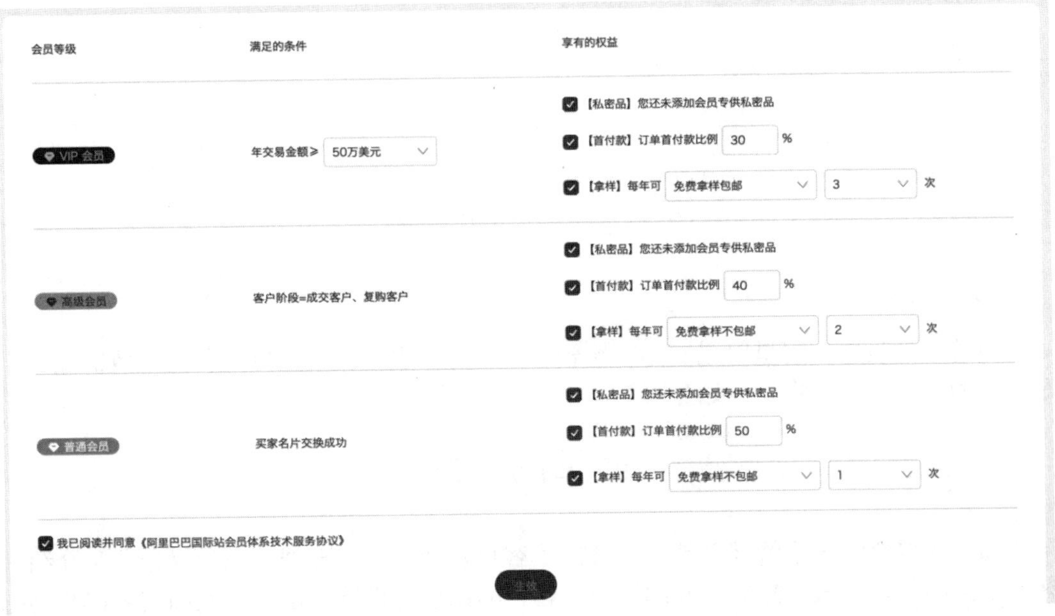

图 5-30　会员权益设置

（3）设置完成后，系统后台在客户列表中，会自动对店铺客户会员进行等级区分，如图5-31所示。设置完成后，相应等级会员也能享受到相对应的客户权益，如降低订单首付款比例、免费拿样、查看会员专供私密品等权益。

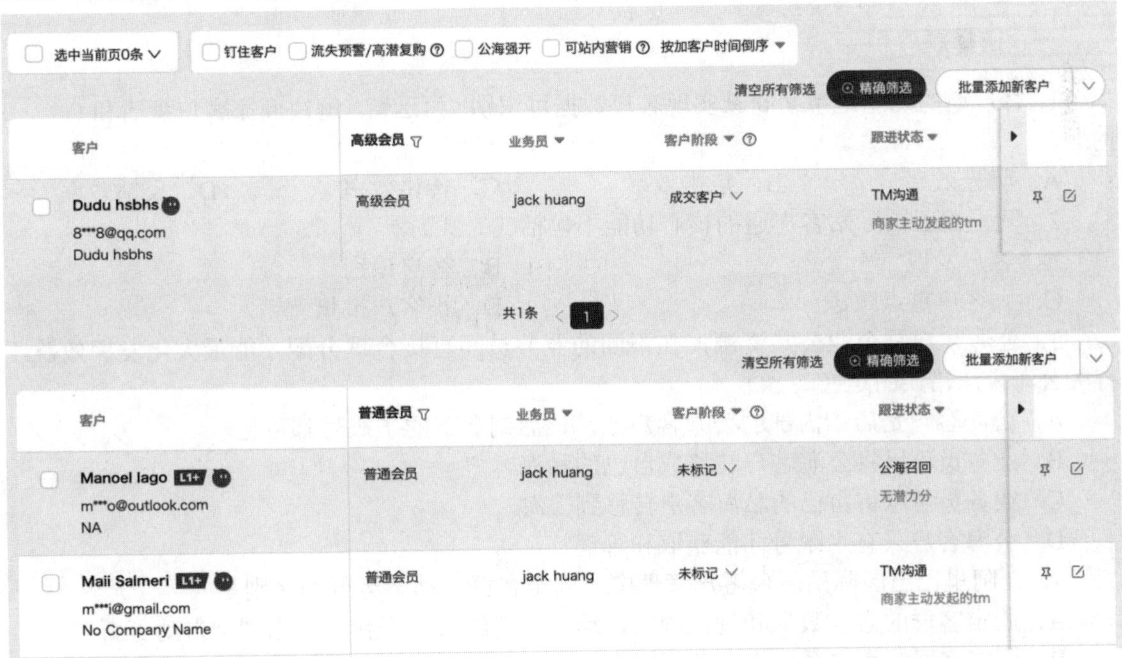

图 5-31　查看会员等级

客户	非会员 ▽	业务员 ▽	客户阶段 ▽ ⑦	跟进状态 ▽	
☐ ALI Abdou-Gaf…	非会员	jack huang	未标记 ▽	公海召回 无潜力分	
☐ atuzarirwe ruth L1+ atuzarirwe ruth	非会员	jack huang	未标记 ▽	TM沟通 商家主动发起的tm	

图 5-31　查看会员等级（续）

【任务思考】

会员等级的设置在阿里巴巴国际站比较单一，可以根据企业实际进行更细致的划分。如果是独立的会员系统，将如何划分呢？

项 目 小 结

本项目主要介绍客户管理功能。先介绍了客户建档、客户查找的基础操作，又介绍了更新客户信息的基本方法。然后，介绍了公海客户的添加与设置方法，以及固定客群和动态客群的新建操作。最后介绍了会员管理的基本操作。希望读者通过本项目的学习，掌握阿里巴巴国际站客户管理的基本操作技能。

项 目 训 练

一、选择题

1. 客户通的功能是帮助商家实现客户数据可识别、可运营，解决商家客户盘活和（　　）问题。

　　A．曝光效率　　　　B．点击效率　　　　C．转化效率　　　　D．反馈效率

2. 阿里巴巴国际站客户通的核心功能不包括（　　）。

　　A．客户发现　　　　　　　　　　　　　　B．客户识别

　　C．大客户重点跟进　　　　　　　　　　　D．小客户批量营销

3. 公海客户是企业公共资源，在不同的业务员间直接合理分配才能最大化发挥效益，有关公海说法错误的是（　　）。

　　A．公海客户是店铺内部的公共客户池，该店铺名下的子账号都可见

　　B．业务员可以将公海客户转移成自己的私海客户

　　C．业务员可以将自己的私海客户转移到公海

　　D．公海客户只有主账号才能获取和管理

4. 在阿里巴巴国际站后台客户管理中，固定客群与动态客群的区别是（　　）。

　　A．固定客群的客户数量和规模固定，动态客群的客户平台将根据规则自动更新

　　B．固定客群的客户系统将自动更新

　　C．动态客群的客户数量是固定的

D．动态客群和静态客群都是系统根据规则自动生成的
5．对于店铺近期有深度访问或询盘的店铺兴趣客户，适合的客群类型是（　　）。
A．固定客群　　　　B．动态客群　　　　C．公海客群　　　　D．会员

二、判断题

1．站外客户不能在客户通建档，只能对询盘客户与访客建档。（　　）
2．客户通中动态客群的客户需要手动添加。（　　）
3．根据订单流程，可以将客户分为3星客户（合作意向较高）、2星客户（合作意向居中）、1星客户（合作意向较低）。（　　）
4．公海强开可以将客户列表内180天内无跟进小记的客户强开到公海，盘活客户运营效率。（　　）
5．会员的权益越大，越有助于会员的忠诚度。（　　）

三、实操题

全球跨境电子商务公司新开通阿里巴巴国际站店铺，请和外贸业务经理Tina共同完成如下客户管理操作：
（1）开通该账号的客户通；
（2）在客户列表页面编辑一位客户基本资料并填写跟进小记；
（3）从公海添加三位客户具有相同特征的客户；
（4）将三位客户加入一个新建的客群，客群名称为"重点跟进客户"。

项目六　交易管理

【学习目标】

（1）了解订单类型及订单查询的基本方法。
（2）掌握订单处理的基本操作方法。
（2）掌握信用保障订单起草的操作方法。
（3）掌握 e 收汇订单管理基本方法。

任务一　认识订单信息

知识梳理

1. 订单类型

数字化在线交易使国际交易更加透明和灵活，并提高了交易效率。在线交易订单可以按照起草主体、商品类型、订单类型、结算币种进行分类。在线交易订单的起草方可以是买家，也可以是卖家；商品类型有直接下单和样品单等，起草端口包括无线端和 PC 端，订单的起草类型可以是新起草订单，也可以是已有订单返单。其中询盘单由买家直接下单或者对商品下单，需卖家确认。

2. 订单筛选

跨境电商订单筛选是在处理订单时的必要步骤，方便卖家对订单进行操作时找到操作入口并批量处理订单。订单筛选的常用方法包括快速搜索、按照订单信息单项筛选、订单信息单项组合筛选 3 种。

快速搜索是最简单直接的订单筛选方法，在订单列表页面，可通过订单号，买家邮箱，姓名，账号，产品名称和订单备注来搜索订单。在阿里巴巴国际站也可以按照订单信息进行筛选，点击"全部"展开所有筛选条件，以通过更多条件来筛选订单，包括订单状态、订单类型、创建时间、业务员、出口方式、商机来源、目的国、起草方、运输方式、交易币种、订单金额等。如果订单信息较多，单项筛选不能满足要求，可以用两个以上的订单信息组合进行组合筛选，如图 6-1 所示。

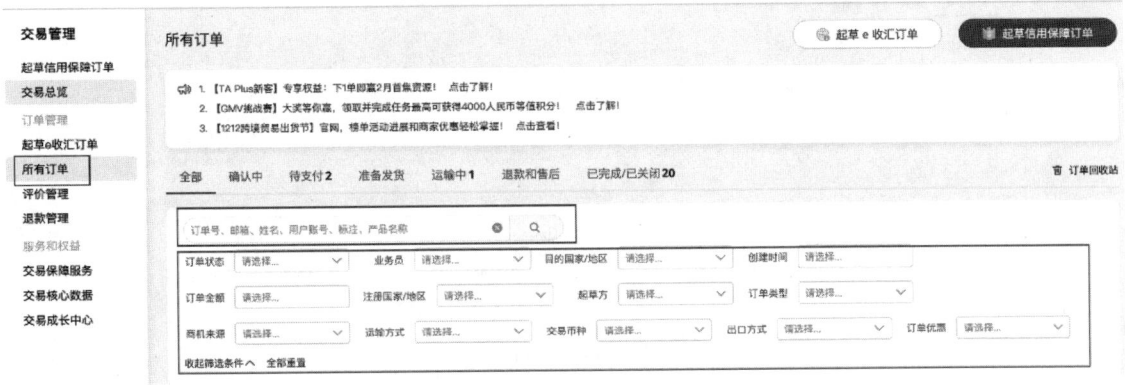

图 6-1　订单筛选

3．订单信息解读

订单信息是消费者在采购某种商品或服务时提供的订购信息，是商家或服务商进行业务处理的依据，也是完成消费交易的前提条件。订单涉及的信息包括订单状态、订单详情、支付信息、物流信息以及买卖方信息。

（1）订单状态。

订单状态信息包括订单编号、订单发货状态以及订单流转的时间等。其中需要关注的是发货剩余时间。卖家需要在发货时间截止前将货物发出并填写物流单号，否则将造成延迟发货违规，如图 6-2 所示。

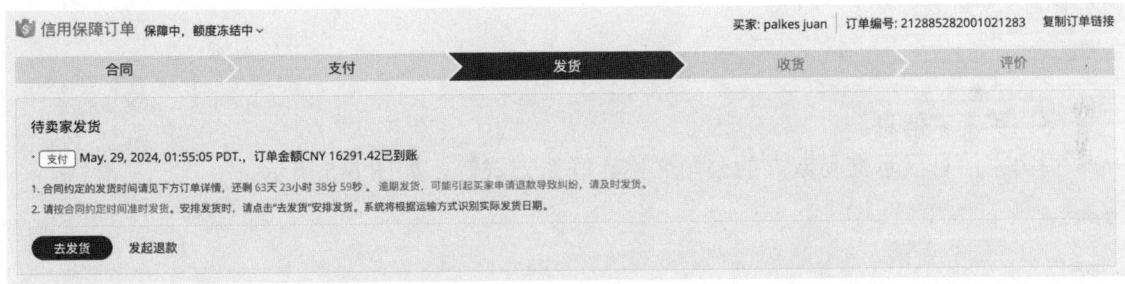

图 6-2　订单状态信息

（2）订单详情。

订单详情包括商品信息、支付条款、运输条款。

商品的 SKU 信息、产品图片、名称、属性规格、产品价格等包含在商品信息里，是配货的重要依据。支付条款与运输条款在订单起草时根据谈判结果进行界定。

（3）支付信息。

支付信息包含支付的流水单号、支付金额以及买家支付的方式等。在明细中，卖家可以查看扣除店铺优惠、交易佣金、联盟佣金等其他项目后，实际收到的货款，如图 6-3 所示。

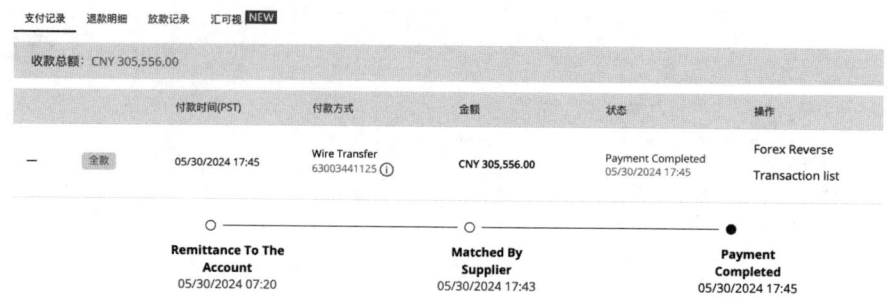

图 6-3　支付信息

(4) 物流信息。

当填写物流单号后，订单信息页面可以查看配送方式、物流公司名称、物流单号、物流状态等信息，卖家可以实时了解商品的运输状态，如图 6-4 所示。

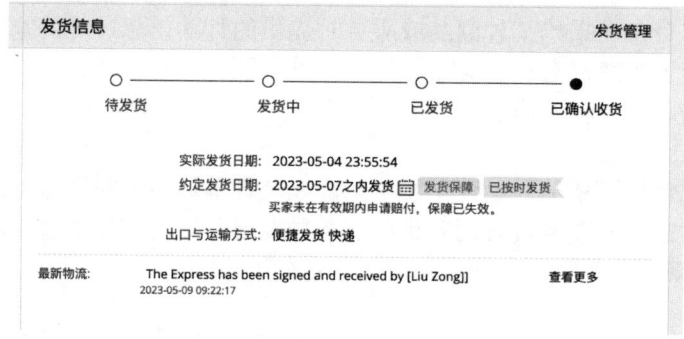

图 6-4　物流信息

(5) 买卖家信息。

买卖家信息显示交易双方的公司名称、联系方式等，如图 6-5 所示。

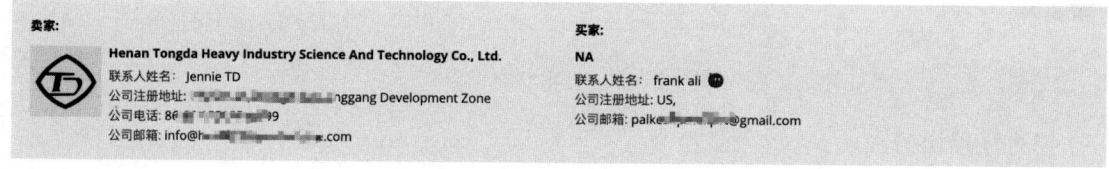

图 6-5　买卖家信息

 **操作体验**

任务 6-3　查询订单信息

【任务描述】

美国客户 Frank 在 mountain 店铺下单订购了总价约 30 万元人民币的 17 件货物，等待发货中。请你和业务员 Amy 共同查询该订单，并解读该订单信息。

【任务实施】

1. 查询订单

进入订单管理页面，输入订单状态与注册国家，根据客户名称及订单金额，可以定位到该订单。

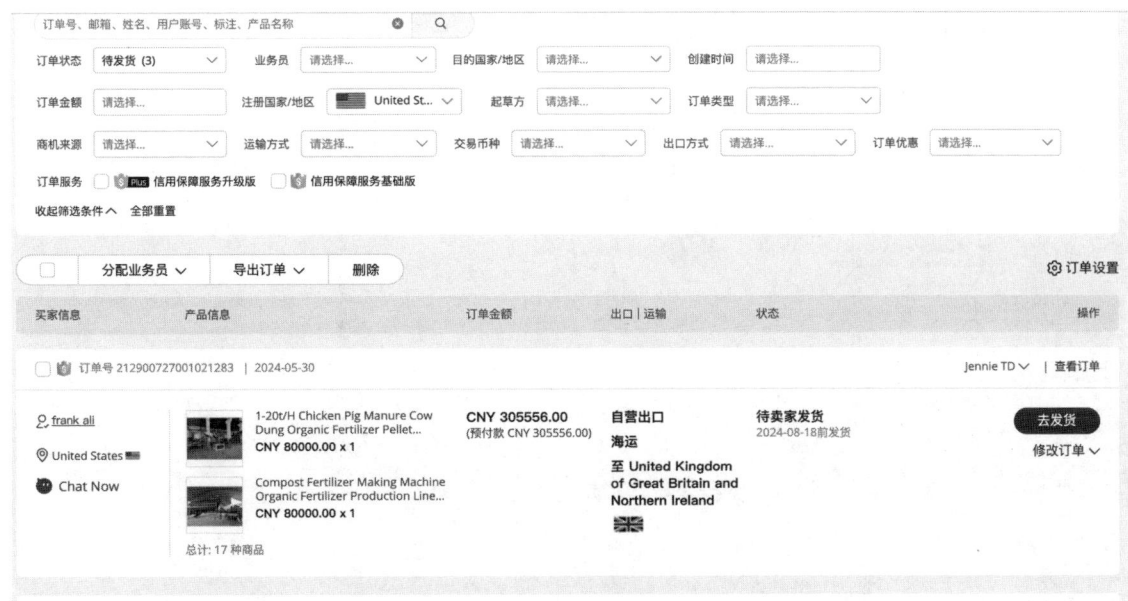

图 6-6　订单筛选

2. 解读订单信息

（1）订单状态。

订单状态页面显示，该订单付款已经到账，等待发货中，需要在 8.18 日之前发货，如图 6-7 所示。

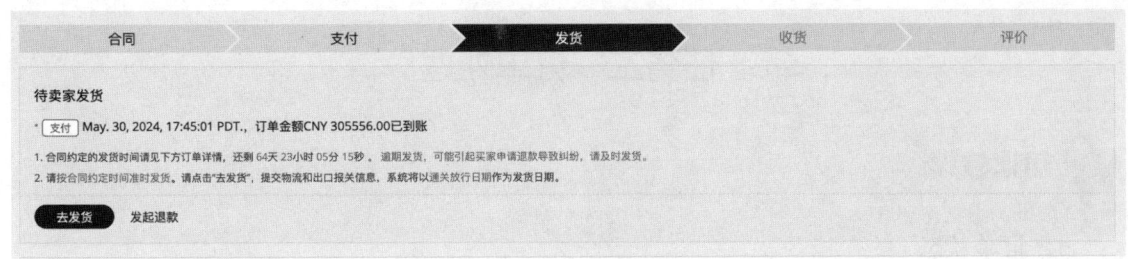

图 6-7　订单状态信息

（2）订单详情。

该订单包括 Chicken Pig Manure Cow Dung Organic Fertilizer Pellet Making Granulation

Production 等 17 件商品，贸易方式为 FOB，如图 6-8 所示。

图 6-8　订单详情

任务二　订单处理

知识梳理

1. 订单状态

订单流程是指整个订单从产生到完成的整个流转过程，可以分为订单起草、买家确认、买家支付、关联提现、履约发货、买家评价等几种状态，买卖双方需要根据订单状态做出相应的操作。

2. 确认订单

需要确认的订单有两种情况。首先，买家主动起草的订单，卖家需在订单页面进行确认，订单才可以继续进行。另外一种情况是买家通过"支持买家直接下单"商品下的信用保障订单，若买家所在地区通过运费模板无法计算出运费，则订单需要卖家在后台补充运费后确认订单。

3. 订单催款

买家下了订单之后，并不一定会立即付款，在未完成付款前，订单处于"待支付"状态，卖家是无法处理的。

订单支付过程中需要买家选择支付方式，进行支付操作。订单支付在支付层面涉及的因素比较多，比如默认支付渠道、支付渠道的路由等，可能需要跳转到第三方支付平台进行支付。当订单处于待支付状态时，卖家要主动地联系买家，督促买家付款，帮助买家解决问题。因此卖家应充分把握时机，促进订单成交。

4. 订单发货

买家完成订单支付后，该笔订单的系统显示状态为"待发货"。

对于这种状态的订单，卖家就可以准备发货。卖家可选线上或线下发货，线上是平台指定的物流商收货，线下发货时，需要卖家自行联系物流后再发货。发货时需要卖家对订单进行审核，准备商品出库，仓库对商品进行打单、拣货、包装、衔接物流进行配送。

5. 订单售后

以上为订单的常规正向流程，但有时也会有订单出现逆向流转的状况，比如订单修改、订单取消、退货退款等。

如果买家在收货后发现商品存在问题，需要进行退货、换货或售后服务的环节，那么买家会提起纠纷或者售后服务，卖家需要及时处理，并给出令买家满意的解决方案。

 操作体验

任务6-1 订单修改

【任务描述】

阿里巴巴国际站 mountain 店铺的业务员 Amy 负责店铺订单管理，请你和 Amy 一起完成如下操作。

（1）修改订单；
（2）接受待响应订单；
（3）授权订单给同事 Allen。

【任务实施】

（1）进入订单修改页面。

依次点击"交易管理→所有订单"命令，筛选该订单。找到需要修改的订单后，在管理订单页面该订单的右侧选择"修改订单",或者在订单详情页进行修改。

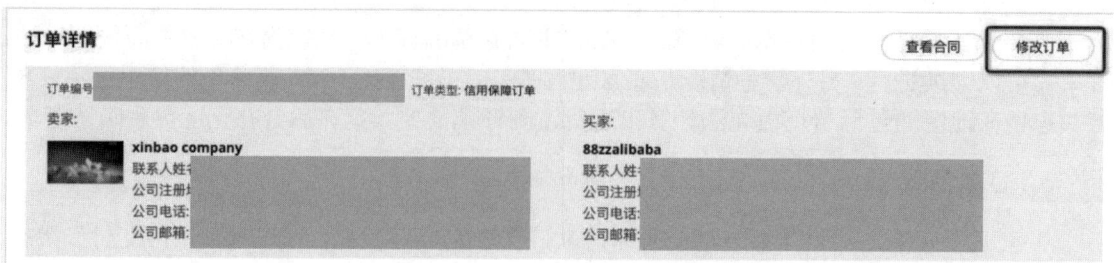

图 6-9 进入订单修改页面

(2)修改收货地址。

点击"添加新地址",为买家添加一个 Bolivia 的新地址,如 6-10 所示。

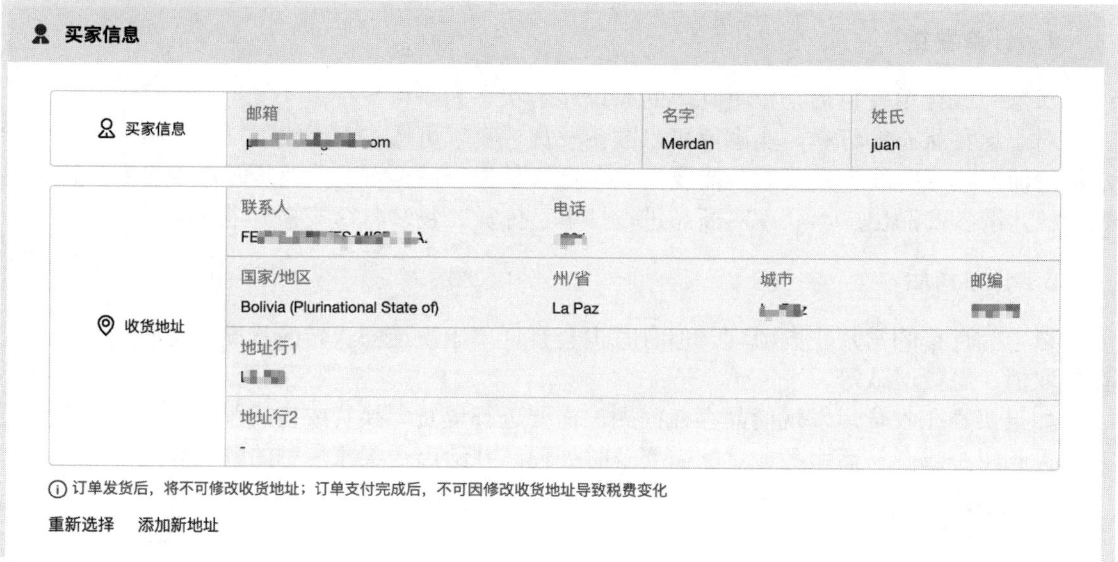

图 6-10 添加新地址

(3)接受待响应订单。

点击"待接单"选项,进入待接单订单列表,点击"修改并接单"按钮,接受订单,如图 6-11 所示。

图 6-11 接受订单

（4）订单授权。

用主账号登录阿里巴巴国际站后台，点击"交易管理→所有订单"命令，之后在页面右侧点击"订单设置"按钮，如图 6-12 所示，在弹出的窗口中将订单授权给 Allen。

图 6-12　订单授权

【任务思考】

订单的哪些信息是可以修改的？哪些信息是无法修改的？

任务三　信用保障订单管理

 知识梳理

1．信用保障服务的概念

信用保障（Trade Assurance，TA）是阿里巴巴旗下专业的跨境 B2B 交易体系，致力于为全球 B 类买家和卖家提供安全高效的交易服务，整合各方资源，提供综合性跨境支付、结算、金融、物流等服务，帮助买家和卖家轻松实现全球买、全球卖。

信用保障服务为使用者评估信用保障额度，帮助买卖双方解决信任问题，为买卖双方提供贸易安全保障服务。

2．信用保障服务对买家和卖家的价值

（1）数据积累促商机。信用保障服务能帮助卖家积累交易数据，并在旺铺等多场景下展示，彰显卖家实力。

（2）跨境收款更便捷。信用保障服务能为卖家提供美元和人民币双收汇通道，收款时效快、成本低、费用透明；为买家提供多元化的支付方式，如信用卡、T/T（电汇）、西联等。

（3）交易保障更放心。信用保障服务依托平台成熟的风控体系，全方位保护卖家，预防欺诈和信用卡拒付，保障资金和账户安全；为买卖双方提供纠纷保障，如果出现任何交易纠纷，则提供中立、一对一的免费调解服务；交易数据作为搜索排序的核心因子，可以为卖家

带来更多曝光次数和商机。

3．信用保障服务的保障机制

信用保障服务的保障范围为"买方收货后的第 30 天（含第 30 天）"。阿里巴巴对"买方收货"也有明确的定义，一是买家在系统中手动确认收货，二是买家没有手动确认收货，则系统在下列情况下判定自动收货：空运或快递发货后 15 天；陆运发货后 30 天；海运发货后 45 天。

4．信用保障服务流程

信用保障服务分为开通信用保障服务、起草订单、提现/挂账与支付、发货等流程，具体如图 6-13 所示。

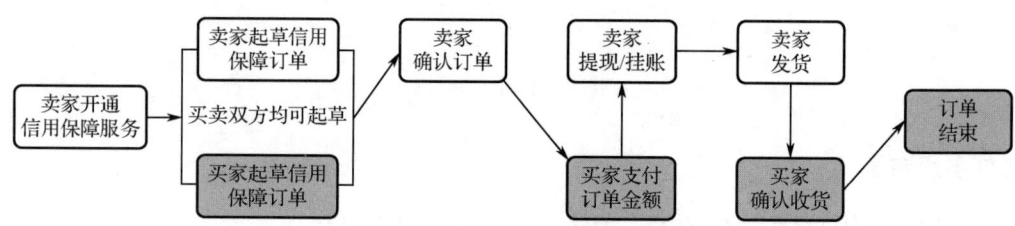

图 6-13　信用保障服务流程

其中部分流程说明如下。

（1）开通信用保障服务。首次使用该服务的卖家可在线申请开通，也可在线下申请开通。

（2）起草订单。买卖双方均可在线起草和提交信用保障订单。

（3）提现/挂账与支付。买家按照合同约定支付货款（至指定账号），卖家收款后可在信用额度范围内提现。

（4）发货。卖家按照合同约定发货。信用保障服务支持便捷发货、一达通代理出口、自营出口和市场采购出口。

 操作体验

任务 6-3　起草信用保障订单

【任务描述】

法国里昂贸易有限公司在 mountain 店铺下单订购了一批货物，该笔交易为信用保障订单，请你和业务员 Amy 共同起草一份信用保障订单。

【任务实施】

1．进入交易管理

点击"交易管理→起草信用保障订单"命令，如图 6-14 所示。PC 端、移动端均可起草，买卖双方均可起草。e 收汇订单只能由卖家起草，e 收汇所有订单均需买家确认，无评价环节。

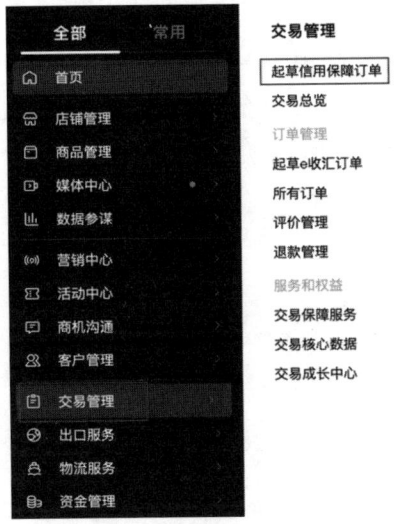

图 6-14　起草信用保障订单

2．填写订单基本信息

（1）交易设置。

买家在起草前，需要与卖家共同确认结算方式、选择交易币种，如图 6-15 所示。

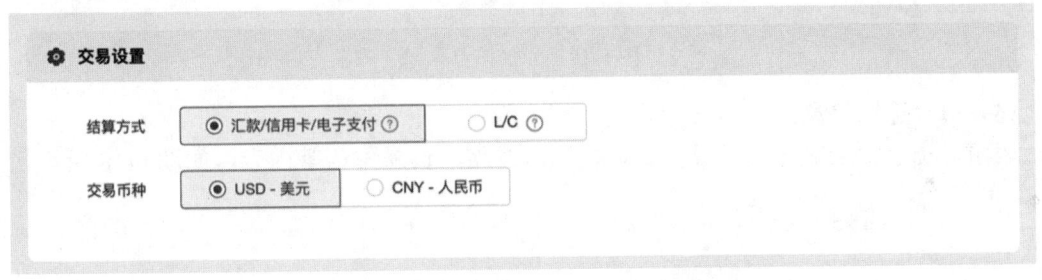

图 6-15　选择结算方式与交易币种

（2）填写买家信息。

需填写的买家信息如图 6-16 所示。填写买家信息时需要注意的是，买家的邮箱必须是海外邮箱。订单起草后，买家信息无法修改。

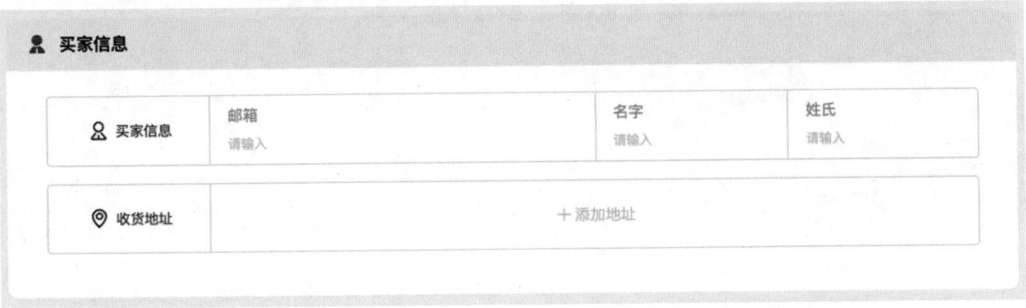

图 6-16　填写买家信息

（3）添加产品信息。

在此页面，需要填写贸易涉及的相关产品信息，为方便后续报关、收汇等环节，务必如实填写。添加产品信息时，可以添加已发布的产品（推荐），也可以添加未发布的产品，如图 6-17 所示。添加合同时，最多可上传 5 个附件。

图 6-17 添加产品信息

（4）填写运输信息。

运输信息包含运输方式、发货日期、物流线路、贸易术语等内容，如图 6-18 所示。

图 6-18 填写运输信息

运输方式：可以选择快递、多式联运、海运、空运、陆运、邮政 6 种运输方式。

发货日期：可以指定发货日期或选择收齐预付款/尾款后几个自然日内发货。（注意：填写发货日期时，请将周末和节假日时间加入，且填写确定的日期数，请勿使用 about 这样的词语，系统会按照最少的日期计算发货日期。）

（5）选择出口方式。

订单总金额在 5000 美元以上的信用保障订单，出口方式必须选择"一达通代理出口"，且发货需关联一达通委托单；订单总金额在 5000 美元及以下的信用保障订单，可以自主选择出口方式，不通过一达通代理出口的订单可选择阿里物流或第三方物流发货，如图 6-19 所示。

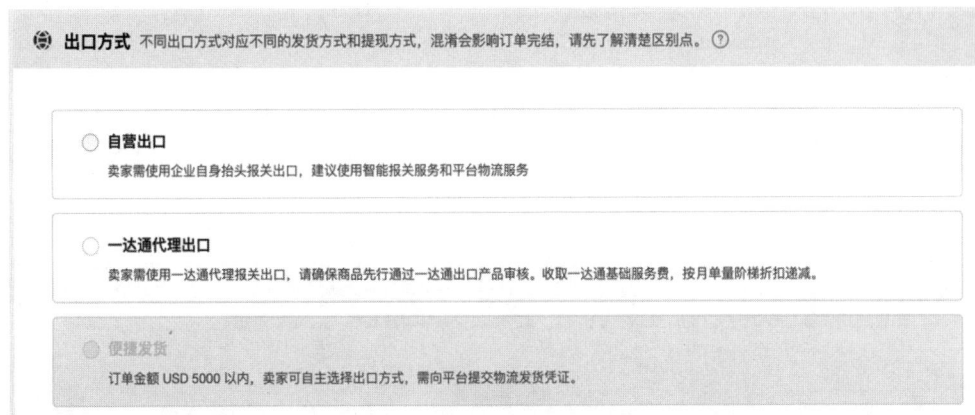

图 6-19　选择出口方式

出口方式选择"一达通代理出口"前，请务必确认该订单可以正常使用一达通代理出口服务。如果起草订单时选择"一达通代理出口"，后续却无法操作使用一达通代理出口，该订单将无法完成发货，从而影响按时发货率。

（6）选择交易保障服务类型。

信用保障服务基础版收取 2%的交易服务费（分层封顶：100～300 美元）；升级版收取 3%的交易服务费（分层封顶：150～350 美元），如图 6-20 所示。符合无忧退货保障条件的订单，下单时系统会默认选择升级版。对于享受升级版服务的信用保障订单，平台将提供纠纷调解等服务。

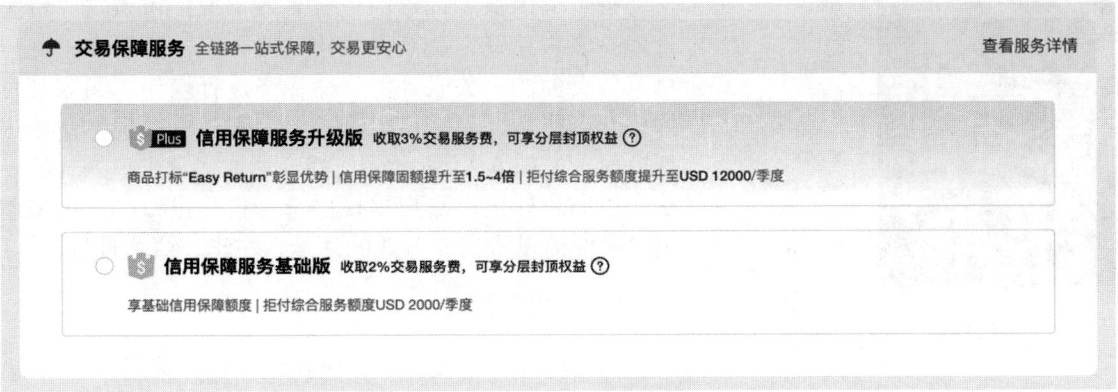

图 6-20　选择交易保障服务类型

（7）填写支付条款与订单备注。

填写支付条款与订单备注时需要注意的是，预付款必须大于或等于 1 美元。起草订单时，统一用美元核算。"订单备注"中可写国际标准、参考行业通用标准或注明特殊事项，如"如遇到中国的法定节假日，发货日期向后顺延××日"或"合格率 99%"等，如图 6-21 所示。

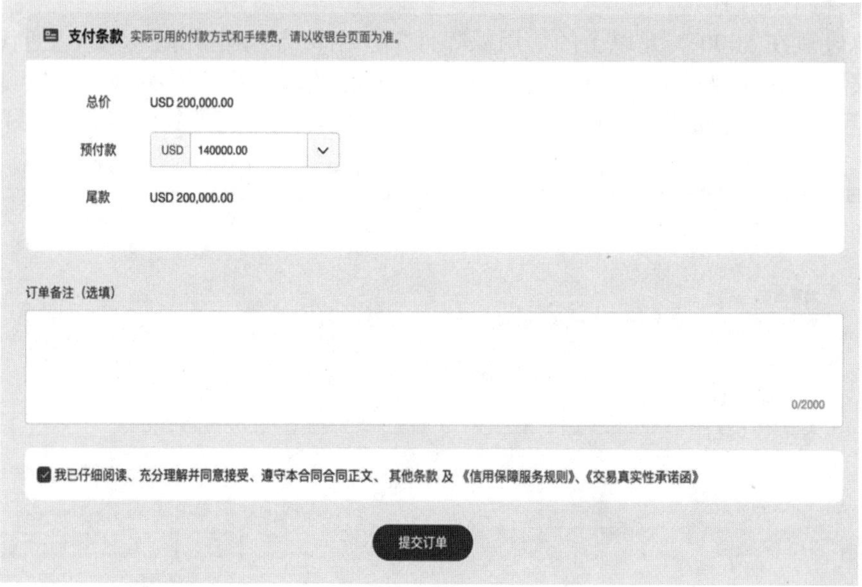

图 6-21　填写支付条款与订单备注

3. 提交订单

点击"提交订单"按钮，创建订单成功，可查看订单编号和收款账号，也可复制订单链接后发给买家。后续如需查询订单详情，可点击"交易管理→所有订单"命令，找到具体订单。

4. 订单提现

查看信用保障订单的资金到账情况，可点击"资金管理→账户总览"命令。如需关联外汇，可以在"账户总览"页面的"关联外汇"命令下进行操作。买家支付的资金到账后，卖家可点击"资金管理→提现"命令进行提现，如图 6-22 所示。选择一达通代理出口方式的，从一达通代理出口账户提现；选择自营出口、市场采购出口、便捷发货出口方式的，从自主出口账户提现。

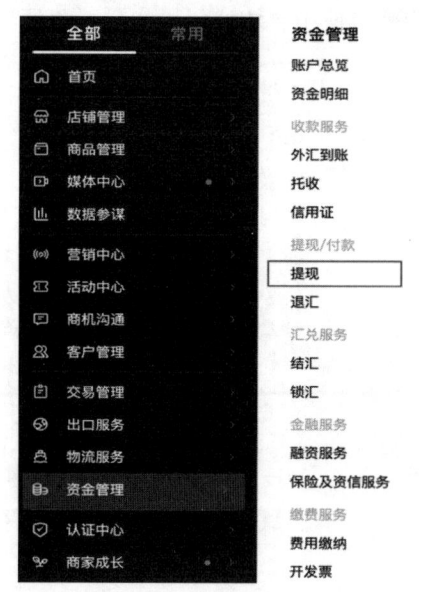

图 6-22　订单提现

【任务思考】

信用保障订单发货时，物流线路该如何选择？

任务四　e 收汇订单管理

知识梳理

1．e 收汇交易的概念

随着信用保障订单规模的持续增长，平台买家与卖家之间逐渐建立信任，返单交易日渐频繁，此类订单对于平台保障服务的诉求降低，商家更看重资金周转及在线交易效率。为了进一步方便卖家的交易，可以使用 e 收汇交易功能。

e 收汇交易（Direct Pay Order Transaction）指卖家根据买卖双方磋商内容，在阿里巴巴国际站交易平台创建交易订单，并根据订单约定金额和支付方式向买家发出付款请求，买家支付货款后卖家履行发货义务的交易模式。e 收汇交易流程如图 6-23 所示。

图 6-23　e 收汇交易流程

e 收汇订单（Direct Pay Order）指按照 e 收汇交易模式生成的订单，是一种为平台上一般贸易监管方式下且买卖双方已建立交易信任的商家提供的资金周转速度更快、效率更高、成本更低廉的订单服务模式，旨在提供更便捷的订单交易及资金收款服务。

2．e 收汇订单的优势

（1）专业合规，收汇更便捷：提供多样化的支付方式，支持全球本地收、即时到账、快速提现，资金跨境全链路可视化。

（2）降本提效选择多：更优的汇兑价格，更低的收付成本，更多的金融服务，同时支持多样化出口方式，智能报关和优选物流更省心。

（3）数据积累显实力：帮助平台商家加速数字化贸易沉淀，快速积累信用，彰显实力，从而为平台商家引流更多商机。

3．e 收汇订单与信用保障订单的区别

（1）相同点：都是线上交易体系，二者在网站权益方面所享有的权益相同，订单操作流程也大体相同。

（2）不同点如下。

① 适用对象不同：信用保障订单适用于有保障需求的买家，为买家提供交易保障，所以选用信用保障订单时需要冻结额度；e 收汇订单适用于买卖双方已建立信任、无须提供保障服务的买家，所以选用 e 收汇订单时不需要冻结额度。可以说，e 收汇订单基于买卖双方已建立的信任，不依赖平台保障。

② 提现方式不同：选用 e 收汇模式时，卖家提现不再受信用保障额度限制，买家确认订单付款信息且卖家资金货物比合理即可操作关联提现。

③ 平台服务不同：平台不参与 e 收汇订单售后保障环节，如发生纠纷，平台只提供线上纠纷退款入口，由买卖双方自行协商解决，平台不介入仲裁，也不提供垫赔服务。

4．e 收汇交易与线下自主交易的区别

e 收汇交易与线下自主交易在商机、支付、结汇、提现、融资等各方面都存在区别，相对于线下交易，e 收汇交易具有可以积累信用、享受更优外汇牌价、支持线上提现等优势，如表 6-1 所示。

表 6-1　e 收汇交易与线下自主交易的区别

交易类型	e 收汇交易	线下自主交易
商机	沉淀数据、积累信用	无
支付	● T/T 支付：汇款后 1~2 个工作日内到账，手续费每笔低至 5 本币； ● D/P 支付：免交单服务费； ● 汇可视：免费使用，国际 T/T 支付全链路可视化	● 传统银行仅支持传统国际 T/T 支付，到账时间通常为 3~7 个工作日； ● 手续费通常为每笔 20~80 美元； ● 国际 T/T 支付进度仅可通过人工柜台或电话查询，需额外付费
结汇	● 提供普惠性结返利服务； ● 自营出口：通过平台以对公人民币的形式提现，1 美元返 0.5 分人民币； ● 一达通代理出口：上一季度美元结汇量为 60 万（含）~500 万美元，本季度结汇返现比例为 1 美元返 0.5 分人民币；结汇量为 500 万美元以上，本季度结汇返现比例为 1 美元返 0.8 分人民币；提供锁汇服务，规避汇率风险	传统银行仅对头部大客户提供优惠汇率，中小企业只能按挂牌价结汇
提现	● 支持线上提现操作； ● 经办行代完成外汇申报，入账行无须审核，快速入账，人民币提现 0 手续费	● 传统银行提现需 1~3 个工作日到账，且需至柜台办理； ● 提现需自给性完成外汇申报
融资	支持订单融资	传统银行不支持订单融资

5．e 收汇订单操作流程

e 收汇订单操作分为申请开通、订单起草、买家确认、买家支付、关联提现、履约发货 6 个流程，如图 6-24 所示。

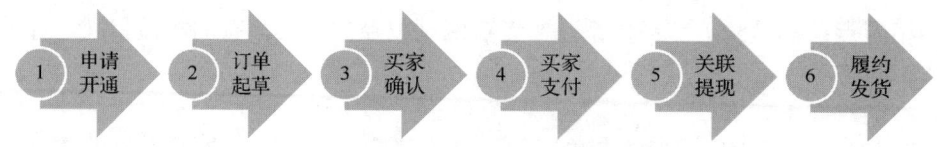

图 6-24　e 收汇订单操作流程

（1）申请开通：首次使用 e 收汇，需要在线申请开通服务。
（2）订单起草：卖家在线起草 e 收汇订单，填写订单信息并提交订单。
（3）买家确认：买家线上确认订单付款信息。
（4）买家支付：买家进入收银台，确认订单并完成支付。
（5）关联提现：e 收汇订单外汇关联需要同时满足以下 3 个条件。

① 买家已确认该订单付款信息；
② 卖家资金货物比在合理范围内（80%～120%）；
③ 通过平台或收汇银行（机构）贸易真实性审核。

若满足以上 3 个条件，则可进入阿里巴巴国际站"资金管理"页面，关联外汇并发起提现。

（6）履约发货：选择自营出口或一达通代理出口。

操作体验

任务 6-5　起草 e 收汇订单

【任务描述】

英国 UO 户外运动服饰有限公司是阿里巴巴国际站 mountain 店铺的老客户，因为该店铺供应的产品质量可靠、供货及时，被 UO 公司确认为优质供应商。最近，UO 公司在 mountain 店铺又采购了一批登山靴，基于一贯以来的良好合作，mountain 店铺的业务员 Amy 建议这笔交易选择 e 收汇订单，并且征得了 UO 公司的同意。请你与 Amy 共同完成此次 e 收汇订单的起草工作。

【任务实施】

1．进入 e 收汇订单起草流程

进入阿里巴巴国际站后台，点击"交易管理→起草 e 收汇订单"命令，如图 6-25 所示。

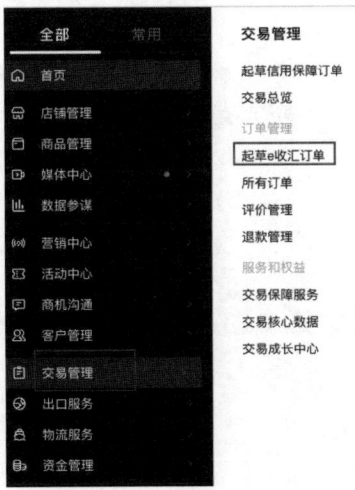

图 6-25　e 收汇订单入口

2．填写 e 收汇订单收款信息

分别填写订单类型、买家信息、产品信息、运输信息、支付条款信息。

3．买家确认 e 收汇订单付款信息

买家可登录阿里巴巴国际站后台，点击"All Orders→Order Details"命令，在页面中找到"Order Payment Information"栏，阅读并确认订单付款信息，如图 6-26 所示。付款信息会

按照卖家提供的信息在页面自动生成。每个订单均需买家在订单详情页或收银台完成确认，以确保买家知晓所需支付的金额及相关事项。如果买家未完成订单的付款信息确认，则卖家将无法为该笔 e 收汇订单进行外汇关联操作。

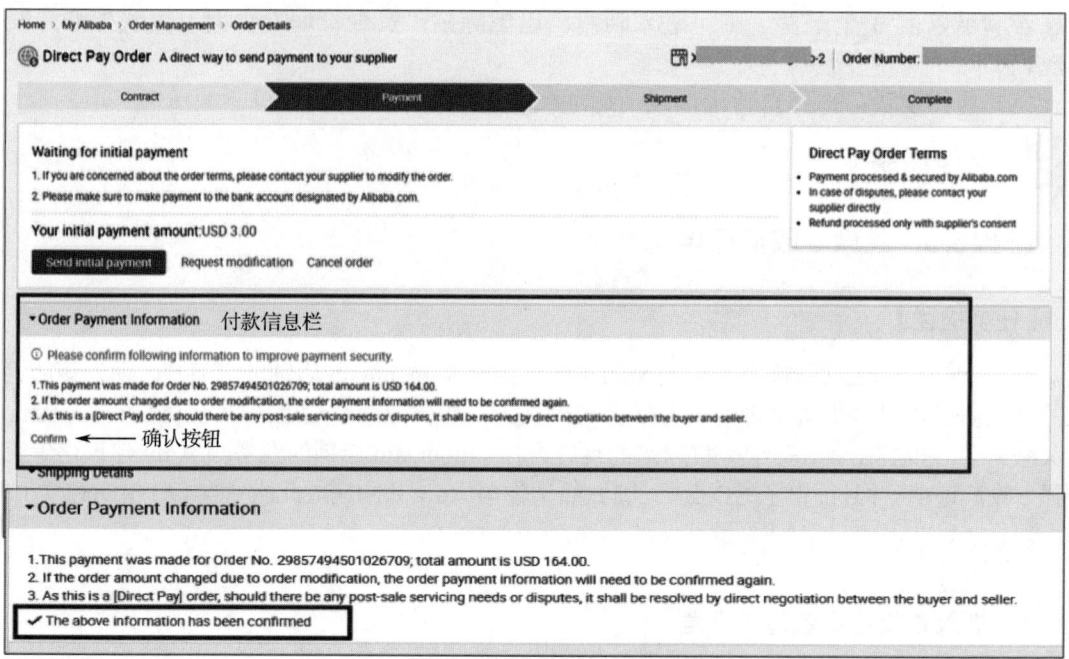

图 6-26　e 收汇订单付款信息确认

4．买家付款

买家需进入收银台，确认订单并完成支付，如图 6-27 所示。

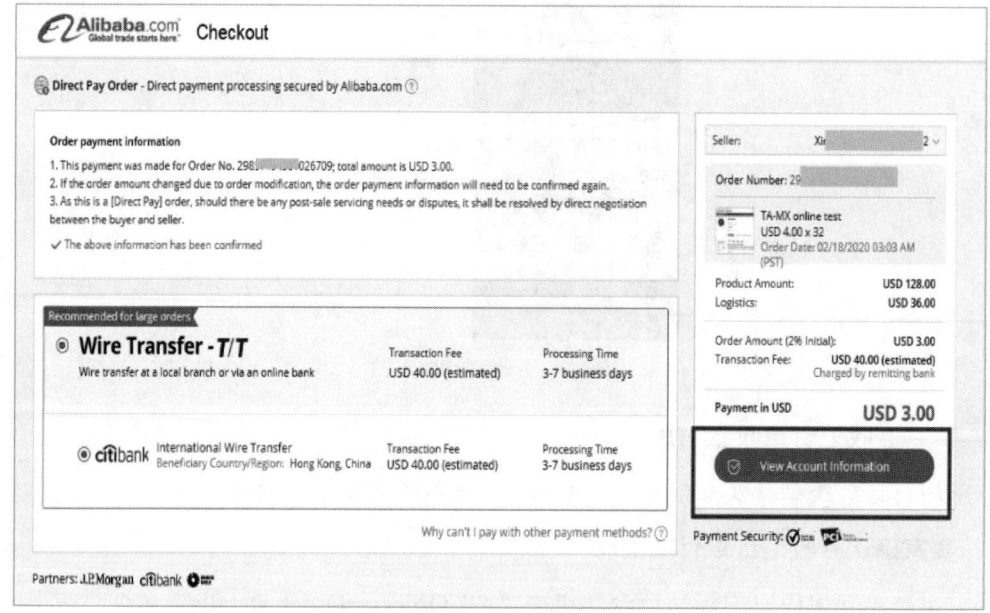

图 6-27　e 收汇订单买家付款

5. e 收汇订单外汇关联

进入阿里巴巴国际站后台，点击"资金管理→账户总览→关联外汇"命令，填写出口托收订单申请相关信息，如图 6-28 所示；关联完毕后，点击"资金管理→提现"命令，在打开的页面中点击"发起提现"按钮。

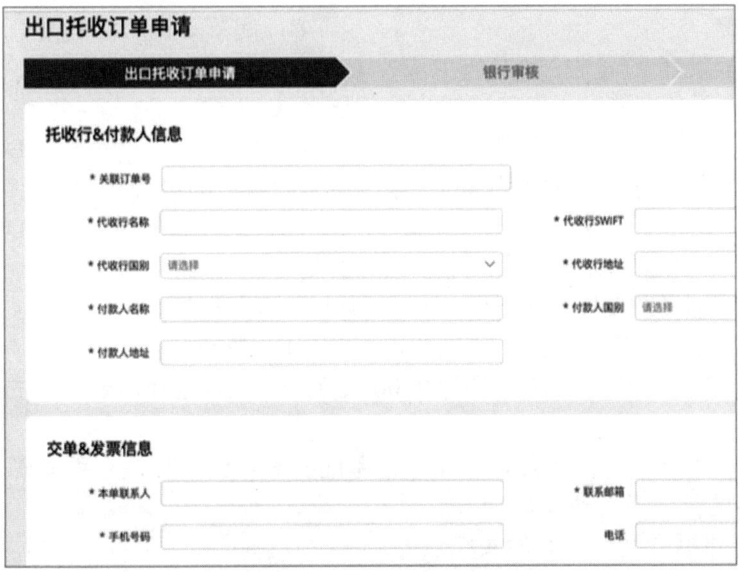

图 6-28　e 收汇订单外汇关联

6. 履约发货

进入阿里巴巴国际站后台，点击"所有订单→订单管理"命令，选择对应订单，点击"去发货"按钮，选择自营出口或一达通代理出口。

【任务思考】

e 收汇订单支持的支付方式和信用保障订单支持的支付方式有哪些不同？

项 目 小 结

本项目主要介绍阿里巴巴国际站交易管理。首先介绍了订单信息查询和解读的方法，帮助读者了解跨境电商 B2B 订单信息的基本构成。接着详细介绍了订单处理的基本操作，包括订单修改、订单响应等。随后介绍了信用保障订单的起草方法及 e 收汇订单的概念，并分析了 e 收汇订单的优势、e 收汇订单与信用保障订单的区别，比较了 e 收汇交易与线下自主交易的区别。本项目的重点是起草信用保障订单和操作 e 收汇订单，希望读者在掌握了管理订单的基本操作后，能够根据需求正确选择信用保障订单或 e 收汇订单。

项目训练

一、选择题

1. 以下不属于订单管理主要功能的是（　　）。
   A．店铺装修　　　　　　　　　　　　B．起草 e 收汇订单
   C．运费模板设置　　　　　　　　　　D．起草信用保障订单
2. 信用保障服务可以为买卖双方解决的问题是（　　）。
   A．物流　　　　B．信任　　　　C．配送　　　　D．产品
3. 在信用保障服务中，信用保障的期限为买方收货后的第（　　）天。
   A．7　　　　　B．14　　　　　C．15　　　　　D．30
4. 下列关于信用保障订单的说法中，正确的是（　　）。
   A．小张的店铺经常使用信用保障订单，所以没有额度的限制
   B．小张的店铺在买家付款后，直接修改了订单的发货时间
   C．小张的一笔信用保障订单金额为 2000 美元，因此他选择这笔订单的出口方式为"便捷发货"
   D．小张的一笔订单为快递发货，该笔订单的买家收到货后没有手动确认收货，系统将在快递发货日后的第 7 天自动收货
5. e 收汇订单适合（　　）的买卖双方。
   A．依靠平台来维持信任　　　　　　　B．有信任危机
   C．互相猜疑　　　　　　　　　　　　D．已建立信任

二、判断题

1. 卖方和买方都有权利起草信用保障订单。（　　）
2. e 收汇订单与信用保障订单的操作流程大体相同。（　　）
3. 买家起草的所有订单，都需要卖家确认。（　　）
4. 当订单处于"待付款"状态时，卖家无法进行操作，需等待买家付款。（　　）
5. 如果买家下单时选择样品单，则保证交期、不保证质量。（　　）

三、实训题

阿里巴巴国际站 mountain 店铺的业务员 Amy 需要为来自德国的客户起草总价为 30 万美元的订单，请在实训平台上完成该订单的起草。

项目七　出口服务

【学习目标】

（1）了解一达通服务模式。
（2）掌握一达通准入的操作流程。
（3）掌握通过一达通申请代理出口服务的操作流程。
（4）掌握通过一达通申办证书的操作流程。

任务一　一达通准入

知识梳理

1. 一达通服务内容

一达通是阿里巴巴旗下专业服务于中小微企业的外贸综合服务平台，通过互联网一站式服务为中小企业提供外贸交易所需要的金融、通关、物流、退税、外汇等各项服务。一达通可帮助企业解决 3 个主要问题：一是通过服务一体化，解决国际贸易支付难题；二是解决中小企业的信用难题；三是在基础服务外，为企业提供金融、物流等增值服务。本项目主要介绍一达通的功能和相关操作，包括开通一达通服务并且完成产品预审和开票人预审，介绍运用一达通来生成报关单及产地证等相关出口文件。

一达通服务主要包含基础服务和增值服务，其中基础服务分为通关服务、外汇服务、退税服务，增值服务分为金融服务和物流服务。

（1）基础服务。

在通关服务方面，企业可以以一达通的名义完成全国各大口岸海关的申报，可以享受一达通平台专业的操作和绿色通关通道，体验快速通关。

在外汇服务方面，一达通可以帮助中小外贸企业完成出口外汇国际结算业务，同时可以提供外汇保值服务，并为企业提前锁定购汇或未来结汇的汇率成本，从而有效防范汇率的波动风险。

在退税服务方面，一达通可以帮助中小外贸企业快速办理退税，从而加快企业资金周转。

（2）增值服务。

在金融服务方面，一达通可提供完整的覆盖贸易全段的金融服务，为买卖双方提供全面的资金安全保障，提供无抵押、无担保、零门槛的融资服务，主要有一达通流水贷、超级信用证和保单贷、退税融资、结算保等，从而帮助企业降低贸易风险。

在物流服务方面，一达通专门为中小外贸企业在配送、仓储、运输等进出口贸易环境中，提供覆盖全国各地主要港口与全球贸易区的"海陆空"一站式物流解决服务。阿里巴巴海运联合各大物流服务商，为客户提供海运整柜和拼箱服务，同时与全球优质空运服务商合作，提供在线查看空运费用、在线比价、在线下单等服务，2024 年，航线覆盖 170 个目的国和区域，还提供拖车、报关等服务，致力于满足客户的个性化需求。

2．一达通服务模式

一达通主要有两种服务模式，分别为一达通出口综合服务和一达通代理出口服务。

一达通出口综合服务（简称"3+N[①]"）中的"3"指在一达通的服务中同时使用通关、外汇、退税 3 项基础服务。一达通代理出口服务（简称"2+N"）中的"2"指一达通仅为出口企业提供通关和外汇服务，需由客户自行向主管税务局进行"出口退（免）税申报"的服务模式。其中，"N"是指一达通提供的物流或金融等增值服务。一达通出口综合服务和一达通代理出口服务的规则、优势/特点和流程分别如表 7-1 和表 7-2 所示。

表 7-1 一达通出口综合服务介绍

规则	（1）拒绝准入非供货企业； （2）拒绝准入委外加工供货企业； （3）供货企业一般纳税人认定时间需满足一定的年限； （4）拒绝准入税务局预警的风险地区、企业和产品
优势	（1）通关：顶级资质，快捷简单。 （2）外汇：高效安全，专款专用。 （3）退税：合规办理，灵活选择
流程	一达通产品出口信息审核及供货企业审核通过、双备案完成（包含下户核查通过）→下单→报关出口→收汇→开具增值税专用发票给一达通→备案单证审核通过、外汇单关联收齐、供货企业未函调、供货企业审核状态为正常、退税总额在对应供货企业的当月可用垫付退税额度以内→一达通垫付退税款→结算

表 7-2 一达通代理出口服务介绍

规则	（1）产品要求： a．出口产品通过一达通产品出口信息审核； b．除国家明令禁止的合作产品外，赌博类工具或用具禁止操作； c．0 退税产品不可进行准入操作。 （2）公司资质要求： a．一般纳税人必须具有退（免）税资格； 证明资料可在以下文件中选其一。 ● 出口退（免）税资格认定申请表。 ● 出口退（免）税资格认定登记通知书。 ● 客户以往退税资料，包括：①客户自行办理退税的报关单退税联；②客户自行办理退税的出口退税汇总表；③客户自行办理退税的明细表（生产企业免抵退明细 1 份，外贸企业出口进货明细 1 份）；④显示该批货物退税成功的银行水单。 ● 国税局网络截图证明客户具备自行退免抵税资格。 b．小规模纳税人需提供出口退（免）税资格认定材料才能准入，深圳小规模纳税人无须提供出口退（免）税资格认定材料，直接准入。 c．小规模纳税人准入后，如变成一般纳税人，则需重新按照一般纳税人的要求提交出口退（免）税资格认定材料等进行审核

---

① 与阿里巴巴官方写法保持一致，N 用正体。

特点	(1) 所有企业必须具备退（免）税资格； (2) 受托方根据委托方的要求办理出口业务，由委托方自行退税
优势	(1) 合规办理，安全顺畅； (2) 不符合"3+N"模式时，客户可申请选择"2+N"模式进行数据累计； (3) 累计数据可用于贷款服务

3．产品预审和开票人预审

产品预审和开票人预审是一达通为确保外贸进出口服务操作的合法合规而设定的准入流程。

（1）产品预审。

产品预审是阿里巴巴根据国家对出口产品的监管及退税相关政策，为产品归类并提供对应的海关编码（HS Code）及监管条件（如是否需要商检），以确保货物能够更顺畅地出口的服务。一达通产品预审流程如图7-1所示。

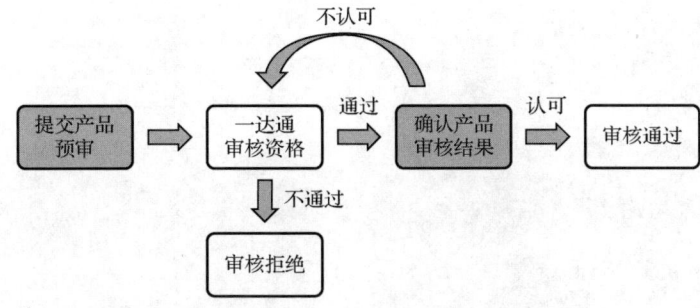

注：
(1) 深色部分环节由客户完成，浅色部分环节由一达通完成；
(2) 正常产品审核时间为2~3小时，如果提交后超过3小时未出结果，则可以联系合作方协助处理

图 7-1　一达通产品预审流程

（2）开票人预审。

开票人预审是阿里巴巴国际站为了确保外贸进出口服务操作的合法合规而设定的准入检测服务。开票人预审是通过一达通进行"3+N"服务的必备条件，目前一达通允许代理出口退税的开票人性质为一般纳税人满两年以上、工厂性质。一达通开票人预审流程如图7-2所示。

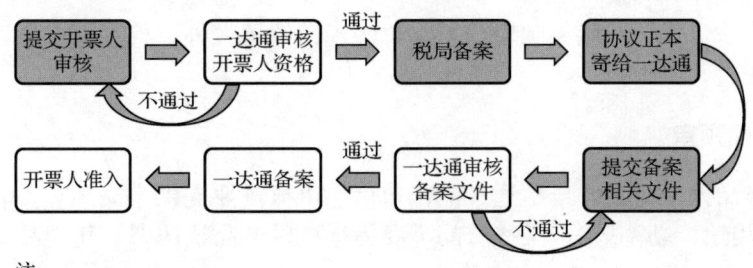

注：
(1) 深色部分环节由客户完成，浅色部分环节由一达通完成；
(2) 正常开票人资质审核时间为3小时，如果提交后超过3小时未出结果，则可以联系合作方协助处理

图 7-2　一达通开票人预审流程

任务 7-1　开通一达通服务并提交产品预审

【任务描述】

某全球跨境电子商务公司计划开通一达通服务，请你和运营经理 Bery 共同开通并提交产品预审。

【任务实施】

1. 开通一达通服务

（1）登录一达通官方网站，操作首页如图 7-3 所示。

图 7-3　一达通操作首页

（2）点击"开启服务"按钮，跳转到一达通服务申请页面，填写企业及联系人的基本信息。

（3）在线提交资料后，联系阿里巴巴客户经理，签署《外贸代理出口协议书》即可完成一达通服务的开通。

2. 提交产品预审

（1）准备产品预审资料。一达通产品出口信息审核需要提供产品图片、名称、详细参数（材质、尺寸、用途、功率等），某些产品需要另行提供产品说明书、化学品安全技术说明书（MSDS）等，图片内容涉及产品实物整体外观。

（2）进入一达通产品管理页面。登录阿里巴巴国际站后台，点击"出口服务→产品管理"命令，进入一达通产品管理页面，如图 7-4 所示。

图 7-4 一达通产品管理页面

（3）点击"添加新产品"按钮，转至添加新产品页面，在该页面需要输入产品名称并上传产品图片，点击"确定"按钮，如图 7-5 所示。

图 7-5 添加新产品页面

（4）新增出口信息。在这里可以选择系统提示的产品名称或自定义产品名称。需要注意的是，后续报关的产品名称需要与报关品名保持一致。同时，应确认可开具增值税发票，以免影响退税。然后选择产品归类要素，如图 7-6 所示。

（5）填写完毕后，需要添加产品实物图片与产品联系人，如图 7-7 所示。

（6）点击"确认"按钮，即可进入确认产品审核结果页面，如图 7-8 所示。

跨境电商 B2B 店铺运营实战（第 2 版）

图 7-6 填写产品名称和选择产品归类要素

图 7-7 添加产品图片与产品联系人

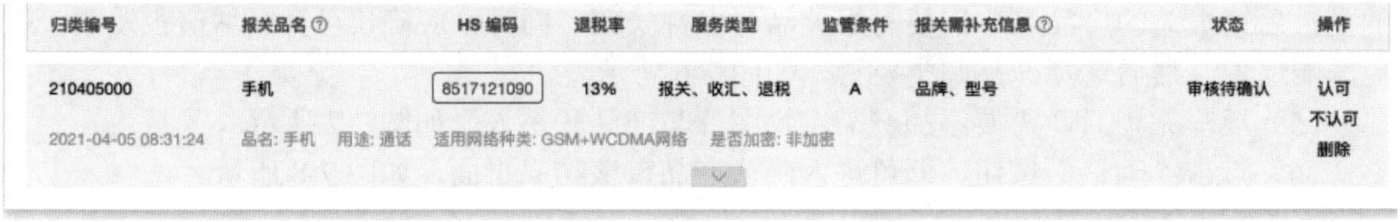

图 7-8 确认产品审核结果页面

（7）对于产品审核结果，可以选择认可与不认可，点击"不认可"按钮后，会出现提示对话框，如图7-9所示，此时可以输入建议的产品名称或HS Code。当点击"确认"按钮后，就会进入产品信息的第二次审核页面。

图 7-9　产品预审结果不认可提示对话框

【任务思考】

产品预审的作用是什么？

 应用实战

【任务描述】

你所在的全球跨境电子商务公司已经开通一达通服务，请你提交产品预审、开票人预审。

【任务实施】

1. 产品预审

（1）准备产品预审所需的资料，包括产品图片、名称、详细参数（材质、尺寸、用途、功率等），某些产品需要另行提供产品说明书、MSDS等。

（2）登录阿里巴巴国际站后台，点击"出口服务→产品管理"命令，进入一达通产品管理页面。

（3）点击"添加新产品"按钮，输入产品名称，上传产品图片。

（4）添加出口信息，选择归类要素。

（5）填写产品联系人信息。

（6）确认产品预审结果。

2. 开票人预审

（1）登录阿里巴巴国际站后台，点击"出口服务→开票人管理"命令，在打开的页面点击"添加开票人"按钮。

（2）进入页面后，核查并确认企业工商信息。

（3）进入协议签署环节，点击"确认签署"按钮，申请电子章，完成协议签约。

（4）进入下户核查阶段，等待服务商上门进行勘察。

（5）添加商品准入审核。

（6）开票人审核的进度，可以在开票人管理页面查看。审核通过后，即可以使用一达通的"3+N"服务，通过一达通做出口退税业务。

【任务思考】

产品预审未通过的原因一般是什么？如何修正才能顺利通过第二次产品预审？

任务二　通关管理

 知识梳理

1. 报关和报关单

报关是指进出口货物装船出运前，向海关申报的手续。按照规定：凡是进出国境的货物，必须经由设有海关的港口、车站、国际航空站，并由货物所有人向海关申报，经过海关放行后，货物才可提取或装船出口。

报关单是指进出口货物收/发货人或其代理人，按照海关规定的格式对进出口货物的实际情况做出书面申明，以此要求海关对其货物按适用的海关制度办理通关手续的法律文书。

2. 一达通的报关方式

如果客户通过一达通完成产品出口，则其报关方式分为一达通报关和客户自行报关两种。通过一达通出口报关时其资料的单位抬头是一达通，一达通负责为客户出具报关资料，并帮助客户完成报关。如果客户选择自行报关，则一达通为客户出具报关资料，客户可以自行选择报关行或由拍档进行报关，报关资料的订单状态为"待报关"后可由客户自助下载。

自助下单包含选择代理出口方式、填写贸易信息、填写商品信息、填写运输信息、填写其他信息等步骤。"2+N"和"3+N"操作步骤基本相同，"2+N"选择代理出口服务，"3+N"选择出口综合服务即可。

3. 通关口岸

通关口岸指的是出口时通过海运、陆运、空运、保税区、监管仓走的口岸。对于全国主要口岸，一达通基本都可以操作。

不同口岸对无纸化通关的要求如下。

（1）深圳、广州、天津、上海等一达通开放口岸，直接凭报关资料电子文档即可报关。

（2）宁波口岸，需提供报关行十位数代码及名称，与一达通确认电子委托；同时，还需要提供本次出货的体积数。多柜的话，需提供分箱明细。

（3）青岛口岸，需提供报关行十位数代码及名称，与一达通确认电子委托方可操作。

操作体验

任务 7-2　通过一达通申请代理出口服务

【任务描述】

某全球跨境电子商务公司需要通过一达通完成一批货物的出口报关手续，请你和运营经理 Bery 共同申请代理出口服务。

【任务实施】

1．选择代理出口方式

首先登录一达通操作平台，选择代理出口方式。选择出口订单类型之后，点击"立即下单"按钮，如图 7-10 所示。

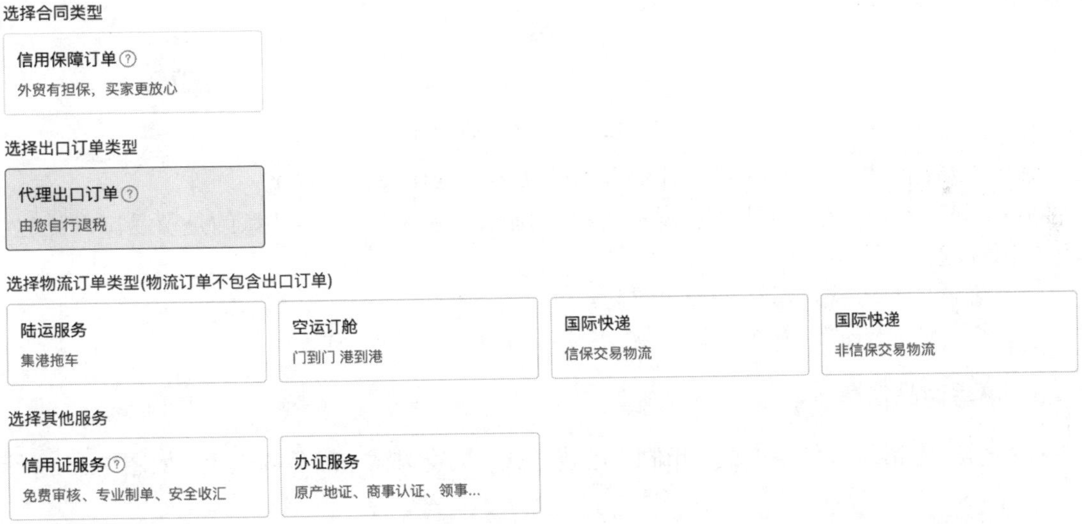

图 7-10　选择代理出口方式

2．填写贸易信息

在下单确认之后，需要填写贸易信息。贸易信息包括境内发货人、境外收货人、贸易国（地区）、运抵国（地区）、监管方式、收汇方式等，如图 7-11 所示。

（1）境内发货人默认委托一达通代理作为出口发货人申报出口服务。

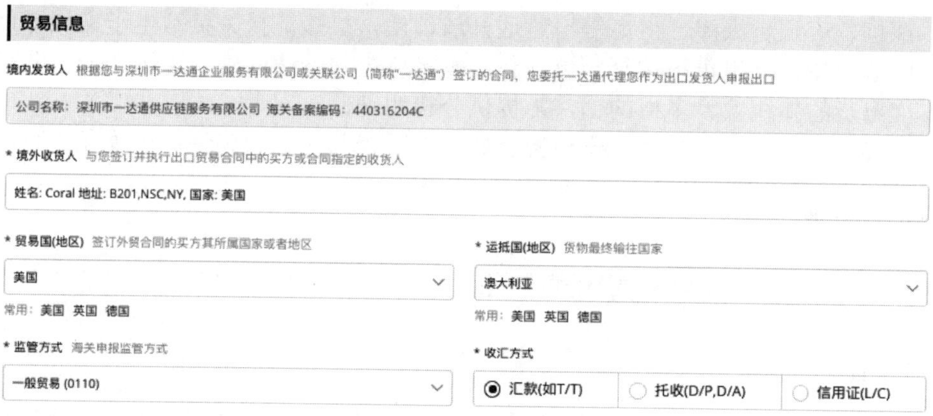

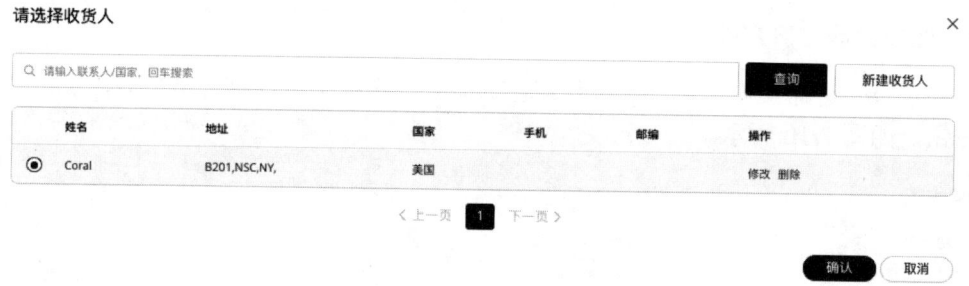

图 7-11 填写贸易信息

（2）境外收货人是指与公司签订并执行出口贸易合同的买方或合同指定的收货人，如图 7-12 所示。若收货人不在列表中，则可以手动添加收货人信息。

图 7-12 添加境外收货人

（3）贸易国（地区）是指签订外贸合同的买方所属国家（地区）。

（4）运抵国（地区）是指货物最终运往的国家（地区），需要注意的是贸易国（地区）和运抵国（地区）可以不同。

（5）确认监管方式，默认为一般贸易。

（6）选择收汇方式，系统支持汇款、托收、信用证 3 种方式。

3. 填写商品信息

商品信息包括录入价格方式、币制、包装方式、成交方式、商品列表等，如图 7-13 所示。

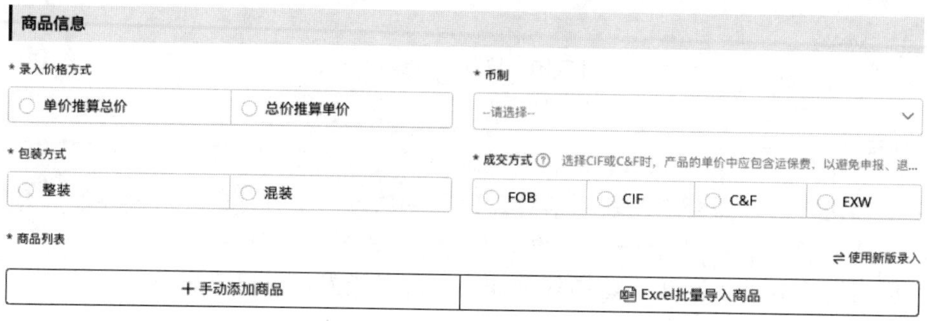

图 7-13 填写商品信息

（1）录入价格方式可以选择单价推算总价或总价推算单价。选择单价推算总价方式时，需要填写产品单价，系统自动计算报关总金额；选择总价推算单价方式时，需要填写报关总金额，系统会自动计算单价。

（2）币制可根据实际交易情况进行选择。

（3）包装方式可以选择整装或混装。如果同一种包装中只含有一种产品，则需选择整装；如果任意一种包装中含有两种或两种以上产品，则需选择混装。

（4）成交方式以与买家签订的交易条款为准，可以选择 FOB（离岸价）、CIF（到岸价）、C&F（成本加运费价）、EXW（离厂价）4 种。若与买家签订的是 FCA（货交承运人）、FAS（船边交货）、FOB（船上交货），就需要选择 FOB；若与买家签订的是 DAF（边境交货）、DES（港船上交货）、DEQ（码头交货）、DDU（未完税交货）、DDP（完税后交货），就需要选择 CIF；若与买家签订的是 CFR（成本加运费）、CPT（运费付至），就需要选择 C&F；若与买家签订的是 EXW，就需要选择 EXW。

（5）在"商品列表"栏中，可选择手动添加商品或通过 Excel 批量导入商品。选择手动添加商品时，将出现一达通产品管理列表，需要手动选择已经在一达通提交产品预审的产品，如图 7-14 所示。若产品不在产品管理列表中，则需要添加产品预审。

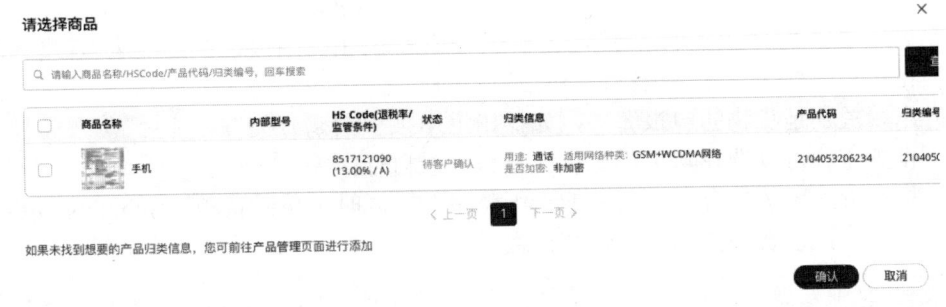

图 7-14　添加商品

（6）添加完成后将出现产品详情页面。此时需要填写产品详细信息，包括型号、包装信息、单价等，如图 7-15 所示。

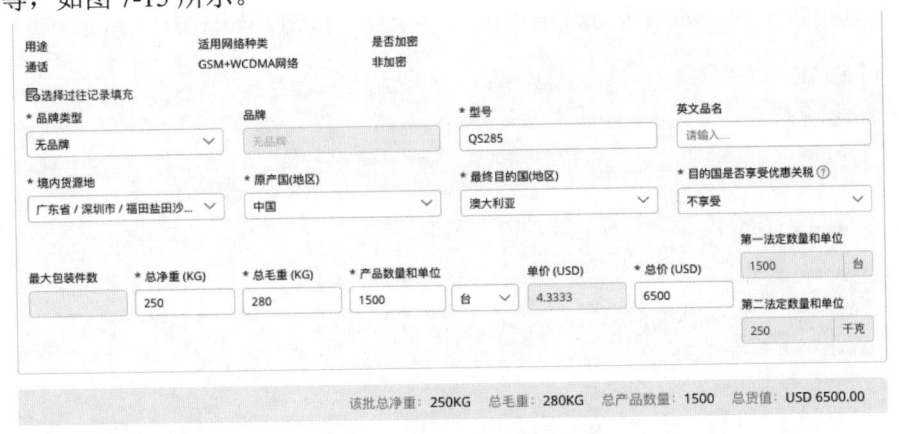

图 7-15　填写产品详细信息

4．填写运输信息

运输信息包括离境口岸、指运港（地区）、出境关别、报关方式等，如图 7-16 所示。

图 7-16　填写运输信息

（1）离境口岸是指货物离境的第一个口岸，包括码头、港口、机场、边境口岸等。
（2）指运港（地区）是指货物最终抵达的港口。
（3）出境关别是货物的申报海关，如盐田港申报"大鹏海关"。
（4）报关方式可以选择阿里巴巴供应链报关或自行报关。
（5）报关形式可选择有纸化报关或无纸化报关，同时上传装货单（Shipping Order）。
（6）填写运输包装种类及运输包装件数。

5．填写其他信息

在其他信息填写页面，选择预计出货日期，设定本单联系人，在合同类型中选择系统自动生成，并填写特殊关系与支付特许权使用费情况。在"附件"栏，如果有商检单、保函等相关文件，则可以上传；如果没有，则点击"下一步"按钮，如图 7-17 所示。

图 7-17　填写其他信息

6. 信息确认

系统将弹出《出口服务委托函》，在检查后确认无误的情况下，可以点击"确认"按钮提交订单，确认委托函，完成下单工作，如图7-18所示。

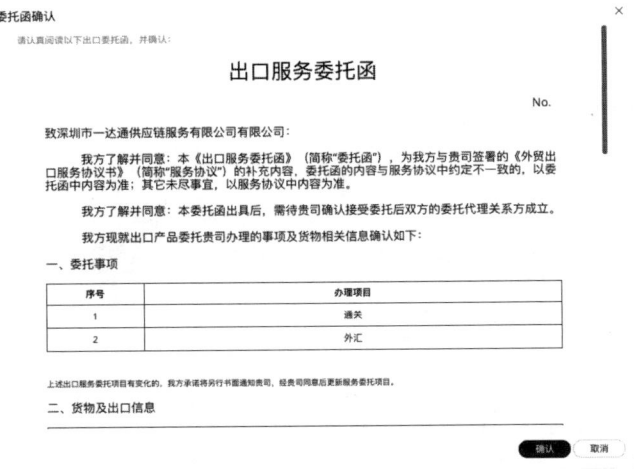

图7-18 出口服务委托函

7. 订单管理

订单提交以后，可以在订单管理页面查看所有委托单的进程，也可以下载报关单和装箱单等出口相关文件，如图7-19所示。

图7-19 查看委托单的进程

【任务思考】

在委托一达通的代理出口服务过程中，产品预审和开票人预审没有通过时是否可以继续办理？

 **操作体验**

任务7-3 通过一达通查看报关状态并下载报关资料

【任务描述】

某全球跨境电子商务公司需要通过一达通完成一批货物的出口报关手续，请你和运营经理 Bery 共同申请代理出口服务，并查询通关状态、下载报关单及物流单。

【任务实施】

（1）登录一达通操作平台，点击"出口服务→出口服务订单→全部订单"命令，在打开的一达通出口服务订单管理页面输入关键词，即可查询订单状态，如图 7-20 所示。若订单信息无异常，则在 3 小时以内即可完成审核。审核退回的订单，可在"待修改"页面查看退回原因，按意见修改后再次提交。

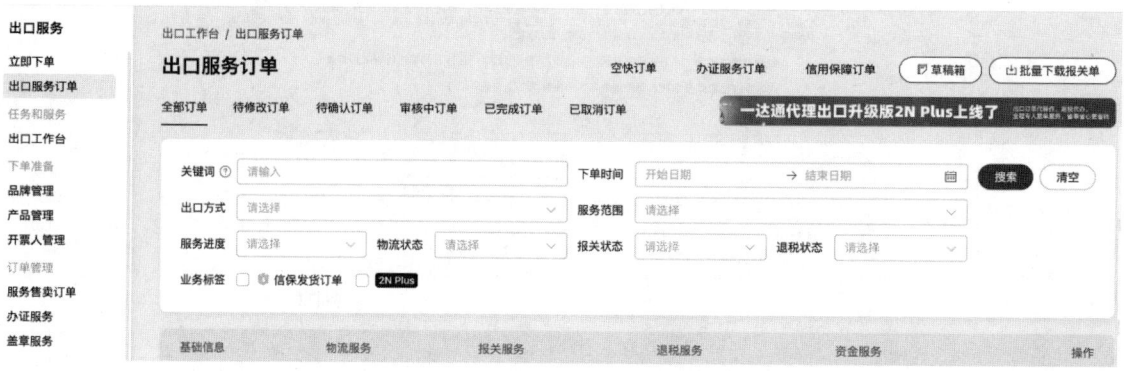

图 7-20　出口服务订单列表

（2）进入订单详情页面，可查看详细通关信息，如图 7-21 所示。

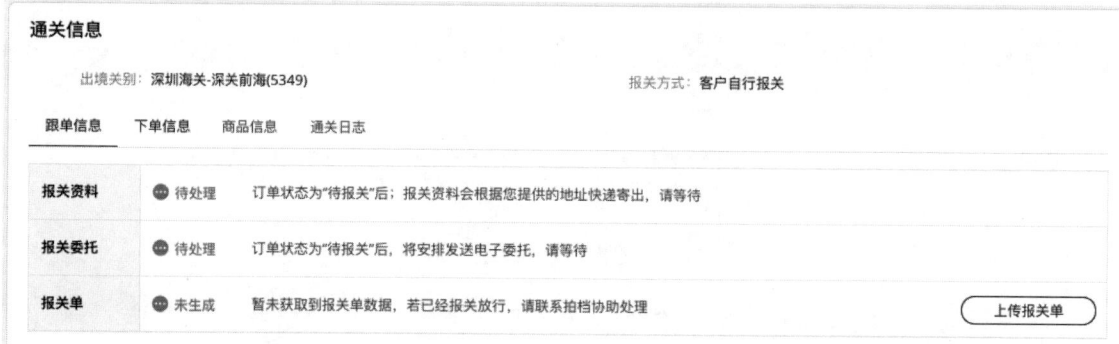

图 7-21　查看详细通关信息

（3）当订单在"待报关"状态时，即可下载报关资料，如图 7-22 所示。

项目七 出口服务

图 7-22　下载报关资料

【任务思考】

除报关单外，在产品出口的流程中还会用到哪些文件？

任务三　证书申办

知识梳理

1．一达通办证类型

（1）原产地证：证明货物原产地的、具有法律效力的文件。
（2）商事认证：主要用途是对国贸商事活动文书单证及事实进行证明，应用场景主要为应信用证或海关清关要求。
（3）领事认证：可以使文件在使用国得到有关当局承认，具有域外法律效力。
（4）进出口许可证：准许进出口管制产品进出口的证件。

2．一达通办证时效

海关产地证：正常为 1 个工作日。
贸促会一般原产地证：1 个工作日。
贸促会区域优惠证书：1 个工作日（各类型证书对相同海关编码+相同原产地标准的产品，只做一次备案，该备案由一达通来做，备案后的产品做贸促会区域优惠证书，1 个工作日内出证）。

3．原产地证

原产地证是由各国指定机构签发的、证明货物原产地的、具有法律效力的文件。
办理原产地证的原因如下。

(1)确定税率。通过原产地证可以决定采用相应的税率,如协定税率、优惠税率、最惠国税率、普通税率。

(2)实施贸易措施。只有确认原产地后才能针对产品实施贸易措施,如反补贴、反倾销、配额等。

(3)贸易统计。通过原产地证可以统计和了解国家间的产品贸易信息。

(4)消费者权益。通过提供原产国信息,消费者可以根据自己的需求进行选择,如在美国和一些欧洲国家,法律规定必须标明货物的原产地,以保护消费者权益。

4. 原产地证种类

(1)一般原产地证。

一般原产地证又称"CO",应用场景包括不享惠的产品,税率为最惠国的税率,使用的国家主要为已加入世界贸易组织(WTO)的国家。该证由海关和贸促会签发。

(2)普惠制原产地证。

普惠制原产地证又称"form A",应用场景一般是发达国家给发展中国家普遍的非互惠的优惠关税待遇,主要应用场景是给惠国针对给惠清单之内的进口产品给予优惠税率。该证由海关签发。

(3)区域性优惠原产地证。

区域性优惠原产地证的应用场景主要是与中国签订了自贸协定的国家,而且从中国出口的产品在进口国的降税清单内,此时采用协定税率。该证由海关和贸促会签发。

操作体验

任务7-5 通过一达通申领产地证

【任务描述】

某全球跨境电子商务公司的客户需要在当地完成产品注册,请你和运营经理Bery共同通过一达通办理产品的产地证。

【任务实施】

(1)登录阿里巴巴国际站后台,点击"出口服务→立即下单"命令,在打开的页面中选择"办证服务",点击"确认"按钮,如图7-23所示。

(2)进入办证信息填写页面,选择所需要的办证类型及办证机构,然后选择系统已报关出口的订单号进行关联,填写出口报关目的国(地区)、所属分公司、客户联系人、寄送地址,点击"保存"按钮,如图7-24所示。

(3)进入资料上传页面。在该页面可以上传提单、装箱单、清关发票、生产商营业执照等相关资料,如果有已填写好的产地证草稿件,则可以直接上传草稿件,最后提交订单,完成原产地证的申请,如图7-25所示。

项目七 出口服务

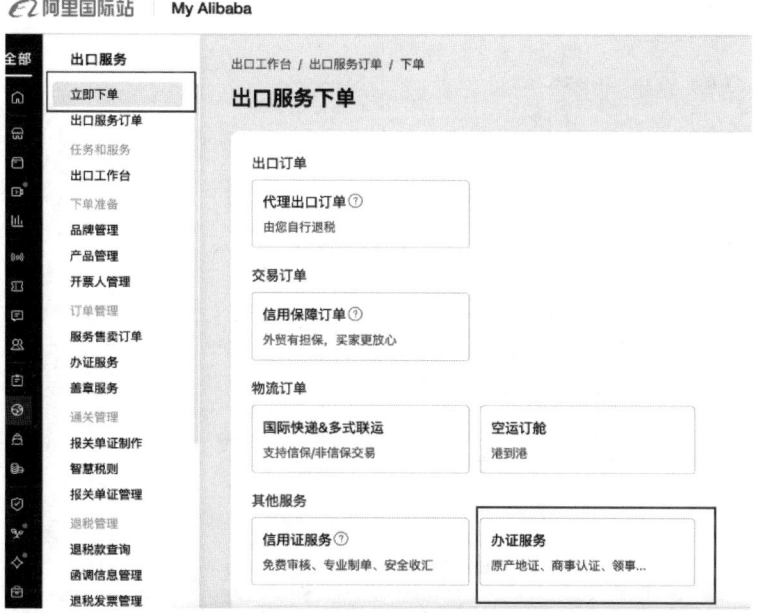

图 7-23　进入一达通办证服务

图 7-24　办证信息填写页面

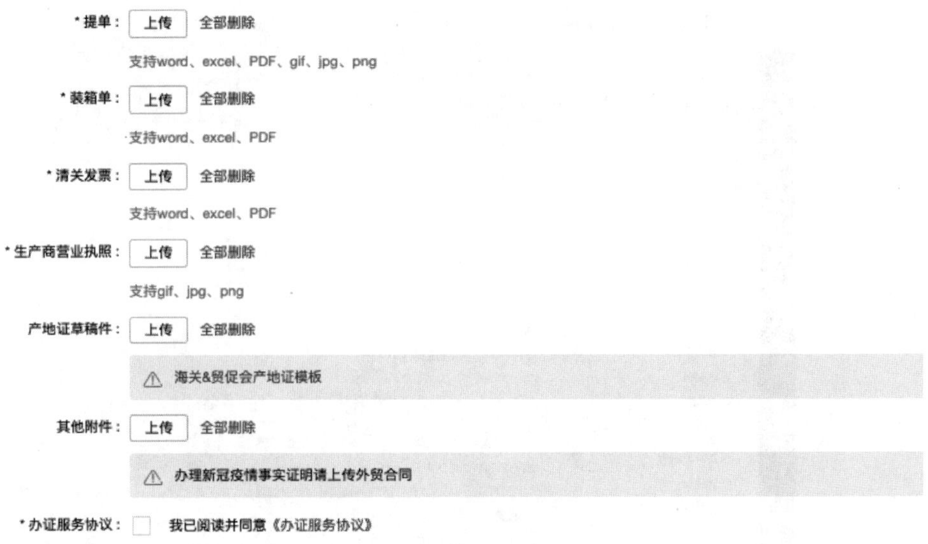

图 7-25　资料上传页面

（4）查看办证的状态。通过点击"出口服务订单→办证服务"命令，可以在"状态"栏查看订单的具体状态。如果在一达通的办证服务过程中遇到问题，除"在线咨询"渠道外，还有以下 5 种渠道可以解决相应的问题。

① 工单：客户可以通过拍档在工单系统中提交异常问题、咨询和资料盖章服务，由后台的服务人员进行跟进。

② 帮助中心：可以提供办证咨询及常见问题的解决方案。

③ 服务商：客户可以通过线上旺旺的沟通，了解单证和咨询订单状态。

④ 办证团队：如果有紧急事项，则可以直接联系一达通的办证团队。

⑤ 智能助手：显示办证的资讯及常见的问题，点击页面右侧的"常见问题栏"就可进入智能助手的咨询页面。

（5）一达通服务商按照商家填写的信息和资料录制草稿件，审核产地证订单。

（6）商家修改/确认办证信息。

（7）签发正本。当客户确认信息无误后，服务商向签发机构提交资料，由签发机构制证。

（8）正本快递。签发机构签发正本以后，由顺丰速运承揽国内的寄件和收件业务，需要 1~2 个工作日出证。

【任务思考】

原产地证分为哪几种？商户可以通过一达通办理哪几种证件？

项 目 小 结

一达通可以通过互联网一站式服务为中小企业提供外贸交易所需要的金融、通关、物流、退税、外汇等各项服务。本项目首先介绍了一达通的准入操作，包括产品预审和开票人预审；然后介绍了通过一达通报关的操作方法，最后说明了如何通过一达通办证。希望通过本项目的学习，读者可掌握使用外贸综合服务的基本方法。

项 目 训 练

一、选择题

1. 一达通的基础服务不包括（　　）。
   A．通关　　　　　　B．外汇　　　　　　C．退税　　　　　　D．仓储
2. 一达通产品出口信息预审不需要提供（　　）信息。
   A．图片　　　　　　B．名称　　　　　　C．产品出口国　　　　D．详细参数
3. 一达通办证下单的正确流程为（　　）。
   ①填写办证信息　②上传资料　③登录阿里巴巴国际站后台　④查看办证状态
   ⑤查看办证详情页面
   A．③①②④⑤　　　B．③①④⑤②　　　C．①③④②⑤　　　D．③④⑤②①
4. 通过一达通的办证服务，可以办理的出口证件有（　　）。
   A．商事认证　　　　B．领事认证　　　　C．进出口许可证　　　D．原产地证
5. "3+N"的中"N"包括（　　）。
   A．基础服务（通关、外汇、退税）以外的增值服务
   B．通关、外汇、退税
   C．物流服务
   D．包含且不限于金融服务（信用证、保单贷、流水贷等）

二、判断题

1. 区域性优惠原产地证是由海关和贸促会签发的。（　　）
2. 一达通出口综合服务（简称"3+N"）中的"3"指一达通仅为出口企业提供通关和外汇服务，需由客户自行向主管税务局进行"出口退（免）税申报"的服务模式。（　　）
3. 普惠制原产地证又称"form A"，应用场景主要是与中国签订了自贸协定的国家，而且从中国出口的产品在进口国的降税清单内，此时采用协定税率。（　　）

三、实操题

某全球跨境电子商务公司启用了一达通服务，请你和运营经理 Coral 共同完成如下任务：
（1）提交产品预审与开票人预审；
（2）通过一达通办理代理出口服务；
（3）通过一达通申领产地证。

项目八　物流管理

【学习目标】

（1）了解国际物流的主要方式，以及线上、线下国际物流服务的选择原则。
（2）掌握物流报价查询的基本方法，能核算运费。
（3）掌握运费模板的设置。
（4）掌握订单发货的基本方法。

任务一　认识国际物流方式

 知识梳理

电子商务平台一般会提供国际物流在线下单服务，如阿里巴巴国际站提供了全方位的国际物流服务。在批量货物数量较多时，卖家可能会考虑选择在线下委托货物代理进行订舱托运；在货物数量不多时，一般采用国际快递作为物流方式，卖家通常直接在电子商务平台上下单。

1. 批量货物的国际物流方式

批量货物的国际物流方式主要有海洋运输、铁路运输、航空运输、公路运输等，不同的运输方式有各自的优点和缺点，如表 8-1 所示。

表 8-1　不同运输方式的优点和缺点对比

运输方式	优　点	缺　点
海洋运输	运量大、通过能力强、运费低	速度慢、受自然条件影响较大、航期不准、风险大
铁路运输	运量较大、可靠性高、比海运速度快、运费低	受车厢容积、载重限制，机动性差
航空运输	速度快、货运质量高、不受地面条件限制	运量小、运费高、运输的货物受限制
公路运输	机动灵活、速度快、方便、能实现"门到门"运输	运量有限、运输成本高、易造成货损事故

2. 零散货物的国际物流方式

零散货物的国际物流方式种类繁多，不同国家、不同的物流方式都具有显著的特点，各自的优劣势概述如下。

（1）邮政小包。

各国邮政部门之间有协定和公约，通过这些协定和公约，各国的邮件包裹可以互相传递，从而形成国际邮包运输网。其优势主要是网络基本覆盖全球，比其他任何物流渠道都要广，可寄达范围广，而且邮政渠道多为国营性质，依托邮政系统，清关能力强，价格也非常便宜。其劣势是有明显的重量和尺寸限制，重量一般要求在2kg以内，尺寸要求单边不超过60cm、三边之和不超过90cm，因此只适合重量轻、体积小的货物。另外，邮政小包虽然便宜但时效慢，易丢包。

邮政小包分为平邮、挂号和E邮宝。平邮小包的运费最低，速度最慢，运送无轨迹跟踪，丢件无赔偿，适合价值不高且无时效要求的货物运送。挂号小包的运费比平邮小包高，速度稳定，也比平邮小包快，货物轨迹跟踪至妥投，丢件有赔偿，适合略贵重且对时效性要求不高的轻小件货物运送。E邮宝是为跨境电商量身定制的物流方式，运费介于挂号小包和平邮小包之间，速度类似于挂号小包，货物轨迹跟踪详尽，带妥投信息，丢件无赔偿，适合节省运费的卖家。

（2）国际商业快递。

国际商业快递三大巨头是UPS、Fedex、DHL。国际商业快递的优势是速度快、服务好、丢包率低，尤其是发往欧美发达国家特别方便。使用UPS从中国邮寄包裹到美国，最快48小时内可到达，而使用DHL从中国发送包裹到欧洲一般需要3个工作日。但是，国际商业快递价格昂贵，除运费外还有燃油费、偏远费等附加费，资费变动也比较大，清关能力较邮政渠道差，通常只有在客户对时效性有强烈要求的情况下才使用。

（3）跨境专线物流。

跨境专线物流通常采用航空包舱方式将货物运输至国外，再通过合作公司进行目的国的国内派送。这种物流方式的价格比国际商业快递低但比邮政小包高，速度比邮政小包快，丢包率低，因此比较受欢迎。虽然跨境专线物流可以将货物大批量集中发往目的地，以规模效应降低物流成本，但是其在国内揽收范围有限，覆盖地区不广。

（4）海外仓储。

海外仓储服务是指为卖家在销售目的地进行货物仓储、分拣、包装和派送的一站式控制与管理服务，包括头程运输、仓储管理和本地配送3个部分，通过海外仓储降低物流成本，缩短订单周期，客户体验较好。但是这种模式容易压货，只适合库存周转快的热销单品，对卖家的供应链管理、库存管理、动销管理等的门槛要求较高。

（5）国内快递的跨国业务。

目前，国内快递的国际化业务越来越成熟，主要是EMS、顺丰和"四通一达"（申通、圆通、中通、百世汇通、韵达）。其主要优势是速度快、运费低（均低于三大国际快递巨头），而且EMS在中国境内的出关能力强。但是，国内快递并不专注于跨境业务，相对缺乏经验，对市场的把控能力不强，覆盖的海外市场也比较有限。

3．国际物流的选择原则

对卖家来讲，选择合适的国际物流方式应主要考虑以下原则。

（1）安全性好，可跟踪性强。

选择物流首先要考虑的就是安全，应尽量做到让买家可以随时了解货物运送状态。目前大部分物流都可以做到这一点。

（2）时效性好，可控性强。

要保障货物在买家期望的运送时间内送达。通常，电子商务平台会在订单详情页面显示对应的货物送达时间范围。随着跨境电子商务的全球化发展，买家对物流配送的时效性要求也越来越高。

（3）服务好，性价比高。

在确保不违反上述两大原则的前提下，选择性价比更高的物流方式。

操作体验

任务 8-1　选择国际物流方式

【任务描述】

RQ 贸易公司业务员小徐通过阿里巴巴国际站与泰国某客户达成 1000 套服装的交易合同（贸易术语为 CIP），货源地为上海宝山镇，目的地为泰国曼谷。一个月后，货备妥。请为其选择合适的国际物流方式。

【任务实施】

（1）排除海外仓方式。

因 RQ 贸易公司并未建海外仓，也未租赁海外仓，而且中国目前暂不支持海外仓发货，因此排除海外仓方式。

（2）查询线上发货物流及运价。

通过阿里巴巴国际站后台查询上海至泰国曼谷的物流运价。打开阿里巴巴国际站后台，点击左侧主菜单的"物流服务"命令，进入"跨境供应链"页面，选择"海运整柜"，始发港为上海港，目的港为曼谷，柜型选择"20GP"（20 英寸普柜），填写数量"1"，然后点击"查询报价"按钮。查询结果如图 8-1 所示。

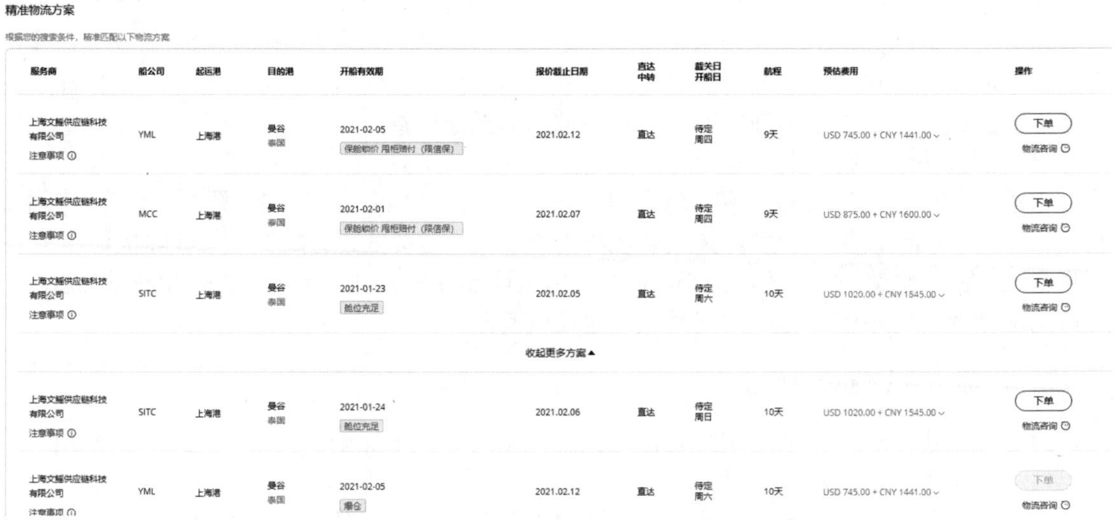

图 8-1　上海港—曼谷线上物流方案查询结果

分析查询结果，结合装运期，考虑运价、物流时间、船公司服务等因素，在线上物流方案中，MCC公司的方案为最佳。

（3）查询线下发货物流及运价。

联系线下三家物流公司A、B、C，询问上海至泰国曼谷一个月后的舱位和运价，进行比较，选择有良好信誉、性价比高的物流公司，以曾经有过合作的公司为佳。经过比较，A公司的运价最具优势，优于线上MCC公司的方案，且A公司与RQ贸易公司有长期合作关系，服务和信誉都上佳。

（4）选择合适的物流方式。

对线上、线下的物流服务和运价进行综合比较，最终确定线下发货，选择与A公司合作。

【任务思考】

在为每笔订单选择物流时，首先要排除不能使用的物流方式，如上例中的海外仓不可用，然后确定可供选择的方式有哪些，根据价格、服务、可靠性、方便性等因素对可选的方式做出综合比较，最终选出最优方案并加以实施。

 应用实战

【任务描述】

某纺织品公司接到一笔10000米TC布的业务，货物发往澳大利亚墨尔本（贸易术语为CFR），客户要求一个月内交货，组织生产时间需要15天，请选择合适的物流方式。

【任务实施】

（1）首先排除海外仓方式。
（2）通过阿里巴巴国际站后台查询线上物流运价。
（3）联系几家经常合作的货物代理公司，询问线下物流运价。
（4）对可选的线上、线下物流方案做出综合比较。
（5）选择合适的物流方式。

【任务思考】

在选择物流方式时，应对线上、线下可能的方案进行综合考虑，尽量选择正规、专业、资深的物流公司，最好是有过良好合作的物流公司。对初次合作的公司，要在合同上明确价格、时效、保险，同时关注合同细节，不能因小失大。不能因为贪图便宜而选择不知名的公司，因为其执行力和保障度可能不高，而且存在消失的风险。

任务二　查询物流报价

 知识梳理

各种订单因货物特性、时效要求、运费预算等因素会采用不同的运输方式。阿里巴巴国际站可供查询的物流报价有4种，分别是海运、空运、快递、陆运。其中海运分为海运整柜和海运拼箱，空运分为上门提货和送货上门，陆运分为集港拖车和散货交仓。

1. 海运

（1）海运整柜报价查询页面如图8-2所示，填写相应的信息，点击"查询报价"按钮即可。

（2）海运拼箱报价查询页面如图8-3所示，填写相应的信息，点击"查询报价"按钮即可。

图8-2　海运整柜报价查询页面　　　图8-3　海运拼箱报价查询页面

2. 空运

空运可选择上门提货和送货上门，两者可同时勾选，空运报价查询页面如图8-4所示，填写相应的信息，点击"查询报价"按钮即可。

3. 快递

快递报价查询页面如图8-5所示，填写相应的信息，点击"查询报价"按钮即可。

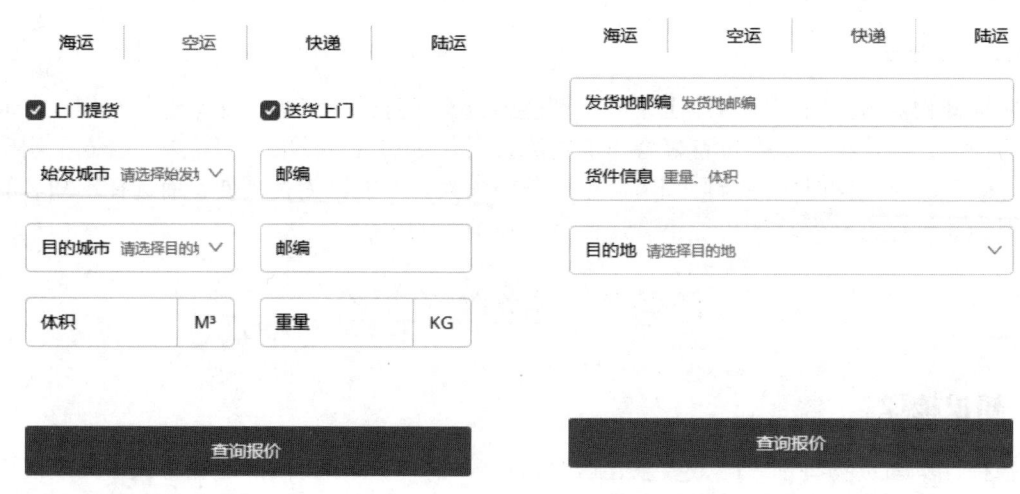

图8-4　空运报价查询页面　　　图8-5　快递报价查询页面

4．陆运

（1）集港拖车报价查询页面如图 8-6 所示，填写相应的信息，点击"查询报价"按钮即可。

（2）散货交仓报价查询页面如图 8-7 所示，填写相应的信息，点击"查询报价"按钮即可。

图 8-6　集港拖车报价查询页面　　　　图 8-7　散货交仓报价查询页面

操作体验

任务 8-2　查询物流报价

【任务描述】

B 公司业务员小杨通过阿里巴巴国际站与埃及某客户达成一项出口一条塑料挤出机生产线的交易（贸易术语为 CFR），目的港为亚历山大（Alexandria）新港，请查询物流报价。

【任务实施】

（1）进入查询页面。

打开阿里巴巴国际站后台，找到左侧主菜单中的"物流服务"命令，如图 8-8 所示。点击该命令进入"跨境供应链"页面，如图 8-9 所示。

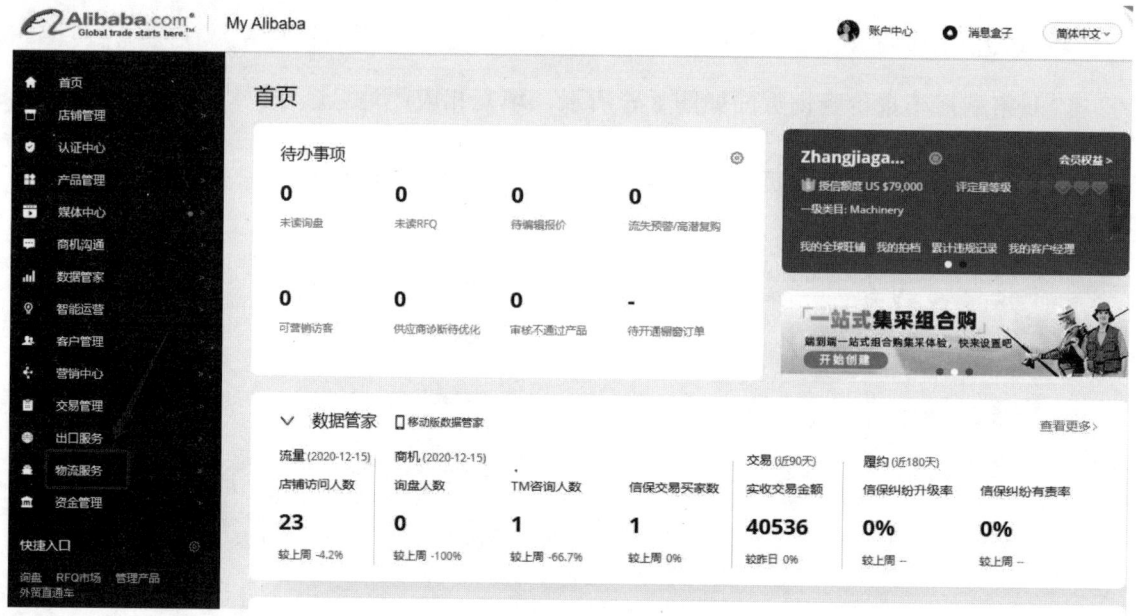

图 8-8 "物流服务"页面

图 8-9 "跨境供应链"页面

(2) 填写查询信息。

选择"海运整柜",始发港为上海港,目的港为亚历山大新港,柜型选择"20GP",填写数量为"1",然后点击"查询报价"按钮,如图 8-10 所示。

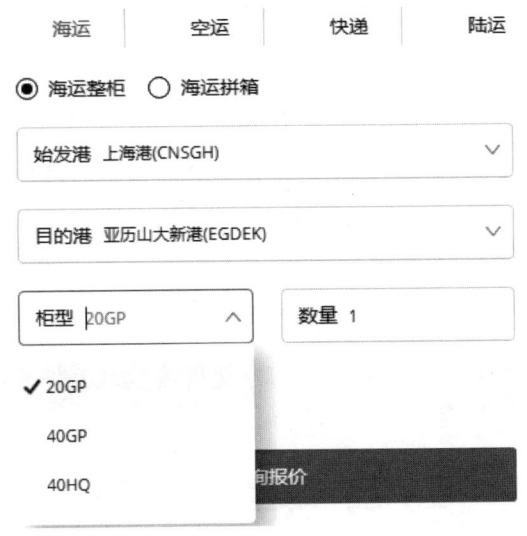

图 8-10 亚历山大新港海运报价查询页面

（3）查询结果如图 8-11 所示。

精准物流方案

根据您的搜索条件，精准匹配以下物流方案

服务商	船公司	起运港	目的港	有效期	直达/中转	截关日 | 开船日	航程	价格	操作
上海文韬供应链科技有限公司 在线咨询 注意事项	MSC	上海港	亚历山大新港 埃及	2020-12-22 爆仓	中转	待定 | 周六	32天	USD 3340.00 + CNY 1563.00	下单 报价截止：2020.12.31
上海文韬供应链科技有限公司 在线咨询 注意事项	CMA	上海港	亚历山大新港 埃及	2020-12-22 爆仓	中转	待定 | 周三	30天	USD 3690.00 + CNY 1580.00	下单 报价截止：2020.12.31
上海文韬供应链科技有限公司 在线咨询 注意事项	EMC	上海港	亚历山大新港 埃及	2020-12-15 爆仓	中转	待定 | 周日	35天	USD 4065.00 + CNY 1480.00	下单 报价截止：2020.12.31

更多方案

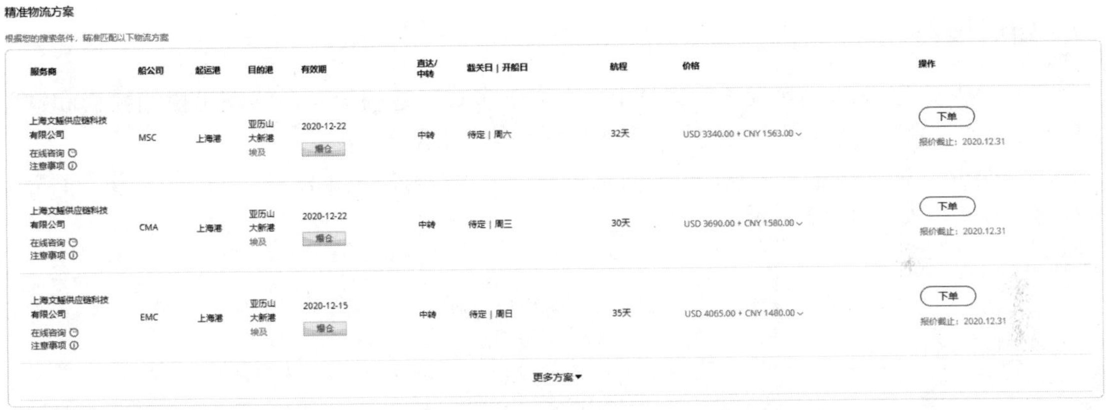

图 8-11 上海港—亚历山大新港海运报价查询结果

（4）根据查询结果，通过在线咨询和与各物流公司沟通，选择合适的物流方案。

【任务思考】

在阿里巴巴国际站查询运费报价，首先要选择运输方式，如海运、空运、快递、陆运。明确运输方式后，进入物流服务后台，按指示输入相应的信息，可以查询出多种物流方案，再结合相关因素，综合比较后进行选择。

应用实战

【任务描述】

某公司有一笔为感恩节定制毛绒玩具的订单即将发往美国纽约，5 个型号的毛绒小熊共

1000 打,货源地为连云港,距离感恩节不到 20 天,请在阿里巴巴国际站后台查询运费报价。

【任务实施】

(1) 首先判断使用的物流方式为空运。
(2) 进入阿里巴巴国际站物流服务后台,进入"跨境供应链"页面。
(3) 选择空运,填写相关信息进行查询。
(4) 对查询结果进行比较,做出合适的选择。

【任务思考】

查询运费时,首先要根据订单的装运时间、交货数量、运费预算等因素明确选用的物流方式,然后进行查询、比较和选择。

任务三 设置运费模板

阿里巴巴国际站目前将产品分为 RTS 产品(现货)和定制产品。发布 RTS 产品时要求卖家在后台设置运费模板。买家在商品详情页面可查询具体的运费金额,并可直接下单,从而提高订单成交率。

 知识梳理

运费模板分为快递/小包模板和多式联运模板。多式联运模板又分为海运拼箱模板和铁路模板。卖家可根据自己公司产品的物流特点设置不同的运费模板。

运费模板设置包括 4 个步骤:基础信息设置、选择当前发货地的承运商、填写运费详情、保存运费模板,如图 8-12 所示。

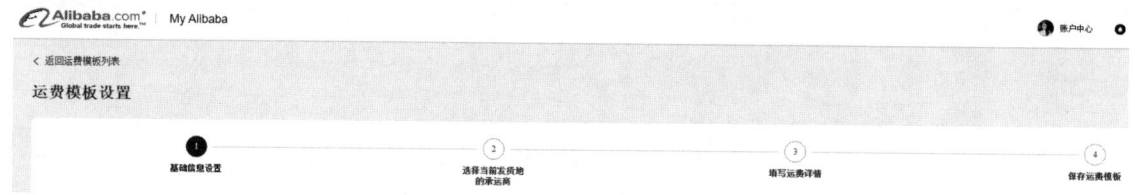

图 8-12 运费模板设置步骤

1. 运费模板设置页面

进入"新建运费"模板,出现弹出框"选择发货地",发货国家只有中国,目前暂不支持海外仓发货,"中国大陆"为必选项,点击"OK"按钮开始设置运费模板,如图 8-13 所示。

2. 基础信息设置

设置模板名称,填写发货地邮编,选择支持的物流方式,如图 8-14 所示。

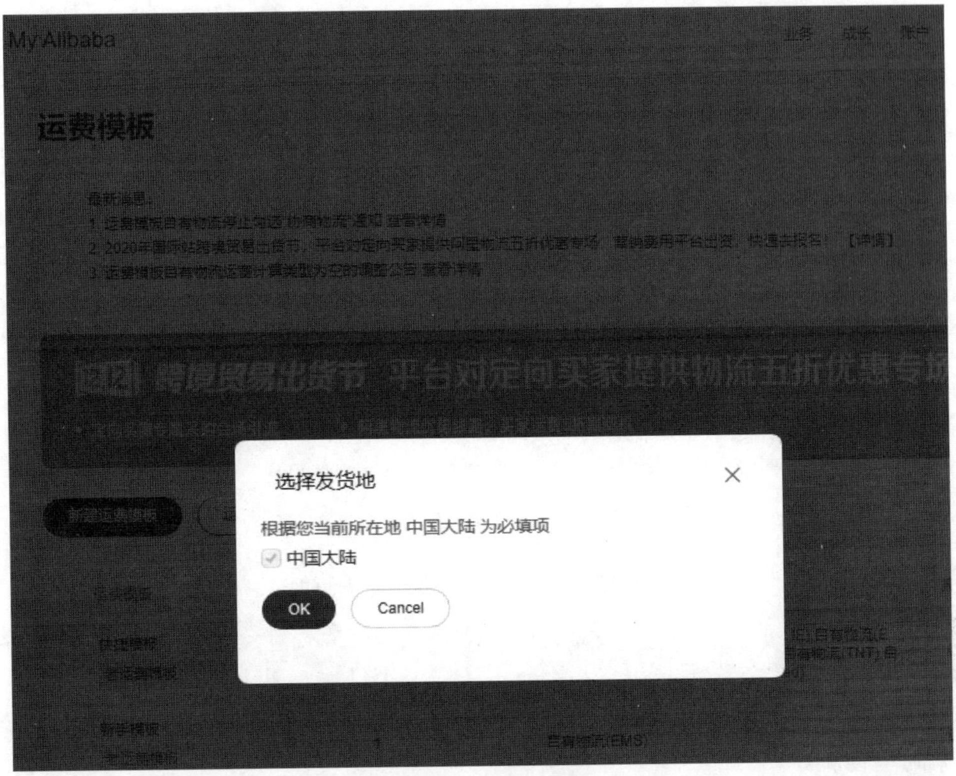

图 8-13 选择发货地

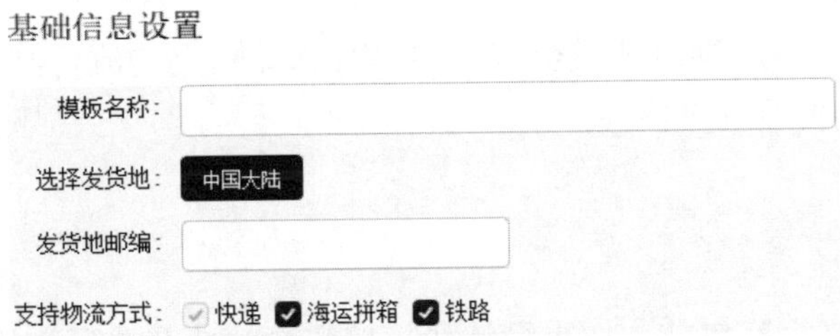

图 8-14 基础信息设置

3. 快递/小包模板配置

首先进行商品类型选择，商品类型包括普货、带电、化妆品、电子烟。

物流方案分为优选、标准、经济、小包 4 种，根据产品所属类目选择合适的物流方案，选择时务必关注各运力线的承运限制说明。不同商品类型配置不同运费模板，如配置带电产品运费模板勾选可承运带电产品的运力线，不要配置普货运力线，避免因错误配置使买家下单后无法出运。另外，运费模板中可配置阿里巴巴国际站物流方案，买家选择该方案后，卖家必须严格履约使用阿里巴巴国际站物流方案完成发货，不可使用商家自有线下渠道完成发货。"快递/小包模板配置"页面如图 8-15 所示。

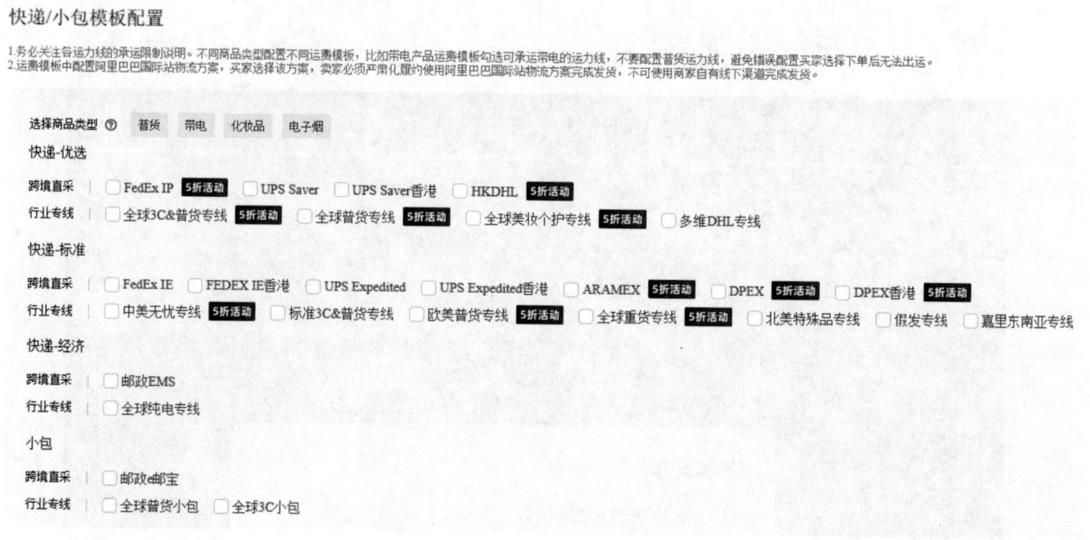

图 8-15 "快递/小包模板配置"页面

4. 填写运费详情

运费模板中的物流类型包括阿里物流和自有物流,根据选择的物流类型填写运费详情。

(1)阿里物流。

① 选择服务类型。门到门和仓到门类别中有相同的服务商,同样的服务不能同时勾选门到门和仓到门,只能勾选一个。

② 选择发货地邮编。

③ 计费类型可选择阿里物流价或卖家包邮。若选择阿里物流价则自动读取平台快递价格,为平台与各物流公司的协议价。

(2)自有物流。

① 选择服务类型。

② 选择发货地邮编。

③ 计费类型可选择卖家包邮、按重量计费、按数量计费及协商物流。

"填写运费详情"页面如图 8-16 所示。

图 8-16 "填写运费详情"页面

5. 多式联运—海运拼箱模板配置

（1）根据商品情况勾选合适的物流方案，选择承运商。

（2）阅读每个运力线的详细介绍，了解自己的商品类型、尺寸、重量与相应的运力线是否适配。单个商品重量/体积较大时建议选择海运，其他情况建议全选。

（3）进入物流方案详情配置。物流类型默认为阿里物流，服务类型默认为仓到门，发货地选择就近的国内仓库，填写发货地邮编，选择发往国家和地区，计费类型默认为阿里物流价，填写运费调整比例，设定送达时间。配置页面如图8-17所示。

图 8-17　多式联运—海运拼箱模板配置页面

6. 多式联运—铁路模板配置

铁路模板配置类似于海运拼箱模板配置，配置页面如图8-18所示。

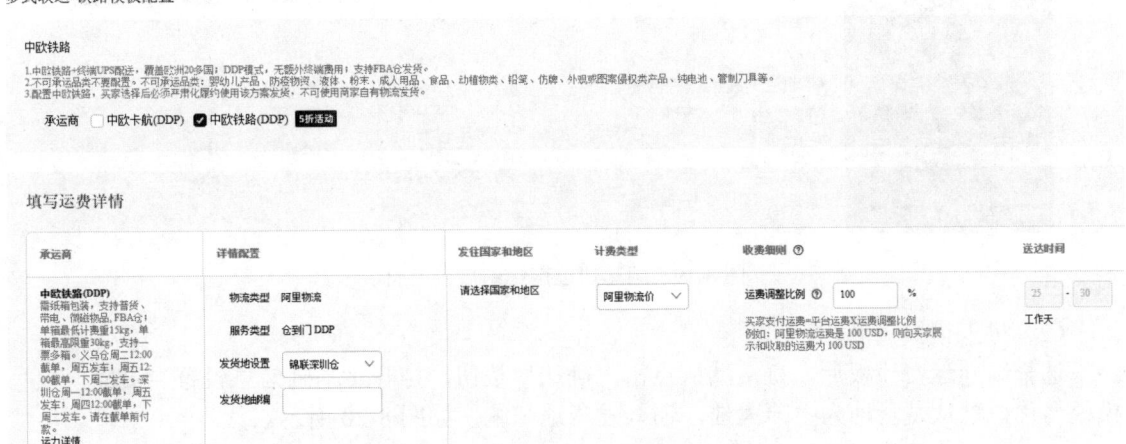

图 8-18　多式联运—铁路模板配置页面

7. 保存运费模板

设置完以上信息后,点击"保存"按钮提交运费模板,提交后即可运用于产品了。提交后也可以进行修改。

操作体验

任务 8-3　设置运费模板

【任务描述】

C 公司是一家从事毛绒玩具出口的公司,打算在阿里巴巴国际站发布 RTS 产品,下面要新建运费模板。

【任务实施】

(1) 打开模板页面。

打开阿里巴巴国际站后台页面,点击"交易管理→运费模板"命令,如图 8-19 所示。

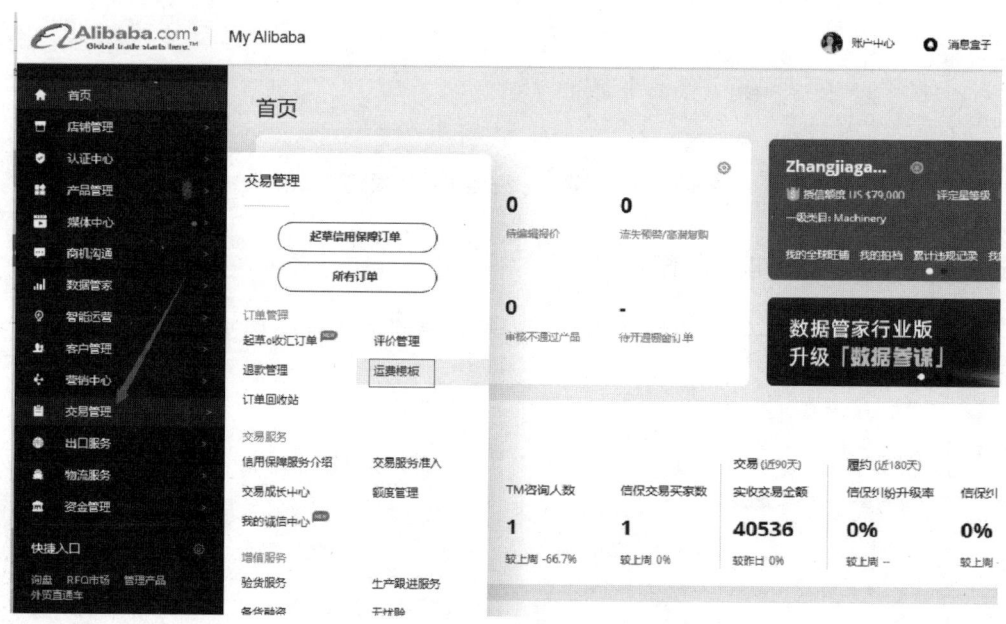

图 8-19　阿里巴巴国际站后台页面

(2) 进入模板页面。

选择新建运费模板后,直接默认点击"确认"按钮,打开"基础信息设置"页面,填写模板名称,默认发货地为中国大陆,输入发货地邮编,如图 8-20 所示。

(3) 选择物流专线。

该产品所属类目是普货,系统自动勾选该货物类型所能承运的物流运力线,如图 8-21 所示。

基础信息设置

模板名称：毛绒玩具模板一

选择发货地：中国大陆

发货地邮编：215600

支持物流方式：☑快递 ☑海运拼箱 ☑铁路

图 8-20 基础信息设置

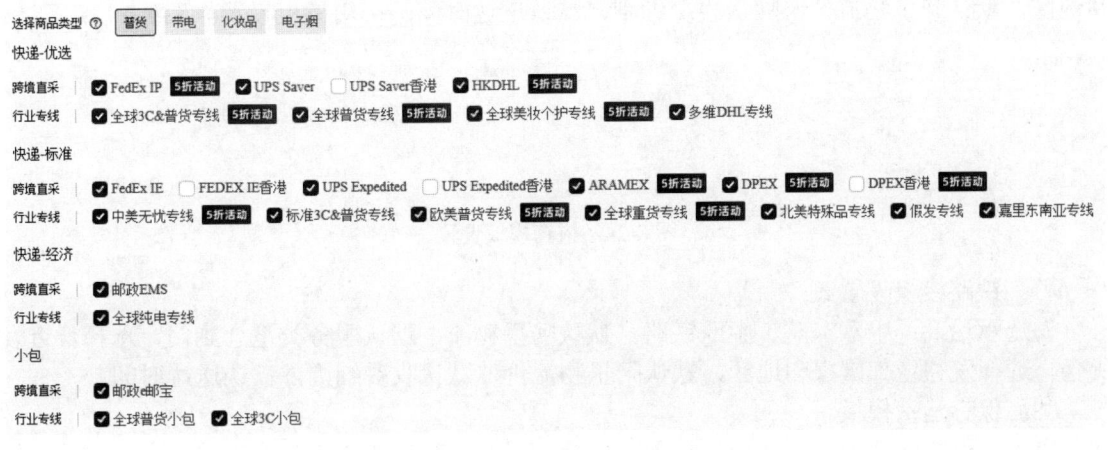

图 8-21 选择物流专线

（4）填写运费详情。

选择"全球普货专线"进行配置，物流类型默认为阿里物流，服务类型默认为仓到门，在发货地设置中，选择就近的国内仓库泛远上海浦东仓，选择发往全部国家和地区，计费类型默认为阿里物流价，填写运费调整比例 100%，送达时间默认为 5~8 天，如图 8-22 所示。

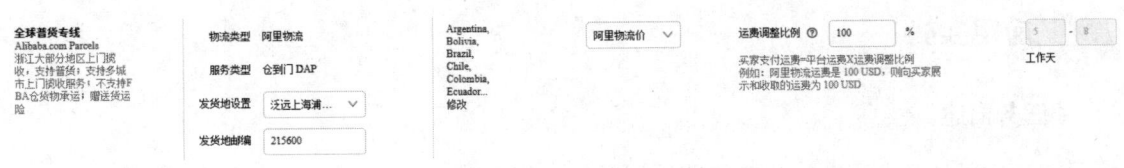

图 8-22 填写运费详情

（5）添加自有物流。

打开"新增自有物流"页面，选择发往全部国家和地区，然后选择计费类型。计费类型可选择卖家包邮、按重量计费、按数量计费，分别填入相应内容，如图 8-23 所示。

图 8-23 添加自有物流

（6）海运拼箱模板设置。

毛绒玩具体积小、重量轻，可勾选全部承运商：中美快船、中美海派、中美海卡、中美海派普货专线。默认阿里物流，默认服务类型仓到门，选择就近发货仓，选择发往全部国家和地区，默认阿里物流价，默认收费细则，默认送达时间。拼箱模板设置如图 8-24 所示。

图 8-24 拼箱模板设置

（7）铁路模板设置。

勾选承运商：中欧卡航、中欧铁路。默认阿里物流，默认服务类型仓到门，选择就近发货仓，选择发往全部国家和地区，默认阿里物流价，默认收费细则，默认送达时间。

（8）保存运费模板。

点击"保存运费模板"按钮，设置完成后可以查看和修改模板。

【任务思考】

设置运费模板是为了方便买家对现货即时下单，在设置运费模板时首先要清楚自己的产品属于什么品类，再根据物流特点选择使用快递/小包模板或多式联运模板，然后按提示步骤填写相应信息，其中有很多选项为系统默认，对其他可选项要仔细甄别，根据货物特点、地理位置、运力情况等做出合理的判断。模板设置完成后可以查看和修改。

应用实战

【任务描述】

HK 公司是深圳一家生产家居清洁用品的公司，目前该公司打算拓展网上贸易，开通了阿里巴巴国际站账户，请为该公司的 RTS 产品设置运费模板。

【任务实施】

（1）根据货物与物流特点分析，该公司适用快递/小包模板。

（2）进入阿里巴巴国际站后台，在"交易管理"页面中点击"运费模板"按钮。

（3）选择"新建运费模板"，按步骤填写相应信息，最后保存。

【任务思考】

了解产品属性，选择合适的运费模板，按步骤填写。

任务四　订单发货

知识梳理

1. 物流发货模式

传统的国际贸易、发货及运输都需要外贸职员线下联系货运代理操作完成，但是这种方式需要经过很多次沟通及反复确认，非常费时费力。伴随着物流网络的发达，平台提供了便捷的在线发货方式，只需要确认货物的运输数据，即可实现自助发货。阿里巴巴国际站的在线下单，是指在买家下单后，卖家通过线上操作完成整个交易流程，将货物发送给买家。其主要流程包括查询物流报价、选择物流方案、填写运单、提交运单、物流公司受理。

阿里巴巴国际站有3种发货物流模式：线上发货、线下发货和海外仓。这3种不同的发货物流模式有不同的特点、优势及劣势，适用于不同的卖家。阿里巴巴国际站卖家需要根据自身的实际情况，综合考虑物流时间和物流成本等多个因素，以便找到适合自己的发货物流。

2. 线上发货

线上发货即在阿里巴巴国际站后台使用阿里物流发货。阿里无忧物流是专门针对速卖通、阿里巴巴国际站卖家打造的一类物流方式，分为优选、标准和经济型3种方式。优选是时效最快的一种物流方式，接近商业快递的时效。标准是价格、时效适中的一种物流方式，可满足不同卖家的物流需求。经济型是价格便宜、时效较慢的一种物流方式，能以最低成本发货。

线上发货的优势很明显，阿里巴巴国际站上的卖家可以直接在后台进行发货，无须切换不同的平台，操作简单、方便。另外，阿里物流可以提供海运、空运、快递、陆运等物流渠道，物流服务较为完善。但是，线上发货对寄运限制大，对于一些贵重、敏感物品物流公司不予承运；无补贴、价格偏高，提高了物流成本；官方客服专业知识差，难以解决物流实际问题；无业务员对接，邮寄体验差。

3. 线下发货

线下发货即通过与货物代理公司合作发货，将货物交给货物代理公司，由其负责货物的运输。不同的货物代理公司的物流服务范围不同，但是总体而言均提供较为广泛的物流服务，可以提供海运、空运、快递、陆运及铁运等物流服务，能满足不同类型与不同规模的跨境电子商务卖家的物流需求。

线下发货的优势是物流渠道更丰富；服务更专业、贴心；收货价格更低，节省成本。缺点是需要重新注册账户，手续烦琐而且需要判断货物代理公司的质量，要与靠谱的货物代理公司合作。货物代理公司的选择主要考虑3个方面，即优势航线、价格和服务水平。尽量与正规、专业、资深的货物代理公司合作，他们熟悉货运流程，能保障货运质量和安全。

4. 海外仓

海外仓可分为自建海外仓、租赁海外仓。自建海外仓是指企业在海外建设仓库，用于存放货物、操作货物，多与本土物流服务商有合作。租赁海外仓是指企业租用位于海外的仓库。使用海外仓时，需要卖家提前将货物存放至海外仓，当有订单后直接从海外仓发出，快速地将商品送到买家手中。

海外仓的优势在于物流时效快，能为卖家提供良好的邮寄服务，在一定程度上可以节省物流成本，提高产品利润，也有利于获得更多的好评，提升产品曝光率。但是海外仓需要支付仓储租金、操作费、处理费、人员费，会占用更多的资金，对资金实力要求较高。

 操作体验

任务 8-4　物流在线下单实操

【任务描述】

AK 公司是上海一家知名的服装进出口公司，最近在阿里巴巴国际站平台接到阿联酋某公司一个标准柜的阿拉伯长袍订单，现准备发货，请进行阿里物流在线下单操作。

【任务实施】

（1）进入阿里巴巴国际站后台下单页面。

打开阿里巴巴国际站后台，点击"物流服务→查询报价并下单"命令，进入"查询物流方案"页面，如图 8-25 所示。

图 8-25　查询物流方案

（2）查询物流方案。

在“物流服务”页面中点击“海运→海运整柜”命令，如图 8-26 所示。

物流服务
海运
空运
快递
陆运（拖车、散货交仓）
海运整柜
海运拼箱

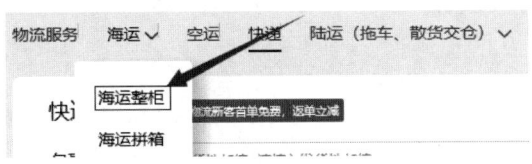

图 8-26　选择物流服务

进入运价查询页面，选择起运港为上海港，目的港为杰贝阿里，货柜数量为 1 个 20GP，点击“查询运价”按钮，如图 8-27 所示。

运价查询
起运港
上海港(CNSGH)
目的港
杰贝阿里(AEJEA)
货柜数量
20GP
1
40GP
0
40HQ
0
查询运价

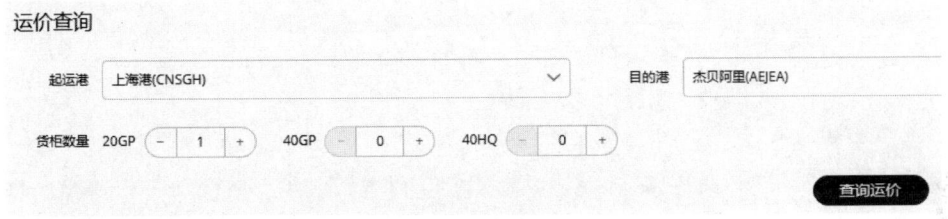

图 8-27　查询运价

（3）精准物流方案选择。

通过查询获得多个物流方案，对各个方案进行在线咨询和比较，选出合适的物流方案，如图 8-28 所示。

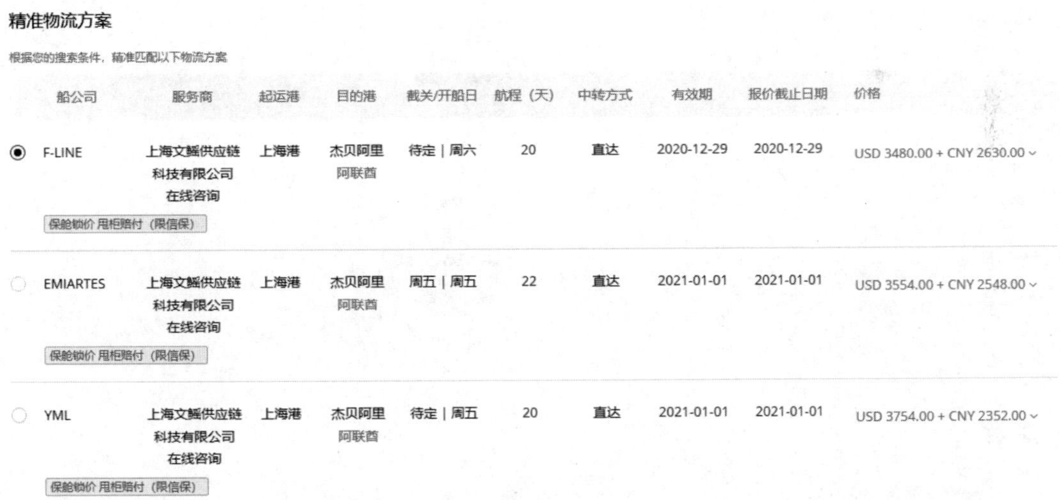

精准物流方案
根据您的搜索条件，精准匹配以下物流方案
船公司
服务商
起运港
目的港
截关/开船日
航程（天）
中转方式
有效期
报价截止日期
价格
F-LINE
上海文鳐供应链科技有限公司
在线咨询
上海港
杰贝阿里
阿联酋
待定 | 周六
20
直达
2020-12-29
2020-12-29
USD 3480.00 + CNY 2630.00
保舱锁价 甩柜赔付（限信保）
EMIARTES
上海文鳐供应链科技有限公司
在线咨询
上海港
杰贝阿里
阿联酋
周五 | 周五
22
直达
2021-01-01
2021-01-01
USD 3554.00 + CNY 2548.00
保舱锁价 甩柜赔付（限信保）
YML
上海文鳐供应链科技有限公司
在线咨询
上海港
杰贝阿里
阿联酋
待定 | 周五
20
直达
2021-01-01
2021-01-01
USD 3754.00 + CNY 2352.00
保舱锁价 甩柜赔付（限信保）

图 8-28　精准物流方案选择

（4）确认下单。

选定物流方案后，点击“确认下单”按钮，在“订舱服务”页面填写相关内容，包括提单发货人、收货人、通知人，货物体积、重量、件数等其他具体信息，如图 8-29 和图 8-30 所示。

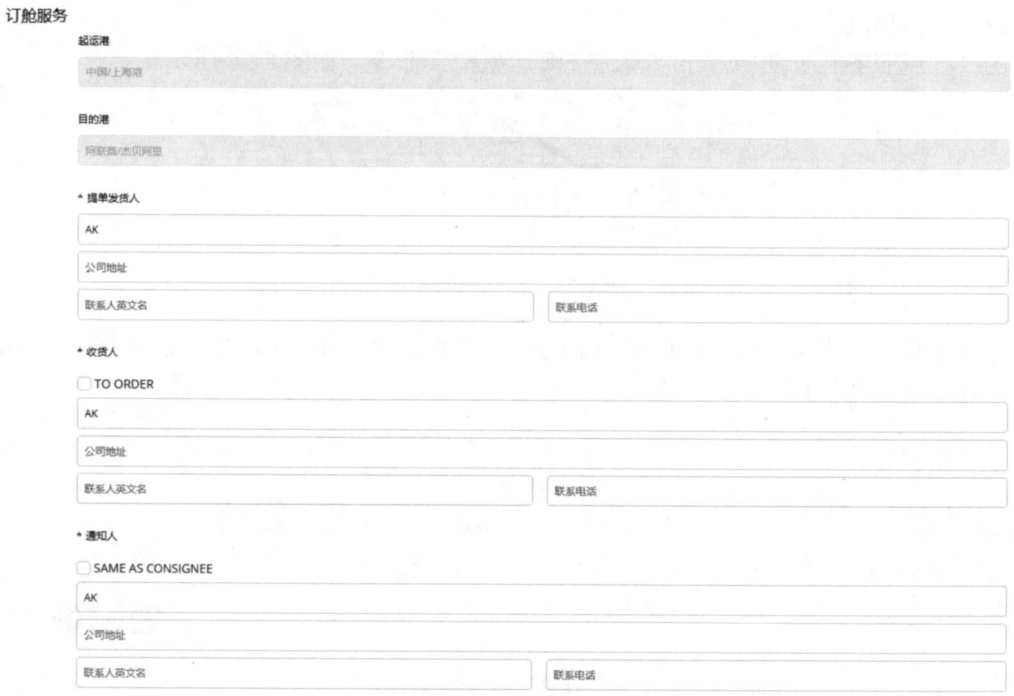

图 8-29 订舱服务（1）

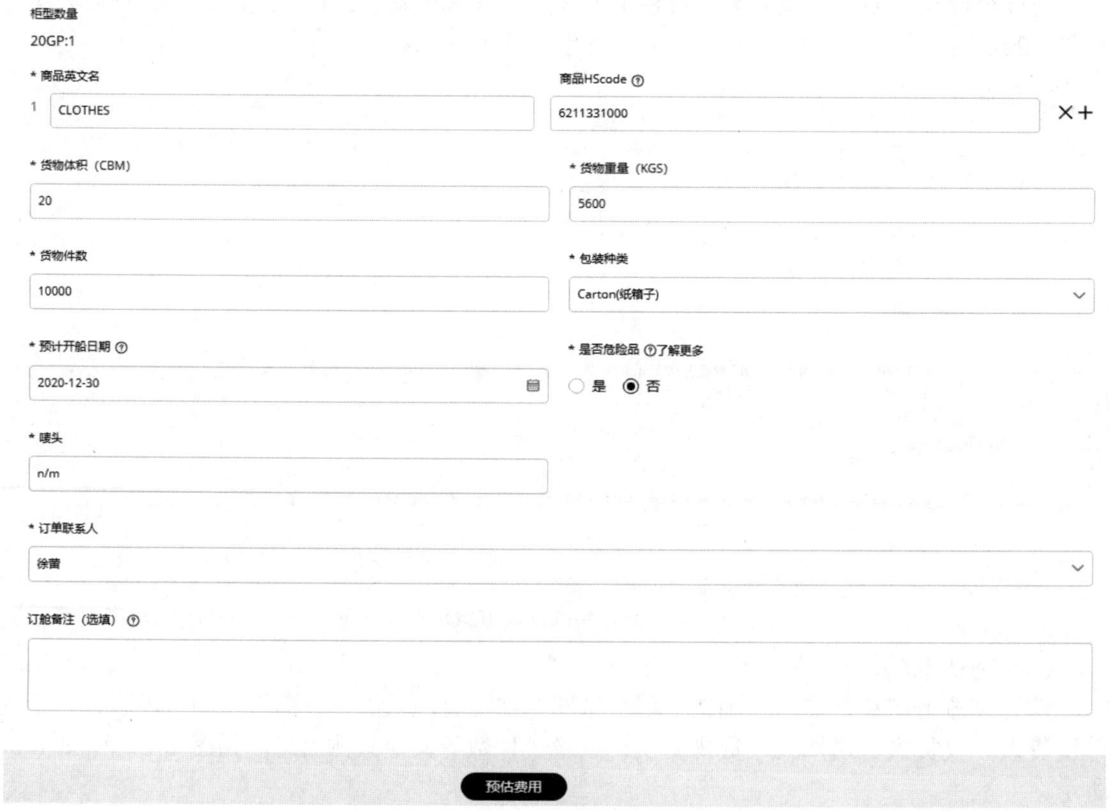

图 8-30 订舱服务（2）

（5）预估费用。

订舱服务信息填写完毕后，点击"预估费用"按钮，即可查询预估费用明细，如图 8-31 所示。

预估费用 如对报价有任何疑问，请联系您的拍档。

费用项	单位	币种	单价	数量	总价
基础运费	柜(20GP)	USD	1740	1	1740
码头操作费-不分目的港(THC)	柜(20GP)	CNY	690	1	690
订舱费(箱)	柜(20GP)	CNY	265	1	265
文件费	单	CNY	500	1	500
VGM申报费	柜(20GP)	CNY	20	1	20
舱单申报费	单	CNY	80	1	80
设备管理费（EIR）	柜(20GP)	CNY	50	1	50

预估费用： USD 1740 + CNY 1605

图 8-31 预估费用

（6）下单。

点击"下单"按钮，显示"下单成功"后即可前往"订单状态"页面查看订单状态、追踪物流状态、查看订单完成状态，如图 8-32 所示。

图 8-32 订单状态

【任务思考】

阿里物流在线下单前，首先要进行物流运价和方案查询，选定恰当的物流方案后方可在线下单。下单时要确保货物的运输数据准确，如提单发货人、收货人、通知人及货物具体信息等，最后预估费用、完成下单。完成下单后要查看订单状态、追踪物流状态，保持即时掌握信息。

 应用实战

任务 6-2　订单发货

【任务描述】

阿里巴巴国际站 mountain 店铺的业务员 Amy 正在处理一笔买家已完成付款的订单，请你和 Amy 一起对该订单进行发货。

【任务实施】

1. 设置运费模板

（1）填写运费模板基础信息，如模板名称、选择发货地、发货地邮编、支持物流方式等，如图 8-33 所示。

图 8-33　基础信息设置

（2）选择当前发货地的承运商，勾选相应的选项。也可以设置自有物流，如图 8-34 所示。

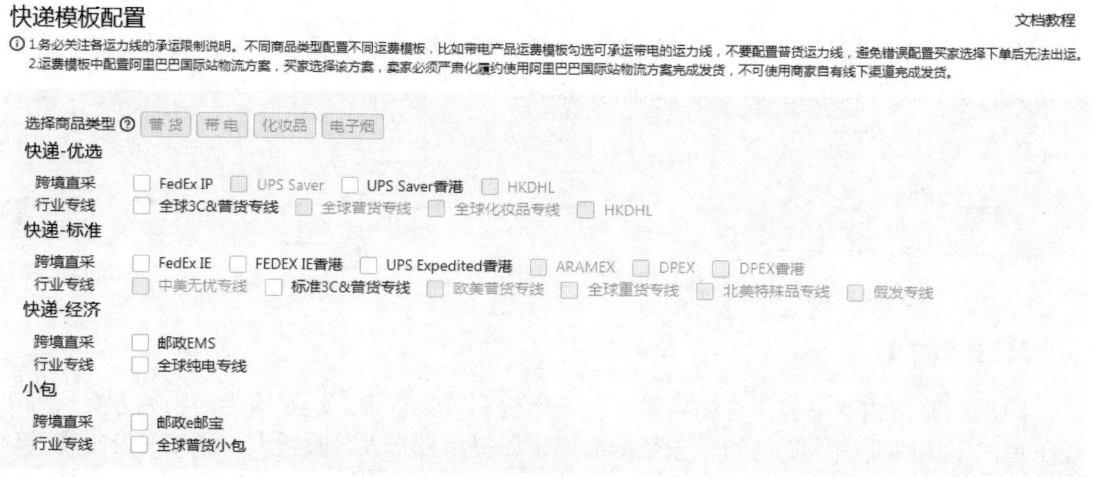

图 8-34　快递模板配置

（3）填写运费详情。在"快递模板配置"环节中勾选的承运商会出现在此步骤"填写运费详情"页面的列表中，可在此步骤中继续进行相应的配置。如果在"快递模板配置"环节没有勾选任何承运商，而是选择自有物流，则可点击列表下方的"新增自有物流"按钮进行设置，如图 8-35～图 8-37 所示。

填写运费详情

承运商	详情配置		发往国家和地区	计费类型	收费细则 ⓘ	送达时间	操作
FedEx IP	物流类型 服务类型 发货地邮编	阿里物流 未选择 ∨	请选择国家和地区	阿里物流价 ∨	运费调整比例 ⓘ 100 % 买家支付运费=平台运费X运费调整比例 例如:阿里物流运费是100USD,则向买家展示和收取的运费为100USD	3 - 7 工作天	
自有物流1	发货地邮编		请选择国家和地区	请选择 ∨		0 - 0 工作天	删除
			+ 新增自有物流				

图 8-35　填写运费详情（1）

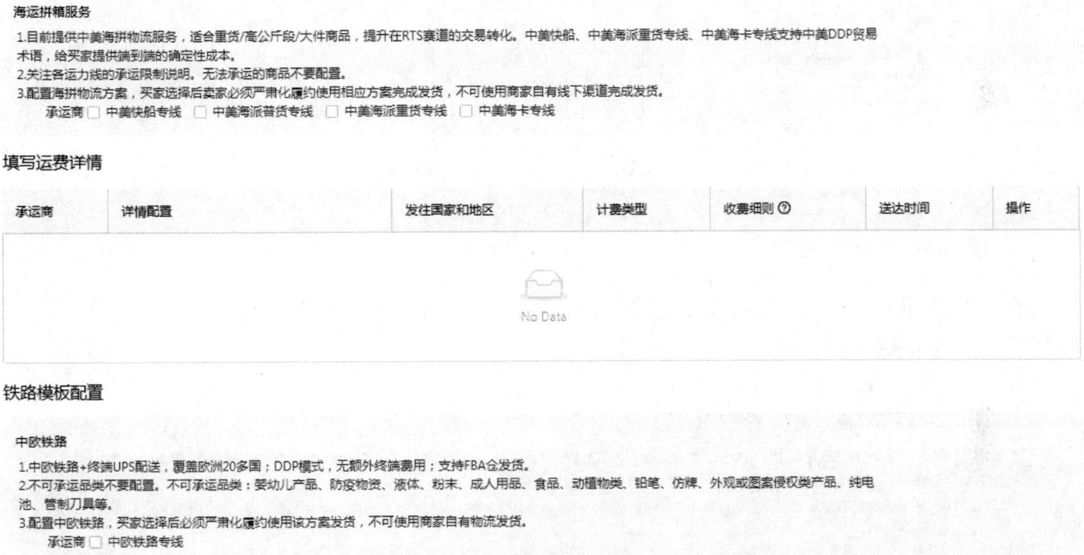

海运拼箱服务

1.目前提供中美海拼物流服务,适合重货/高公斤段/大件商品,提升在RTS赛道的交易转化。中美快船、中美海派重货专线、中美海卡专线支持中美DDP贸易术语,给买家提供端到端的确定性成本。
2.关注各运力线的承运限制说明。无法承运的商品不要配置。
3.配置海拼物流方案,买家选择后卖家必须严肃化履约使用相应方案完成发货,不可使用商家自有线下渠道完成发货。
　　　　承运商　□ 中美快船专线　□ 中美海派普货专线　□ 中美海派重货专线　□ 中美海卡专线

填写运费详情

承运商	详情配置	发往国家和地区	计费类型	收费细则 ⓘ	送达时间	操作
			No Data			

铁路模板配置

中欧铁路

1.中欧铁路+终端UPS配送,覆盖欧洲20多国;DDP模式,无额外终端费用;支持FBA仓发货。
2.不可承运品类不要配置。不可承运品类:婴幼儿产品、防疫物资、液体、粉末、成人用品、食品、动植物类、铅笔、仿牌、外观或图案侵权类产品、纯电池、管制刀具等。
3.配置中欧铁路,买家选择后必须严肃化履约使用该方案发货,不可使用商家自有物流发货。
　　　　承运商　□ 中欧铁路专线

图 8-36　填写运费详情（2）

填写运费详情

承运商	详情配置	发往国家和地区	计费类型	收费细则 ⓘ	送达时间	操作
			No Data			

[保存运费模板]　[取消]

图 8-37　填写运费详情（3）

（4）设置完成后，保存运费模板。

2. 关联产品与运费模板

完成运费模板设置后，要关联发布的产品与运费模板，如图 8-38 所示。

图 8-38　关联产品与运费模板

3. 填写发货批次信息

填写发货批次信息，主要步骤包括选择本次发货商品及提交物流信息，信息填写完毕即完成发货，如图 8-39 所示。

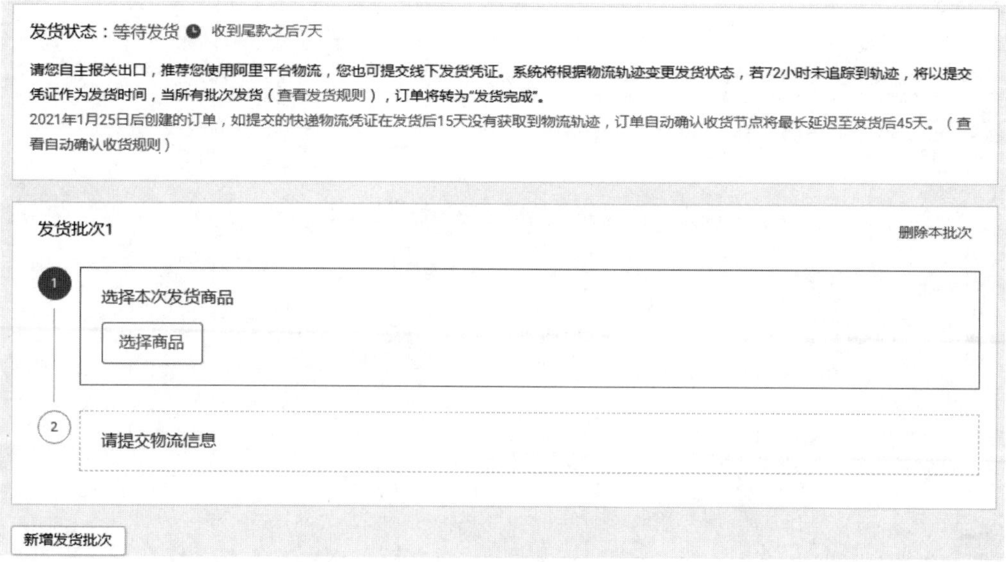

图 8-39　填写发货批次信息

【任务思考】

在订单发货时，如何选择最优的物流方式？

项 目 小 结

本项目主要介绍阿里巴巴国际站的物流服务。首先介绍了国际物流的主要方式，以及如何选择国际物流方式与货物代理。接着详细描述了阿里巴巴国际站物流价格的查询方法与步骤，然后对阿里巴巴国际站运费模板的设置做了较为详尽的讲解。重点就如何在阿里巴巴国际站完成物流下单给出了详细的实操流程。希望读者在深度了解阿里巴巴国际站所提供的物流服务基础上，能够轻松掌握阿里巴巴国际站运价查询、物流方式选择、货物代理选择，以及在线下单的全流程操作。

项 目 训 练

一、选择题

1. 以下（　　）不能在虚拟环境下完全通过网络实现。
   A．信息流　　　　　B．商流　　　　　C．物流　　　　　D．资金流
2. 在使用 FOB/CIF 术语时，国际货运保险应由（　　）办理。
   A．买方/卖方　　　B．卖方/买方　　　C．买方/买方　　　D．卖方/卖方
3. 在零散货物的国际物流方式中，选择（　　）时可寄递的范围最广。
   A．国际商业快递　　　　　　　　　　B．专线物流
   C．邮政小包　　　　　　　　　　　　D．海外仓
4. 卖家选择国际物流方式应考虑的原则是（　　）。
   A．越快越好　　　　　　　　　　　　B．安全性好，可跟踪性强
   C．服务好，性价比高　　　　　　　　D．时效性好，可控性强
5. 空运的优势是速度快、货运质量高、不受地面条件限制，以下（　　）适合空运。
   A．急需物资　　　　B．鲜活商品　　　C．精密仪器　　　D．贵重物品

二、判断题

1. 跨境电子商务多式联运的经营人是代理人。（　　）
2. 自建物流是中小型跨境电子商务平台的物流服务主体。（　　）
3. 跨境电子商务物流与传统物流的差异性之一体现为物流服务的层次不同。（　　）
4. 海运提单的合法持有人和承运人凭海运提单收货和交货，海运单的收货人凭海运单正本收货。（　　）
5. 选择跨境电商物流运输方式时，考虑的主要因素是物流时间和物流成本。（　　）

三、实操题

1. 某公司货源地为上海，请在阿里巴巴国际站后台分别查询上海至欧洲、北美、非洲、

东南亚等地区主要城市的海运、空运、快递、陆运各种物流方式下的运费报价。

2．ABC 公司是广州一家生产日化护理用品的化妆品公司，目前该公司打算拓展网上贸易，开通了阿里巴巴国际站账户，请为该公司的 RTS 产品设置运费模板。

3．深圳 ABC 公司接到英国 MK 公司一笔旅行箱包的订单，订购 20 英寸、26 英寸两个规格的行李箱各 500 个，现已备货完毕，最晚装期为 202×年 3 月 20 日，请描述在线物流下单流程。

项目九　资金管理

【学习目标】

国际支付是外贸业务各环节中的重要一环,资金风险是外贸风险中的一种,外贸订单在进入合同履行阶段时,选用恰当的国际支付方式能降低收汇的风险。通过阿里巴巴国际站接洽的每笔订单都既可以通过线下收汇,也可以直接通过平台收汇。

(1) 掌握在线交易收款的操作方法。
(2) 掌握结汇与提现的操作方法。
(3) 了解资金管理的基本方法。

任务一　在线交易收款

 知识梳理

1. 传统国际贸易支付方式

(1) 信用证。

信用证(Letter of Credit,L/C)是指一家银行(境外开证行)应申请人(境外买家)的要求和指示或以其自身的名义,在与信用证条款严格相符的条件下,凭规定的单据向受益人(中国卖家)或其指定人付款的书面承诺。简言之,信用证是一项有条件的银行支付承诺。

信用证有三大性质:①银行信用。信用证业务中,开证行负有第一性付款责任,在单证严格相符的情况下,开证行必须付款,不能以"单证不符"以外的任何理由拒付。②自足文件。信用证虽然以销售合同为基础,但一经开立即成为独立于合同的一项契约,信用证业务的一切当事人只受信用证条款的约束。贸易合同的买卖双方有无违约,与银行是否解除付款承诺无关。③单据买卖。银行只凭单据付款而不管货物质量。银行不是销售合同的当事人,它只要求受益人提交的单据条款表面上与信用证条款相符,而对于货物情况、运输情况、单据真伪、邮寄丢失情况等均不负责。

因此,信用证的付款条件就是受益人提交信用证规定的单据,做到"单证相符""单单一致"。采用信用证支付方式时,卖家对信用证条款和所交单据的审核至关重要。经验不足的卖家可使用阿里巴巴国际站的"一达通超级信用证"服务,将审证、制单、审单、交单、收汇等业务外包给一达通。

(2) 托收。

托收(Collection)是出口商开立汇票,委托银行代收款项,向国外进口商收取货款的一种结算方式。托收按照交单条件不同，又可分为付款交单（Document Against Payment，D/P）和承兑交单（Document Against Acceptance，D/A）。付款交单是卖方指示境外的代收行要在买方付款以后再将卖方的全套单据交给买方，即先付款后交单。承兑交单是卖方指示境外的代收行可以在买方承兑卖方开立的远期付款汇票后将全套单据交给买方，买方可以先凭单提取货物，等汇票到期日再履行付款义务，即先交单后付款。

托收的性质属于商业信用。在托收方式下，卖方委托银行向买方收取货款，能否收到完全取决于买方的信用。因此，托收方式收款对卖方来说有相当大的风险，出口商仅凭进口商的信用发货，发完货后才收款，风险包括进口商倒闭，进口商拒付，进口商以货物的规格、质量、数量、包装等不一致而要求降价等。

（3）汇付。

汇付也称汇款，是指境外买方主动通过银行将货款汇给卖方的支付方式。汇款的方式包括电汇（T/T）、信汇（M/T）、票汇（D/D）3种，普遍使用的是电汇方式。

电汇的性质特点也属于商业信用。在电汇方式下，如果是先付款后发货（T/T In Advance），则买方汇出货款后卖方是否按合同交货，完全取决于卖方的信用，俗称前 T/T；如果是先发货后付款（T/T After Arrival），则卖方发货以后买方是否按合同支付货款，完全取决于买方的信用，俗称后 T/T。银行在汇款业务中不保证货款的支付。

2．线上支付方式

阿里巴巴国际站线上支付方式只针对信用保障订单开放。线上支付方式主要有以下两大类。

（1）Visa、Mastercard、e-Checking、T/T。

不同的支付方式在到账时间、支付手续费、退汇手续费、预计退汇时间等方面有所区别。

（2）L/C。

阿里巴巴国际站提供"超级信用证"服务，卖家可以选择自营出口，或将审证、制单、审单、交单、收汇等业务外包给一达通。

3．国际支付方式的选择原则

选择国际支付方式时，总体原则是安全、快速、便捷、费用少，主要从以下几个方面考虑。

（1）客户信用。

选择支付方式首先要考虑的就是收汇安全，客户信用的好坏直接关系着收汇安全。对于信用好的客户，各种支付方式皆可选用。而对于信用得不到保证的客户，则应尽量选择安全性高的结算方式，如信用证、前 T/T 等。

（2）货物销路。

支付方式的选择在一定程度上决定着交易能否达成。如果货物销路好，卖家可以选择最适合自己也最安全的支付方式，如前 T/T；如果货物销路没那么紧俏，客户通常会要求采用对自身较为有利的支付方式。为了达成交易，卖家就可能要承担收汇的风险，只能在后续支付过程中做好资金风险管控。

（3）贸易术语。

贸易术语决定了买卖双方在合同履行过程中的责任义务。若是简单的贸易术语，需要承担的责任义务少，则可以依照客户选择的结算方式，但一定是自己能够接受并可以承受的。若需要承担的责任义务多，则应采用安全性高的支付方式，以尽量降低收汇风险。

（4）合同金额。

合同金额越大越要谨慎，越应选择安全的收汇方式，如前 T/T 或信用证。而对于合同金额较小、客户信誉较好的订单，则各种支付方式皆可选。一般情况下，应选择操作简单的结算方式，如 T/T。

4．信用保障订单支持的支付方式

目前信用保障订单支持的支付方式包括 T/T（电汇）、信用卡（含借记卡）、Online Bank Payment、西联汇款、电子 T/T、Apple Pay、GooglePay、Paypal 等。

5．一达通订单支持的支付方式

当商家委托一达通出口报关后，可以通过 TT、信用证、托收、支票等国际结算方式完成付款。

操作体验

任务 9-1　查看信用保障订单的买家付款方式

【任务描述】

某外贸玩具公司接到马来西亚某客户的样品订单，总金额为 78.2 美元，请查看该订单的买家付款方式。

【任务实施】

（1）打开阿里巴巴国际站后台页面，点击"订单管理"命令，进入订单列表，点击买家已经支付的订单，进入"订单详情"页面，如图 9-1 所示。

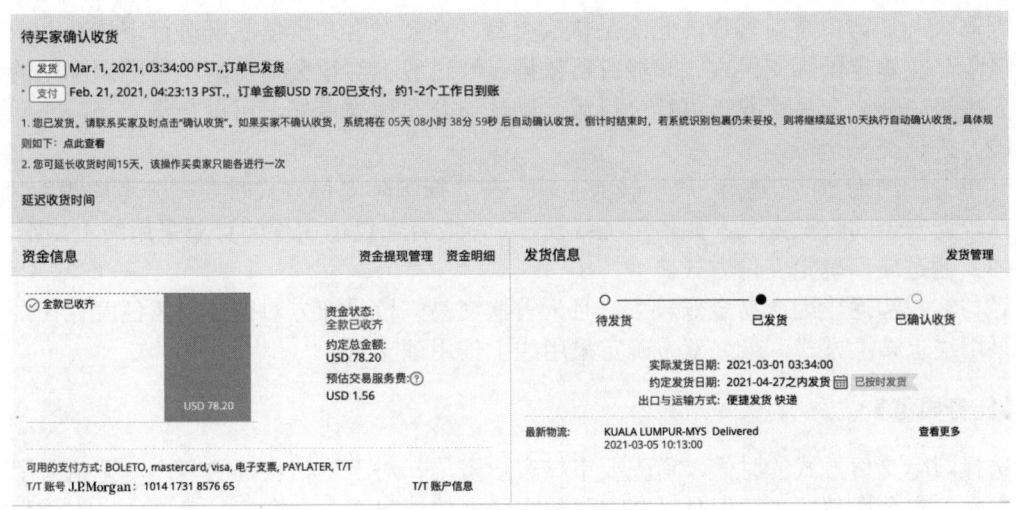

图 9-1　订单详情

（2）点击"资金信息"栏的"资金明细"命令，进入"资金明细"页面。在"付款方式"栏可看到买家付款方式为"Online Transfer"，如图 9-2 所示。

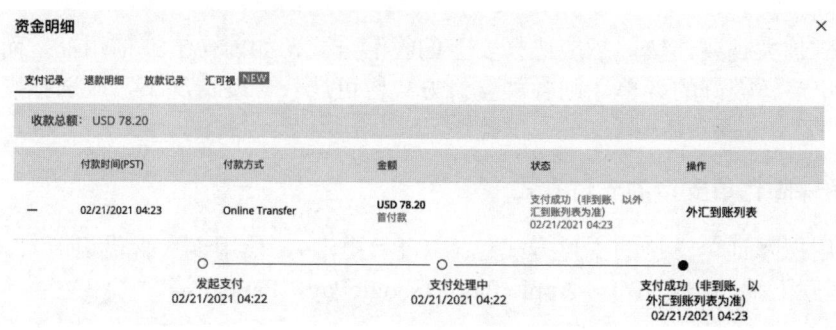

图 9-2 资金明细

【任务思考】

买家采取不同的付款方式时，发起支付后的支付处理时间与支付处理过程有何不同？

操作体验

任务 9-2 选择国际支付方式

【任务描述】

RQ 贸易公司业务员小徐通过阿里巴巴国际站与某澳大利亚客户达成 5000 套瓷器的交易意向，价值约为 20 万美元，拟采用 FOB 贸易术语，现双方就支付方式进行磋商。

【任务实施】

（1）客户资信审核。

因澳大利亚客户是新客户，此次是首次交易，企业对客户资信状况进行审核有助于减小贸易风险，在确定国际支付方式时能有所依据。经过线上对该公司在阿里巴巴国际站的公司状况、星级评分、交易状况等进行分析后，确认该公司信誉良好，可以合作。

（2）确认交易金额。

订单总额约为 20 万美元，属于较大金额，在选择国际支付方式时要充分考虑收汇风险，可选择较为安全的收汇方式，如信用证或前 T/T，或者通过信用保障订单采用线上结汇。

（3）通过磋商确定支付方式。

经与客户沟通，因交易金额较大，且为首次交易，贸易双方对彼此的信任度存在疑虑，不愿采用线上结汇方式，最终双方确定采用线下信用证支付。

【任务思考】

选择国际支付方式的时候，首先要审核客户资信，对于资信良好的客户，无论采用哪种支付方式，安全性都较高。但是对客户资信有疑虑的情况下，卖家应尽量采用先收款后发货的 T/T 支付方式，或者采用信用证结算方式。在交易双方无法对支付方式达成一致时，卖家宜尽量在风险可承受范围内做出一些让步。

任务二　结汇

知识梳理

1. 结汇的概念

结汇是将外币转换成人民币的操作。跨境企业收到的外币可以暂时存于账户中，无须立即将外币转换成人民币。但由于国内进行业务结算时需要使用人民币，因此有时需对账户中的外币进行结汇操作，转为人民币。

2. 阿里巴巴国际站结汇

阿里巴巴国际站的结汇分为自主结汇、即期结汇、提前结汇 3 种类型。

（1）自主结汇，指外汇到账后，系统不自动结汇，需要卖家手工操作结汇。前一日 15:15:00—当日 10:14:59 发起的结汇申请，按照当日 10:30 的挂牌汇率结汇；当日 10:15:00—15:14:59 发起的结汇申请，按照当日 15:30 的挂牌汇率结汇。

（2）即期结汇，指外汇到账后，在可取汇率的时间内自动结汇。当日 00:00—12:00 入账的外汇，按照当日 10:30 的挂牌汇率结汇；当日 12:00—24:00 入账的外汇，按照当日 15:30 的挂牌汇率结汇。

（3）提前结汇，指当外汇入账一达通账户后，立即按提前结汇的金额（CNY）进行结汇。正式汇率生效后，按照实际结汇金额（CNY）多退少补。提前结汇的金额=外汇金额×前一时段汇率×0.95（前一时段汇率指前一日 10:30 或 15:30 生效的汇率）。

操作体验

任务 9-3　在线交易资金自主结汇

【任务描述】

A 公司在阿里巴巴国际站的一笔业务已完成收汇，买家 T/T 已付款，现要对货款进行结汇和提现处理。

【任务实施】

（1）进入结汇页面。

打开阿里巴巴国际站后台页面，点击"资金管理→结汇→结汇方式调整"命令，进入结汇详情页面，如图 9-3 所示。

（2）设置结汇方式。

选择自主结汇，并提交变更，如图 9-4 所示。

（3）进入自主结汇流程。

点击"资金管理→结汇"命令，进入"结汇"页面，点击"去结汇"按钮进入自主结汇流程，如图 9-5 所示。

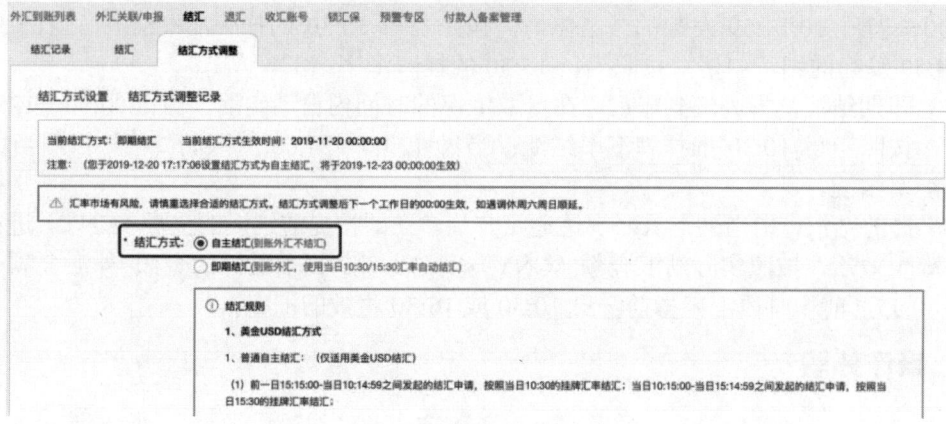

图 9-3　结汇详情

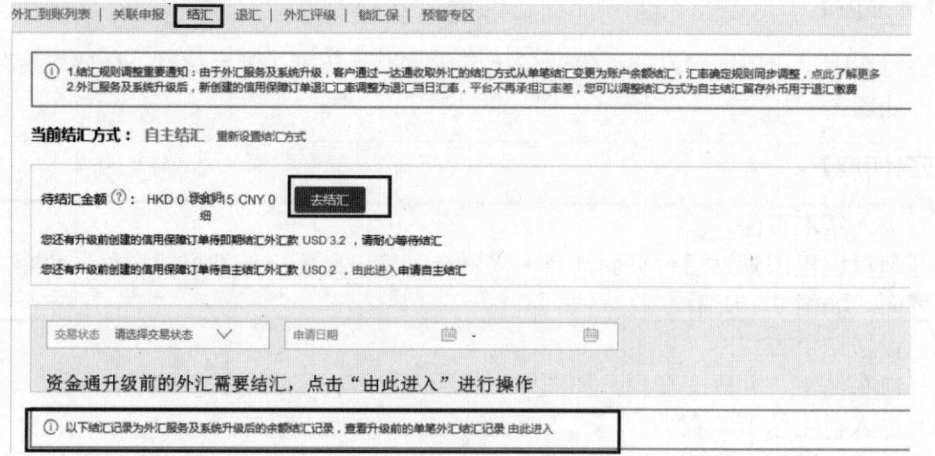

图 9-4　设置结汇方式

图 9-5　进入自主结汇流程

(4) 确认结汇牌价。

在外汇报价查询页面，点击"购买"按钮，确定交割日期及成交外汇牌价，如图 9-6 所示。

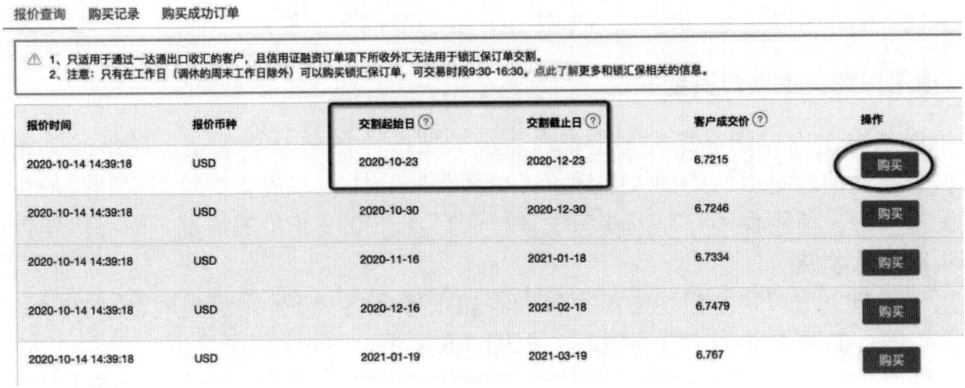

图 9-6 确认结汇牌价

(5) 填写合约金额冻结保证金，合约到期外汇进账，系统自动按照合约汇率结汇，并在履约完成后解冻保证金，如图 9-7 所示。

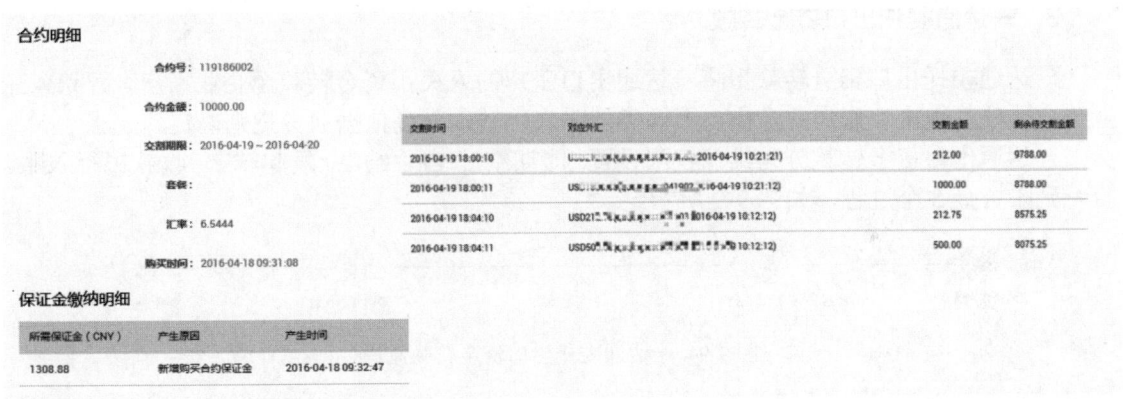

图 9-7 合约信息确认

【任务思考】

哪种结汇方式更容易把握优化的结汇时机，让交易方获得更高的外汇牌价呢？

任务三 提现

1. 提现的概念

提现是指企业将自主出口资金或一达通委托出口资金提取至指定的银行账户中。

提现分为信用保障自主出口资金提现和一达通委托出口资金转款两种。

提现只能由主账号操作，且在账户可提现金额大于 50 美元时才能操作。阿里巴巴国际站平台目前支持美元提现（美元提现到美元银行账户）和人民币提现（由平台合作的银行将美元结汇成人民币后提现到人民币账户）。

如果提现金额小于 5 万元人民币，在外汇市场交易日的 9:30～23:30 可以提交 USD→CNY 提现，其他时间不能提现；如果提现金额大于 5 万元人民币，在外汇市场交易日的 9:30～17:00 或 21:00～23:30，可以提交 USD→CNY 提现，其他时间不能提现。

2. 信用保障自主出口资金提现

信用保障自主出口资金提现是指把自主出口账户中的资金提现至人民币或美元银行账户。依据企业注册地是否在中国大陆地区，信用保障自主出口资金能够提现到账的币种有美元和人民币两种。信用保障订单的买家款项挂账后，在额度充足的情况下即可操作提现，无须等到买家确认收货。

信用保障自主出口资金提现的流程分为添加账号/设定密码、发起提现、实时结汇并转账、收款银行入账、查看到账资金 5 个过程，如图 9-8 所示。

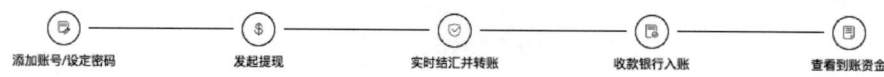

图 9-8　信用保障自主出口资金提现流程

3. 一达通委托出口资金转款

一达通委托出口资金转款指将一达通出口账户的人民币资金转款至企业账户、开票人企业账户或垫款人企业账户的操作。不同类型账户可转款额度依据业务规则确定。

一达通出口资金转款分为结算权限设置、即期结汇/自主结汇、发起转款、收款银行入账、查看到账资金 5 个过程，如图 9-9 所示。

图 9-9　一达通委托出口资金转款流程

操作体验

任务 9-4　人民币对私账户提现

【任务描述】

A 公司在阿里巴巴国际站的一笔业务已完成收汇，买家 T/T 已付款，现要对货款进行结汇和提现处理。

【任务实施】

（1）查看可提现金额。

打开阿里巴巴国际站后台页面，点击"资金管理"命令，即可查看可提现金额，如图 9-10 所示。

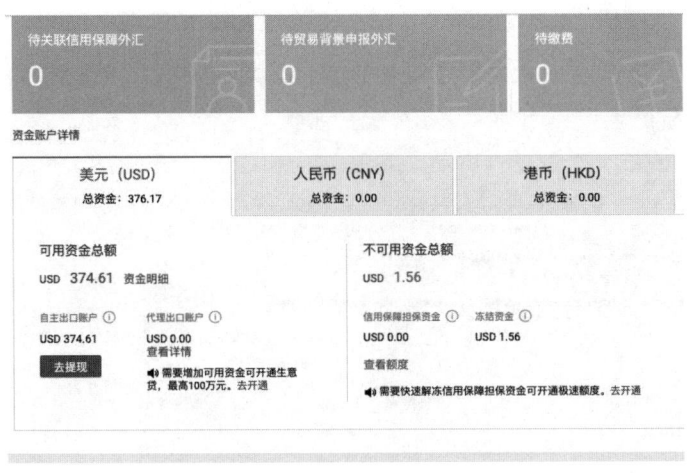

图 9-10　查看可提现金额

（2）选择提现金额及账户。

点击"去提现"按钮，选择需要提现的账户为"自主出口账户"，并选择有余额的账户"美元"，如图 9-11 所示。

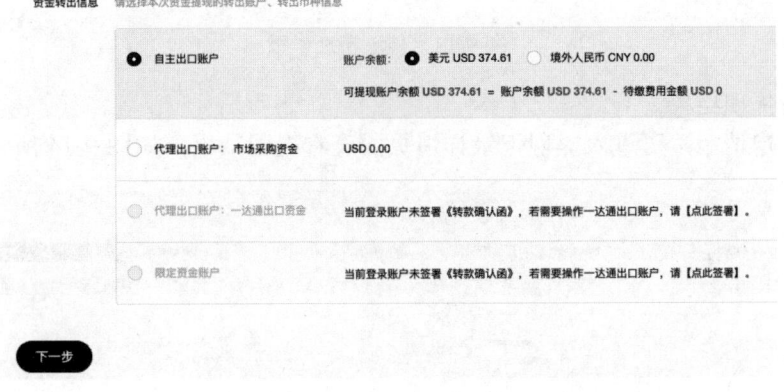

图 9-11　选择提现账户

（3）选择资金收款信息。

选择收款币种为人民币，并选择收款银行账号信息为法定代表人银行账号，如图 9-12 所示。

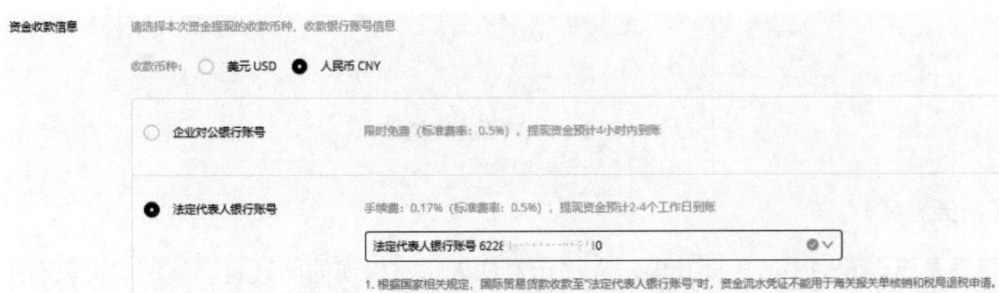

图 9-12　选择资金收款信息

（4）外汇管理申报。

点击"下一步"按钮，进入外汇管理申报页面，选择"无需核销和退税"，输入提现密码，如图9-13所示。

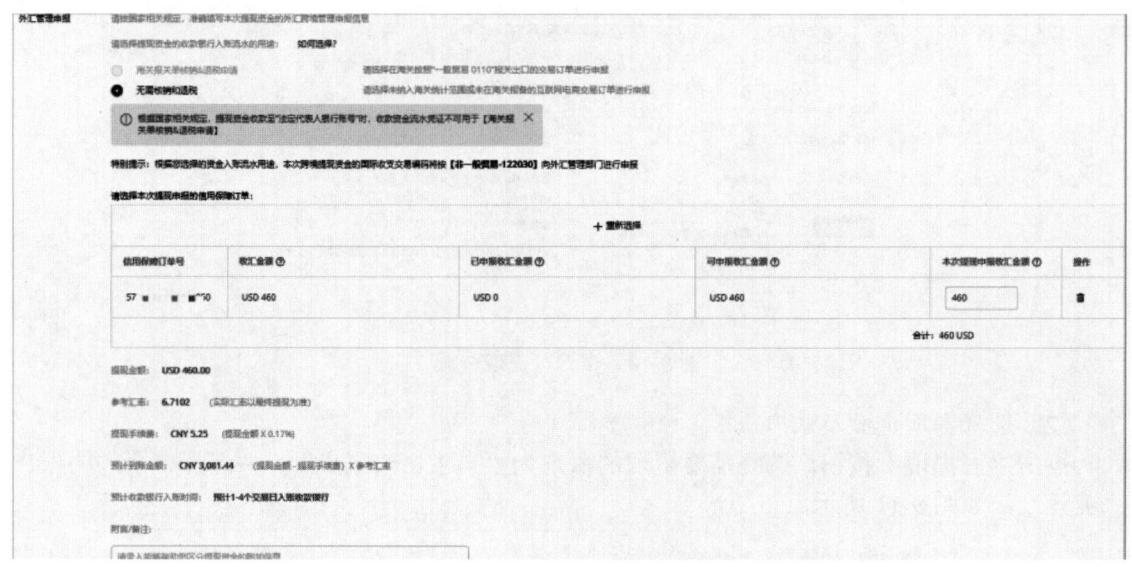

图9-13 外汇管理申报

（5）查看提现结果。

提交转款申请后，可进入提现记录详情页面查看提现结果，如图9-14所示。

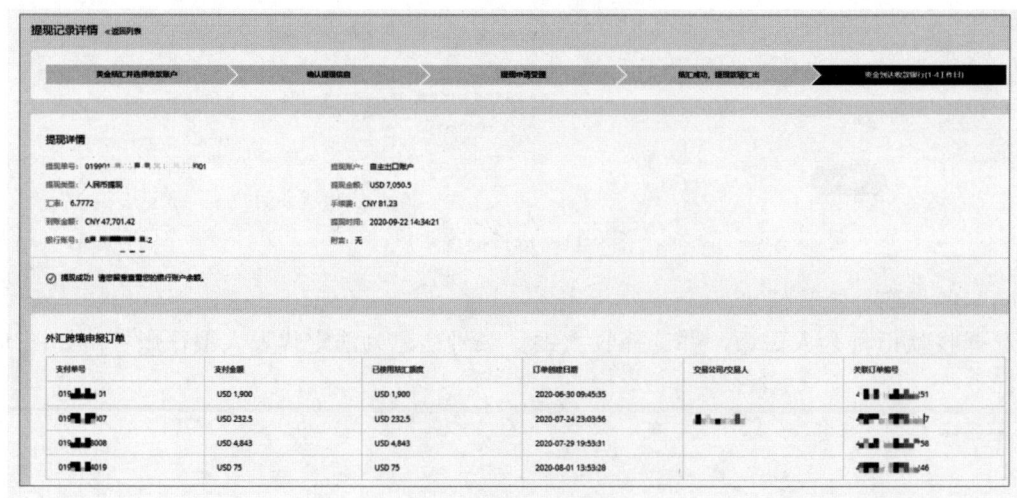

图9-14 查看提现结果

【任务思考】

提现是资金管理中的主要功能，人民币对法人账户提现的同时包含结汇，可以利用汇率波动来掌握结汇的时机，企业可按资金需求进行自主选择。

任务四　其他资金管理

知识梳理

在阿里巴巴国际站，企业通过资金管理功能可以对每笔线上收汇的订单实现全程的资金管理，进行财务对账，还可以进一步根据资金记录协助业务管理。

1．资金可提现时间

对于信用保障额度内的到款，供应商可以直接提现。如果信用保障额度不足，对于额度内的金额，供应商可以直接提现。

对于超出额度的金额部分，平台会进行资金冻结。如果订单有报关信息或使用阿里物流发货，卖家完成发货后释放资金；如果订单无报关信息，且使用第三方物流发货，则买家确认收货时释放。

2．信用保障资金扣款规则

出口方式为不通过一达通出口的信用保障订单，选择使用阿里物流时收取 1% 的交易手续费，选择第三方物流时收取 2% 的交易手续费，交易手续费冻结至订单确认收货后进行扣除。

3．财务对账

资金管理的资金明细功能可以给出店铺资金流水账。收款、扣款、冻结等所有状态的资金变动均会记录在资金明细中，有利于回溯资金情况，完成财务对账。

4．业务管理

跨境电商 B2B 业务涉及大额、跨境支付，为了保证资金安全，除了买卖双方，平台方（阿里巴巴国际站）也参与支付进程，因此使得资金管理比较复杂。一笔订单的关联资金记录还有多个状态，如收款、退款、放款、扣款、冻结等。其中，冻结状态又可能由不同的原因导致，如押汇、远期外汇、LC（L/C）保证金、冻结余额、扣费预冻结、信保保费、信保资金、保单贷贷后、外汇改单冻结、函调异常冻结、催票、贷后、贸易背景申报、外汇冻结、付汇预缴款、退汇预缴款、融资预还款等。因为资金记录详实，所以资金管理功能经常用于企业的业务管理。

操作体验

任务 9-5　估算资金可提现时间与到账金额

【任务描述】

A 公司于 2021 年 1 月 15 日在阿里巴巴国际站收到一笔 1014 美元的信用保障订单。该公司的信用保障总额度为 5 万美元，当前可使用额度为 500 美元。该笔订单使用第三方物流发货，完成发货日期为 2021 年 1 月 18 日，客户于 2021 年 2 月 22 日确认收货。请判断该订单资金的可提现时间与到账金额。

【任务实施】

（1）在 2021 年 1 月 15 日，买家支付后，公司账户将到账 1014 美元，因该笔订单第三方物流有 2%的交易手续费，因此将冻结 20.28 美元，故账户实际到账金额为 993.72 美元。其中信用保障额度内的 500 美元可于 2021 年 1 月 15 日直接提现。

（2）在 2021 年 1 月 18 日，该公司完成发货之后，账户中冻结的 493.72 美元将解冻，并可以进行提现。

（3）在 2021 年 2 月 22 日，客户确认收货完成，账户中冻结的 20.28 美元交易手续费将解冻，同时系统从账户中将 20.28 美元交易手续费扣除，至此，该订单资金在阿里巴巴国际站平台结算完毕。

【任务思考】

一笔交易完成的标志是所有款项完成结算，结算进程会有严格的规定。这在计算业务员业绩时要特别留意，因为企业在定销售业绩及提成奖励时，通常要求在限定日期前完成款项结算，因此限定日期的到款额对提成奖励的数额影响很大，可能一笔交易未到账，业务员奖金会少几万元。另外，信用保障额度是一个重要参数，不仅涉及资金利用效率，还与阿里巴巴国际站的许多规则有关。那么，企业应如何提升信用保障额度，加快资金流动速率呢？

应用实战

任务 9-6　资金对账

【任务描述】

A 公司每个季度会进行财务汇总，请对 A 公司阿里巴巴国际站店铺第 3 季度的资金情况进行查询和对账，确保资金无误，要求如下。

（1）查询店铺后台资金账户总览，与财务报表进行核对，确保可用资金总额准确；

（2）查询店铺第三季度全部资金流水，与财务报表进行核对，确保每笔资金准确；

（3）抽查一笔自主出口账户交易，与财务报表进行核对，确保该笔交易信息与财务报表一致；

（4）核对冻结资金，与财务报表进行核对，确保冻结资金准确；

（5）核对现金流量表，与财务提供的现金流量表进行核对，确保现金流记录准确。

【任务实施】

（1）进入资金账户总览，核对资金总额。

打开阿里巴巴国际站后台，点击"资金管理→账户总览"命令，分别核对可用资金总额与不可用资金总额，确保总资金数据准确，如图 9-15 所示。

（2）核对资金流水。

点击"资金管理→资金明细→金账户流水"命令，查看资金账户流水，如图 9-16 所示。交易账户有拍档代理出口账户、自主出口账户和信用保障担保户 3 个选项，如图 9-17 所示。

币种有美元（USD）、境外人民币（CNY）和人民币（CNY）等多种选择，如图9-18所示。

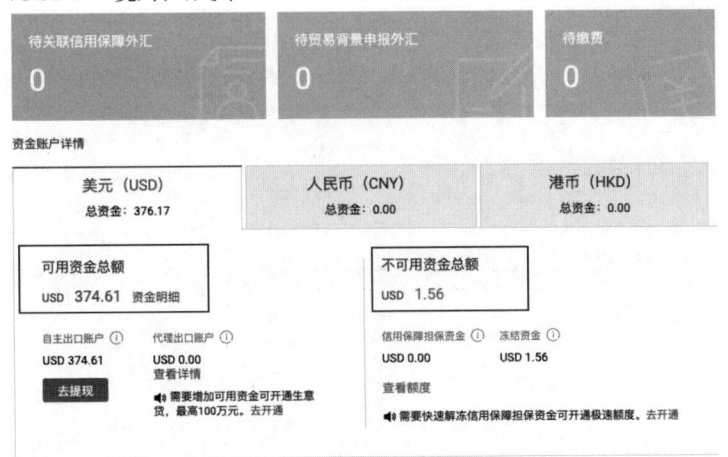

图 9-15 "资金账户总览"页面

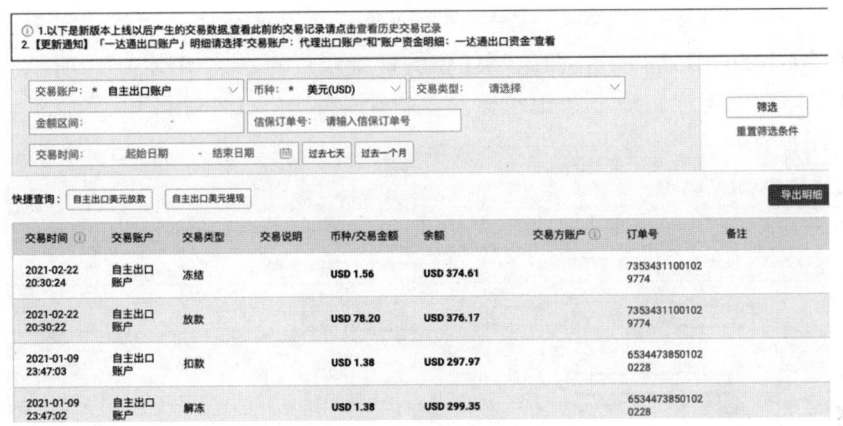

图 9-16 资金账户流水

图 9-17 选择交易账户

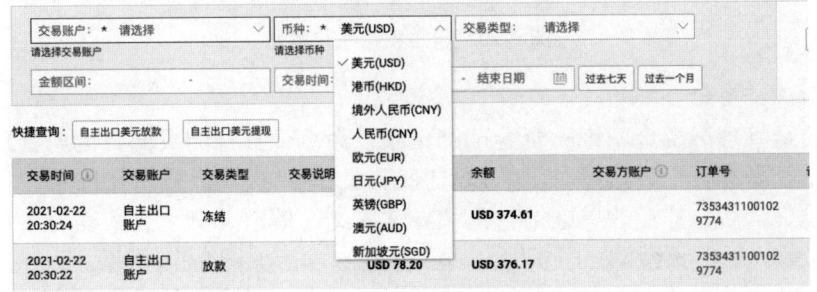

图 9-18 选择币种

交易类型有收款、冻结、放款、提现、提现失败、退款、退款失败、提现退票和扣款 9 种类型，不选择即默认为全选，如图 9-19 所示。

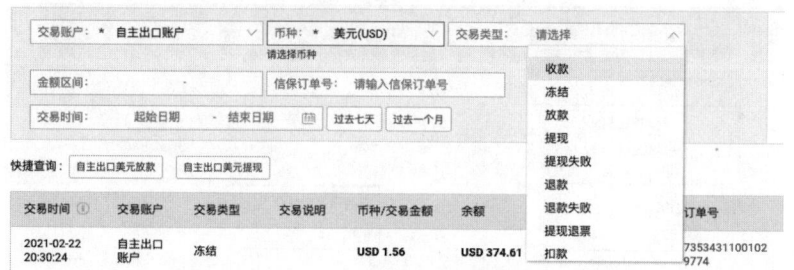

图 9-19　选择交易类型

这里选择不同的账户和类型，可与财务人员提供的第 3 季度现金流量表进行核对，明细账需一一对应。

（3）核对单笔交易。

点击"资金管理→资金明细→资金账户流水"命令，选择"自主出口账户"选项，输入订单号：55150874501023589，查询该笔订单的资金账户流水，如图 9-20 所示。经与财务报表进行核对，均准确无误。后逐条记录核对，直至完成所有自主出口账户放款记录的核对。

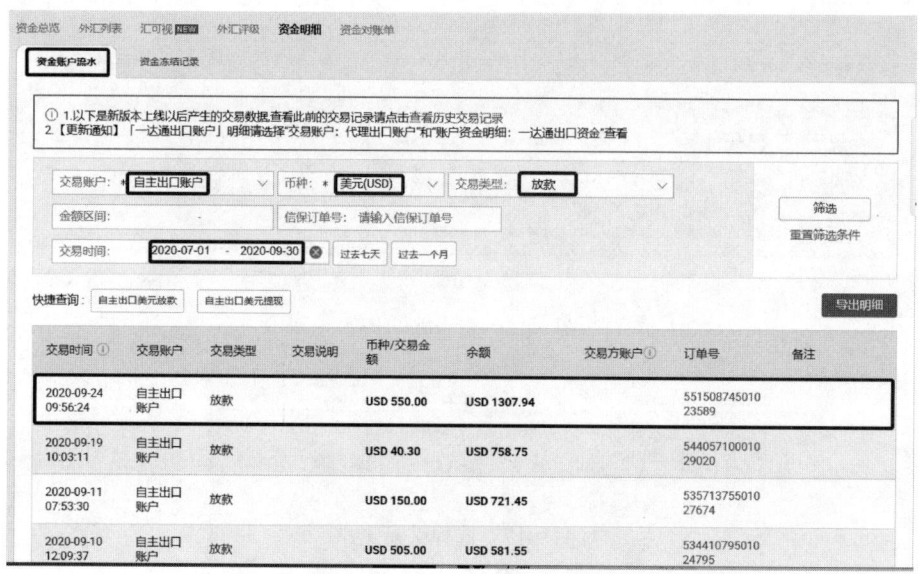

图 9-20　自主出口账户流水

（4）核对冻结资金。

点击"资金管理→资金明细→资金冻结记录"命令，打开的页面分为待释放和已释放两个板块，冻结类型有押汇、远期外汇、LC 保证金、冻结余额、扣费预冻结、信保保费、信保资金、保单贷贷后、外汇改单冻结、函调异常冻结、催票、贷后、贸易背景申报、外汇冻结、付汇预缴款、退汇预缴款、融资预还款及其他选项，如图 9-21 所示。现核对 2020-10-10 16:36:13 业务编号为 55150874501023589 的扣费预冻结明细，如图 9-22 所示，经与财务报表核对，均准确无误。

图 9-21　选择冻结类型

图 9-22　扣费预冻结明细查询

（5）核对现金流量表。

点击"资金管理→资金明细→导出明细"命令，根据不同账户、币种、交易类型等条件导出相应明细，与财务所做的现金流量表做到一一对应，如图 9-23 所示。

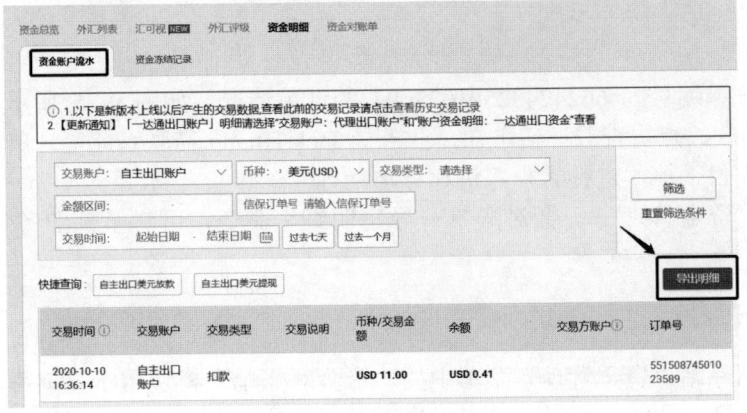

图 9-23　导出明细

结论：经过核对，A 公司第 3 季度财务报表与阿里巴巴国际站店铺资金管理记录能一一对应，资金与订单情况准确无误。

【任务思考】

阿里巴巴国际站的资金管理功能对企业了解每笔信用保障订单情况和财务对账都有帮助，能确保订单、店铺资金流水和财务报表的一致性。另外，统计每笔订单的资金状态，还可以从财务角度促进业务跟单。通过对订单的成本/收益核算，还能对业务分析提供数据支持，帮助企业改进经营策略。

 应用实战

任务 9-7　资金对账

【任务描述】

K 公司每个季度会对公司的业务人员进行考核，需要了解每笔订单的资金支付到位情况，请在 K 公司阿里巴巴国际站店铺后台查询业务人员的订单支付记录，完成 2020 年第 4 季度业务员到账销售额核对工作。

【任务实施】

（1）进入阿里巴巴国际站后台，点击"资金管理"→"资金对账单"命令。可根据业务员、买家地域、买家姓名、订单编号和下单时间等条件查询订单资金状况，如图 9-24 所示。依次选择不同业务员，查询其对应订单情况，导出各业务员到款记录。

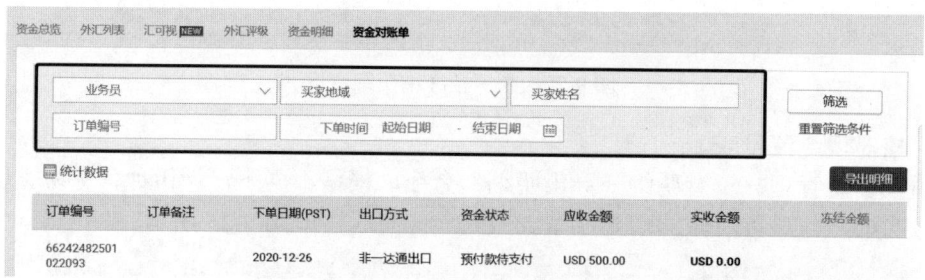

图 9-24　资金对账单页面

（2）查询订单编号为 66242482501022093 的订单情况，如图 9-25 所示，客户尚未支付 500 美元的预付款，点击查看详情可知，业务员 Jack Huang 需联系此笔订单的客户，沟通了解客户为何未支付下单，进行客户跟进和订单处理。

（3）点击"资金管理→资金对账单→导出明细"命令，可对全部业务订单进行跟进和管理。

【任务思考】

阿里巴巴国际站"资金管理"菜单中的"资金对账单"模块用于查询每笔订单的资金支付到位情况，帮助企业对内部的订单支付情况进行管理，并对业务人员进行考核和管理，同时，也有助于企业进行业务订单跟进。

项目九 资金管理

图 9-25 查询订单情况

项 目 小 结

本项目主要介绍了阿里巴巴国际站的资金管理。国际支付是外贸业务各环节中的重要一环，资金风险是外贸风险中的一种，外贸订单在进入合同履行阶段时，选用恰当的国际支付方式能降低收汇的风险。企业通过阿里巴巴国际站接洽的订单都可以通过线下收汇，也可以直接通过平台收汇。本节首先讲述了常见的国际支付方式，并重点就阿里巴巴国际站在订单完成过程中的结汇、提现、资金管理功能给出了详细的实操流程。希望读者在深度了解阿里巴巴国际站所提供的支付与资金管理功能的基础上，能掌握阿里巴巴国际站信用保障订单的线上收汇、结汇、提现、资金管理的全流程操作。

项 目 训 练

一、选择题

1．传统的国际贸易支付方式中，属于银行信用的是（　　）。
A．信用证　　　　　　B．托收　　　　　　C．汇付　　　　　　D．货到付款
2．以下国际结算方式中，对卖方收汇来说，风险最大的是（　　）。
A．L/C　　　　　　　B．T/T In Advance　　C．D/A　　　　　　D．D/P After Sight
3．出口商要保证信用证方式下的安全收汇，必须做到（　　）。
A．提交单据与合同相符且单单相符
B．提交单据与信用证相符且单单相符
C．当 L/C 与合同不符时，提交单据以合同为准
D．提交单据与合同、信用证均相符
4．采用信用证收款时，要求卖方提交的单据做到"单证严格相符"，具体是指（　　）。
A．单单一致　　　　　B．单证一致　　　　　C．单同一致　　　　　D．单货一致
5．信用证的性质包括（　　）。
A．银行信用　　　　　B．自足文件　　　　　C．单据买卖　　　　　D．商业信用

二、判断题

1．阿里巴巴国际站线上支付方式中，T/T 收汇方式对卖方收汇来说总是安全的。（　　）
2．托收支付方式中的 D/P 是指只有买方付款后银行才交单，因此，这种收汇方式总是

安全的。 (   )

3．托收方式收汇是卖方委托银行向买方收款，因为有银行参与收款，所以属于银行信用。 (   )

4．信用证结汇方式因有银行参与，解决了买卖双方互不信任的问题。 (   )

5．T/T 结汇方式简单、方便、费用低，可以大量采用。 (   )

三、实操题

1．H 公司在阿里巴巴国际站接到一笔 30 万美元的电子仪器订单，买方希望采用后 T/T 的支付方式，请就该国际支付方式做出选择。

2．B 公司与 C 公司在线达成一笔交易，拟采用线上支付方式，请对该订单进行全流程资金管理，完成线上收汇，并结汇提现。

项目十　数据分析

【学习目标】

(1) 了解跨境电商数据分析的基本概念。
(2) 掌握数据采集与处理的基本方法。
(3) 了解常见的跨境电商 B2B 运营数据指标。
(4) 掌握数据分析与展现的一般方法。

任务一　认识跨境电商数据分析

 知识梳理

1. 跨境电商数据分析

数据是科学实验、检验、统计等所获得的用于科学研究、技术设计、查证、决策的数值，其表现形式可以是符号、文字、数字、语音、图像、视频等。跨境电商数据分析是指通过对电子商务平台或店铺产生的数据进行收集、整理、分析和挖掘，从中获取有用的信息和知识，从而为跨境电商经营决策提供帮助、提高决策的合理性和科学性的过程。一般而言，跨境电商 B2B 电子商务数据分析包括产品数据、客户数据、市场数据、营销数据、销售数据、供应链数据、店铺数据七大类别。

在传统商业时代，企业决策多依赖于经验总结。随着数字经济时代的到来，跨境电商企业在经营过程中可以通过数据了解市场、客户，通过分析客户的购买行为、偏好了解市场需求，从而调整运营策略，提高效益。因此，数据分析是跨境电商运营的一项必备核心技能。

2. 数据分析流程

数据分析是系统过程，包括明确数据分析目标、数据采集、数据处理、数据分析、数据展现、撰写数据分析报告等步骤。

(1) 明确数据分析目标。

在开展数据分析之前，首先需要明确数据分析的目标。这通常涉及需要解决的问题、需要验证的假设或需要实现的目标。应设定具体的、可衡量的、可实现的、相关的和有时限的（SMART）目标，以确保数据分析的方向明确。

（2）数据采集。

根据数据分析目标，确定需要收集哪些类型的数据。设计数据采集计划，包括数据的来源、采集方法、采集频率等，并使用适当的工具和技术进行数据采集，如应用程序接口（API）、爬虫、数据抽取工具等。

（3）数据处理。

数据处理是数据分析中的一个重要环节，涉及对原始数据进行清洗、转换和整合。

（4）数据分析。

在这个阶段，需要使用统计方法、数据挖掘技术或机器学习算法对数据进行深入分析。

应根据分析目标，选择合适的分析方法，如描述性统计、推论统计、聚类分析、关联规则挖掘等；提取数据中的关键信息，识别模式、趋势和关联关系。

（5）数据展现。

数据展现指将分析结果以图表、报告、仪表板等形式展现出来，以便理解和使用。首先，需要选择合适的数据可视化工具和技术，如 Excel、Tableau、Power BI 等。为确保数据展现的准确性和易读性，可使用清晰的标签、图例和颜色方案。如果有需要，还可以将数据展现为交互式的，以便用户可以自行探索和查询数据。

（6）撰写数据分析报告。

将分析结果、结论和建议整理成数据分析报告。报告一般包含引言、方法、结果、讨论和建议等部分。在报告中解释数据分析的结果，并讨论它们对业务决策的影响。同时，需要提出具体的建议或行动计划，以便根据分析结果采取行动。

3. 数据分析工具

数据分析有助于分析和理解业务状况，从而制定更有效的策略。以下是一些常见的数据分析工具。

Excel：基础的数据整理工具。它提供了强大的数据处理功能，包括排序、筛选、函数计算等。此外，通过创建图表，Excel 还能够帮助用户直观地展示数据。

Tableau：一款功能强大的可视化数据整理工具。它允许用户通过拖曳的方式创建交互式的图表和仪表盘，同时支持多种数据源和复杂的数据分析。

Power BI：由微软开发的一套商业分析工具，用于分析和可视化数据。它可以帮助用户从各种数据源中提取数据，创建交互式的报表和仪表板，从而做出更明智的业务决策。

此外，还有一些专门针对特定领域的运营数据整理工具，如电商销售数据分析工具、广告领域的投放效果分析工具等。这些工具通常是根据行业特点和需求定制化开发的，能够更好地满足运营数据整理需求。在选择工具时，应根据具体需求和场景进行评估和选择。对于初学者或小型团队，Excel 和 Tableau 等易于上手且功能强大的工具较为合适；而对于大型团队或需要处理大量复杂数据的场景，可能需要考虑使用更专业的编程语言或商业智能工具。同时，随着技术的不断发展和数据的不断增长，新的数据整理工具也不断涌现，因此需要保持对新技术和新工具的关注和学习。

项目十 数据分析

操作体验

任务 10-1　认识阿里巴巴国际站数据参谋

【任务描述】

了解店铺的基本数据情况是进行跨境电商 B2B 高效运营的前提，请你跟着钟老师一起来认识阿里巴巴国际站的数据分析工具——数据参谋。

【任务实施】

1．打开数据参谋

登录阿里巴巴国际站，点击"数据参谋→数据概览"命令，可以查看实时数据、经营数据、流量分析、店铺商品、市场分析等概览数据，从而了解店铺整体经营情况，如图 10-1 所示。

图 10-1　数据概览

2．市场参谋

进入市场参谋页面，可以通过查看人气榜、飙升榜、蓝海榜等排行榜列表中商品的相关数据，了解平台市场情况，从而采取有效的市场决策，如图 10-2 所示。

3．产品参谋

进入产品参谋页面，可以查看产品分析、产品发现、款式分析等数据，有助于对店铺产品进行进一步精细化运营，如图 10-3 所示。

4．选词参谋

进入选词参谋页面，可以通过查看引流关键词、关键词指数、我的词库等数据，了解行业关键词热度与本店铺关键词情况，如图 10-4 所示。

201

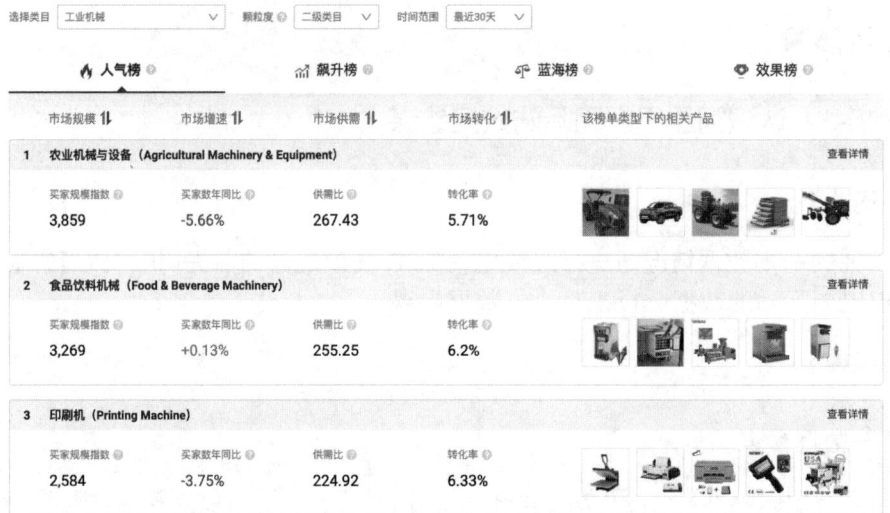

图 10-2 市场参谋

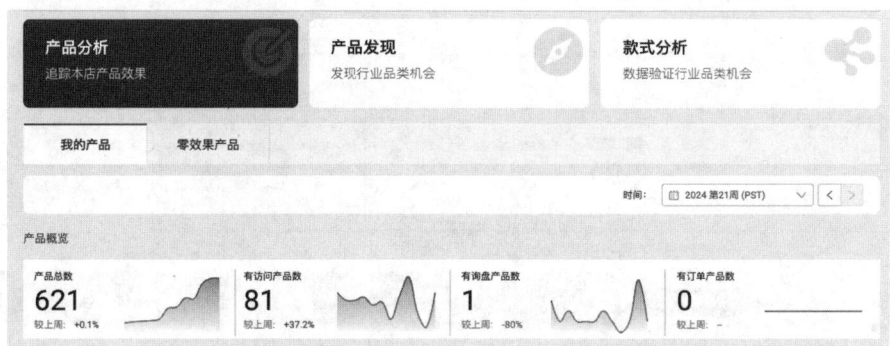

图 10-3 产品参谋

图 10-4 选词参谋

5. 流量参谋

进入流量参谋页面，可以通过查看流量来源、流量助手、流量承接及去向等数据，了解店铺流量转化情况，如图 10-5 所示。

图 10-5　流量参谋

6. 买家参谋

进入买家参谋页面，可以查看本店买家、行业买家等数据，有助于进一步了解买家特征，从而实现精准营销，如图 10-6 所示。

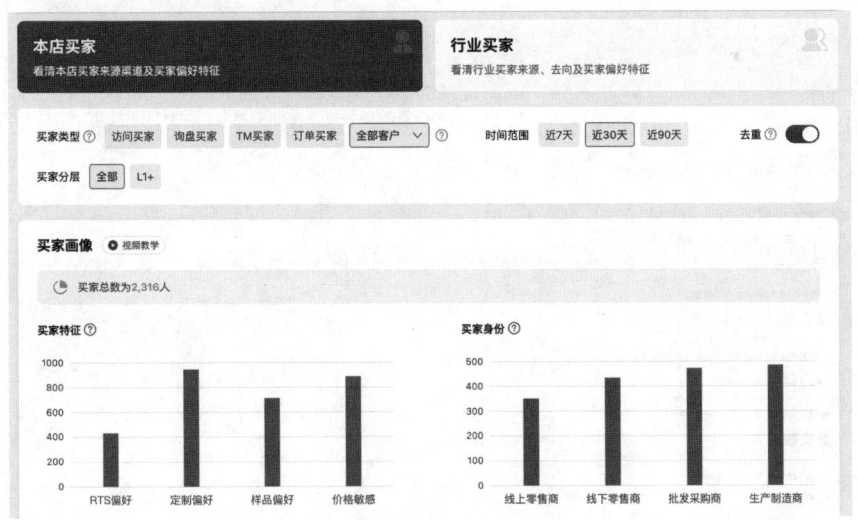

图 10-6　买家参谋

【任务思考】

如果要进行客户画像，可以从数据参谋的哪些模块获取信息？

应用实战

任务 10-2　认识客户数据

【任务描述】

某全球跨境电子商务公司的阿里巴巴国际站店铺最近想面向老客户开展一次营销活动，为了使活动更有针对性，取得良好的营销效果，需查看客户数据，了解该店铺的买家特征。

【任务实施】

（1）进入阿里巴巴国际站后台，点击"数据参谋→买家参谋"命令，进入客户数据分析页面。

（2）在买家画像模块，通过查看线上零售商、线下零售商、批发采购商、生产制造商等买家身份数据，可以进一步分析主要客户类型。再通过查看买家特征数据，综合分析，可以发现本店铺的主要买家有定制偏好，并对价格敏感，买家身份多为批发采购商和生产制造商，如图 10-7 所示。

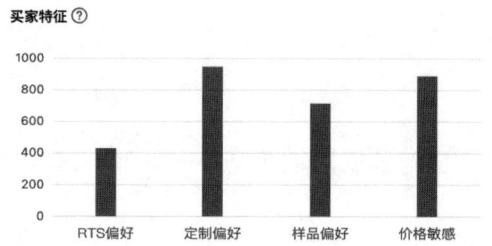
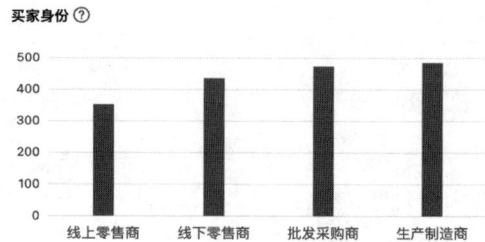

图 10-7　买家画像

（3）通过查看"买家店内偏好词"和"买家全站偏好词"，可以清晰了解买家到店搜索词，挖掘买家的其他搜索偏好，如图 10-8 所示。

偏好关键词	带来的访客数	带来的访问产品数指数	搜索指数	搜索涨幅
1　fertilizer mixing machine	15	5	16	56.67%
2　granulator fertilizer	9	7	3	-58.33%
3　fertilizer making machine	8	3	65	-4.34%
4　fertilizer production line	7	7	42	-25.10%
5　fertilizer crusher machine	7	5	11	0.00%
6　crusher and pellet machine	6	2	0	0.00%

图 10-8　偏好词

（4）通过查看"买家来源"数据，可以了解店铺客户的渠道分布、Top 国家及地区分布。从图 10-9 中可以看出，该店铺的客户主要集中在美国、印度尼西亚、阿尔及利亚、哥伦比亚等国家。

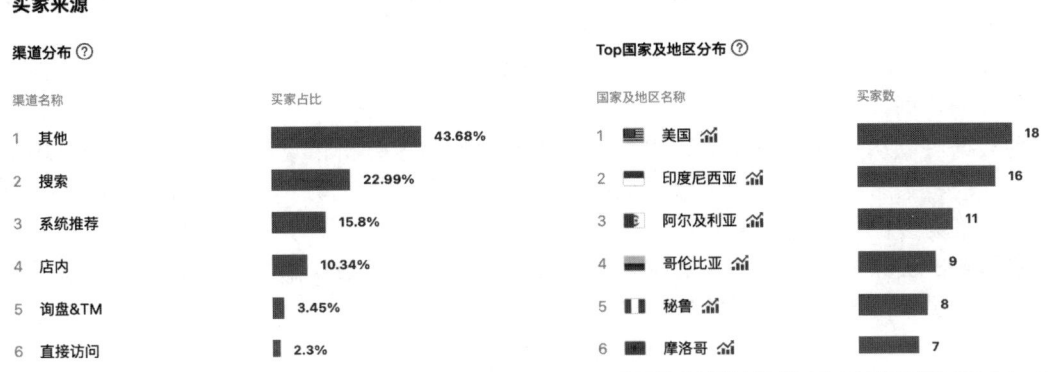

图 10-9　买家来源

【任务思考】

本实训任务中，买家和访客的区别是什么？

任务二　数据采集与处理

知识梳理

1．数据采集

数据采集是指通过在平台源程序中预设工具，获取流量状态变化、客户行为和信息等数据内容的过程，为后续进行数据分析提供数据准备。

电商数据来源广泛，运营者需要根据自身的需求和目标选择合适的数据来源，并进行有效的数据分析和应用，以提升业务效率和市场竞争力。同时也需要注意数据的安全性和隐私保护问题。一般而言，数据来源有平台数据、第三方数据、组织公开数据 3 种。

平台数据是主要的数据来源，一般包括电商平台数据、店铺运营数据等，如阿里巴巴国际站后台的"数据参谋"就是重要的数据来源。

2．常见数据指标

（1）店铺数据。

店铺数据包括访客量、搜索曝光次数、搜索点击次数等指标。了解店铺数据，有助于提升运营效率、加强转化。店铺数据可以从流量参谋等模块获取。

访客量：访问了店铺和产品详情页面的买家数量。

搜索曝光次数：产品信息或公司信息在搜索结果列表或类目浏览列表等页面被买家看到的次数。

搜索点击次数：卖家产品在搜索中的点击次数，卖家产品信息或公司信息在搜索结果列表或类目浏览列表等页面被买家点击的次数。

访客榜：统计时间段内，选定类目下访客量排名前 50 的产品。

商机榜：统计时间段内，选定类目下有一定访客量的商机量（TM 咨询、询盘、订单等综合）排名前 50 的产品。

蓝海榜：统计时间段内，选定类目下商品蓝海度排名前 50 的产品。

（2）市场数据。

市场数据可以从规模、增速、缺口、转化等方面帮卖家分析市场潜力，洞察细分市场下的好品、好词、买家需求、同行供给，从而把握市场机会，快速切入市场。市场数据可以从数据参谋的市场参谋模块进行采集。

搜索指数：买家搜索量的加权数据，数据量越高、搜索指数越高，代表需求越旺盛，可以帮卖家分析买家市场潜在需求整体水平。

卖家规模指数：供应品类下对应商品的卖家数加权值。

供需规模对比：统计周期内，对该品类有采购意向（包括但不仅限于 TM 咨询、询盘、报价请求、发起订单）的买家数与发布该品类的卖家数的比值。

热品：采购意向买家数或销量较高的商品排行。

飙升品：环比上个统计周期，采购意向买家数或销量增长较多的商品排行。

搜索涨跌幅：环比上个统计周期的搜索量涨跌幅度，帮助卖家分析买家市场需求变化。

（3）产品数据。

通过产品数据可以了解行业产品情况、产品流量转化情况，根据数据优化商品信息，提高商品曝光率和转化率。产品数据一般包括搜索点击率、询盘人数、询盘率、商机转化率、无效时长等指标。

搜索点击率：统计时间段内，根据买家搜索关键词后是否产生点击行为所得，该值越高表示买家购买意愿越强。一个人发生多次点击行为，则记多次。

询盘人数：在产品页面，对卖家成功发起有效询盘的买家数量。

询盘率：询盘率=询盘次数/有过"浏览产品详情页+TM 咨询+询盘"行为的访问人数。

商机转化率：访客产生的商机人数/店铺访问人数。商机人数是指询盘人数、TM 咨询人数，订单人数当日去重、隔日累加。

无效时长：产品持续零效果的时长，以天为单位。

（4）客户数据。

通过客户数据分析，可以了解所有类型的买家特征与访客行为，对客户进行分群，从而进行精细化的客户运营。

网站行为：所选时间段内，访客在阿里巴巴国际站网站有过的关键行为。

旺铺行为：所选时间段内，访客针对店铺或产品有过的关键行为。

偏好关键词：最近 30 天内，访客在阿里巴巴网站上搜索次数最多的前 3 个词。

停留时长：访客在旺铺页面或商品详情页面停留的时间，单位为秒。

浏览次数：访客访问店铺或产品页面的次数，每打开一个页面就记录一次。同一访客多次打开同一个页面，浏览次数累计。

地域：所选时间段内，访客登录或访问网站时 IP 地址所在的国家或地区。

3. 数据处理

数据收集完毕以后，一般要经过数据审核、数据清洗、数据转换、数据分组与汇总、数据整合、数据存储几个步骤来完成数据的整理工作。

（1）数据审核：对收集到的数据进行初步审核，检查其完整性、准确性和可用性，确保数据的质量。

（2）数据清洗：清洗数据中的错误、不一致、缺失或重复信息。这涉及纠正错误、填充缺失值、删除重复数据，以及标准化数据格式等步骤。

（3）数据转换：对数据进行转换，以便更好地理解和分析。这可能包括使用数学计算、统计方法和函数创建新的变量，使用数值或类别编码替代文本数据，以及将数据重新组织为更方便分析的形式。

（4）数据分组与汇总：按照一定的标准将原始数据进行分组，并汇总每组的单位数。同时，计算诸如均值、方差等统计指标。

（5）数据整合：将来自不同数据源的数据进行整合，以便进行联合分析。这可能涉及数据合并、连接或堆叠操作，以确保数据的一致性和完整性。

（6）数据存储：将整理后的数据存储到适当的位置，如数据库、表格或文本文件等。

 操作体验

任务 10-3　采集产品数据

【任务描述】

经过一段时间的运营，某全球跨境电子商务公司店铺的产品已经陆续开始成交，但不同产品的销售结果差异较大，业绩情况不稳定。请采集整体产品数据与搜索曝光次数最多的产品数据，以便进一步进行分析。

【任务实施】

（1）进入阿里巴巴国际站后台，点击"数据参谋→产品参谋"命令进入产品参谋页面。

（2）通过"产品概览"查看店铺产品的动销情况。本店铺共有产品621个，其中，在本周有访问记录的产品数为81个，有1个产品有买家询盘，0个产品产生了实际订单，如图10-10所示。

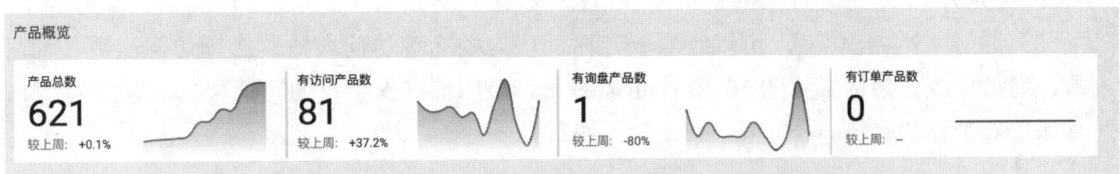

图 10-10　产品概览

（3）在"产品详情分析"中，可以查看产品的搜索曝光次数、搜索点击次数、搜索点击率、询盘个数等数据，如图 10-11 所示。

产品	搜索曝光次数	搜索点击次数	搜索点击率	询盘个数	询盘率	TM咨询人数	产品360	操作	
Ce Certificate Agriculture Wheat the Str... 负责人：Jennie TD	262 +52.3%	5 +66.7%	1.91%	0	0%	0	分析 诊断	编辑	加入对比 ...
Agricultural Chaff Cutter Crusher Price ... 负责人：Jennie TD	172 +244%	1 0%...	0.58%	0	0%	0	分析 诊断	编辑	加入对比 ...
Manure Organic Fertilizer Mixing Machi... 负责人：Jennie TD	158 +54.9%	5 +150%	3.16%	0	0%	0	分析 诊断	编辑	加入对比 ...

图 10-11　产品详情分析

其中"Ce Certificate Agriculture Wheat the Straw Bale Animal Goat Cattle Feed Crusher Machine"产品的数据状况如下。

① 搜索曝光次数：该产品通过用户搜索共展现的次数即曝光次数是 262 次。

② 搜索点击次数：在该产品展现的 262 次中，客户共点击了 5 次。

③ 搜索点击率：点击次数除以曝光次数即点击率。搜索点击率越大表示产品和关键词越匹配，产品越受欢迎。该产品的搜索点击率为 1.91%。

应用实战

任务 10-4　采集经营数据

【任务描述】

在店铺运营总结复盘会议上，店铺操盘手钟经理想了解运营组近一个月的经营总结报告，请你代表运营组查阅店铺经营数据，为汇报做准备。

【任务实施】

（1）进入阿里巴巴国际站后台，点击"数据参谋→交易分析"命令，查看店铺的交易数据，如图 10-12 所示。从图 10-12 中可以看出，该店铺近一个月内店铺订单总金额是 150.3K（单位：美元），平均每笔订单的单价是 50.1K（单位：美元）。

（2）通过"数据总览"，可以查看一定时间段内的店铺访问人数、店铺访问次数、询盘人数、询盘个数等指标。从图 10-13 中可以看出，该店铺在 5 个月的时间，总访客数为 548，并且保持着平稳的趋势。

项目十 数据分析

图 10-12　产品交易数据分析

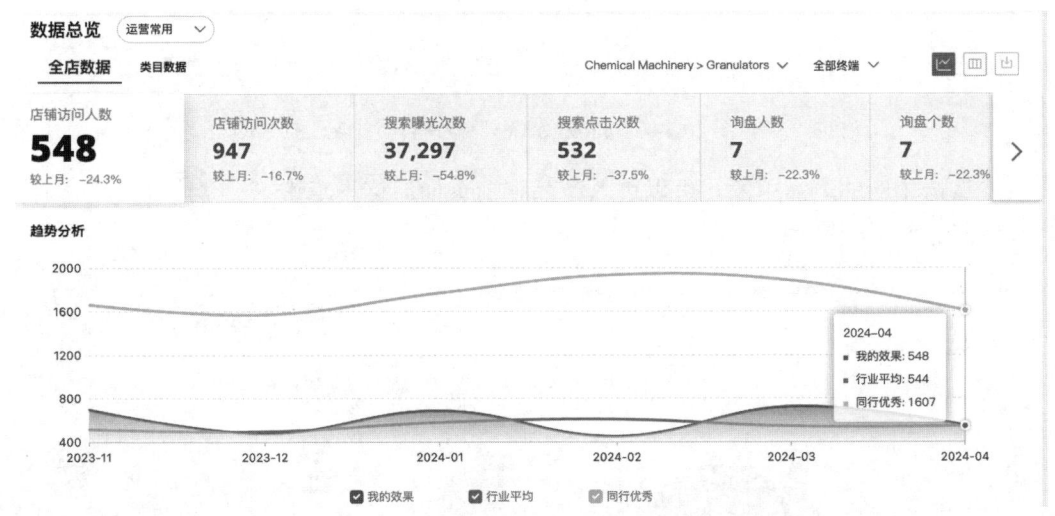

图 10-13　数据总览

 应用实战

任务 10-5　采集竞争对手数据

【任务描述】

开设新店铺之前，需要了解竞争对手的基本情况，主要包括销售数据和产品访问数据等。评估竞争对手的销售数据，如销售量和销售额，可以判断其在市场中的地位和影响力。分析竞争对手的产品访问数据，如曝光次数、点击率和转化率，能发现哪些产品受欢迎。某全球

209

跨境电子商务公司经营登山鞋产品的店铺需要进行竞争对手调研，请你带领团队了解登山鞋系列产品在阿里巴巴国际站的主要竞争对手情况。

【任务实施】

（1）进入阿里巴巴国际站首页，在搜索框中输入主要关键词"hiking shoes"，然后在搜索结果页面，排除顶展及P4P产品，查看自然排名，如图10-14所示。

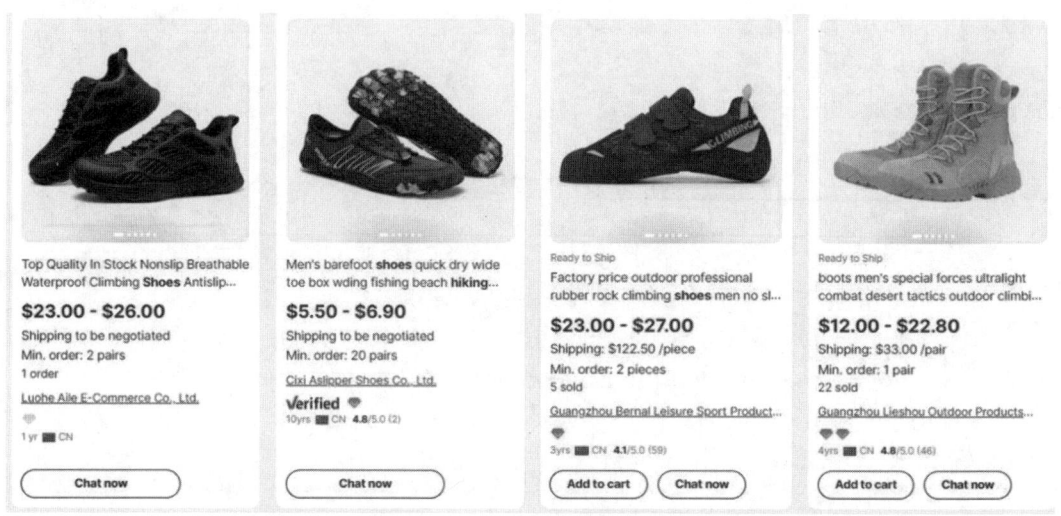

图10-14 "hiking shoes"搜索自然排名

（2）点击相应的产品主图，可以进入产品详情页面。这里点击第一个产品，进入详情页面查看该竞品的详细信息，如图10-15所示。

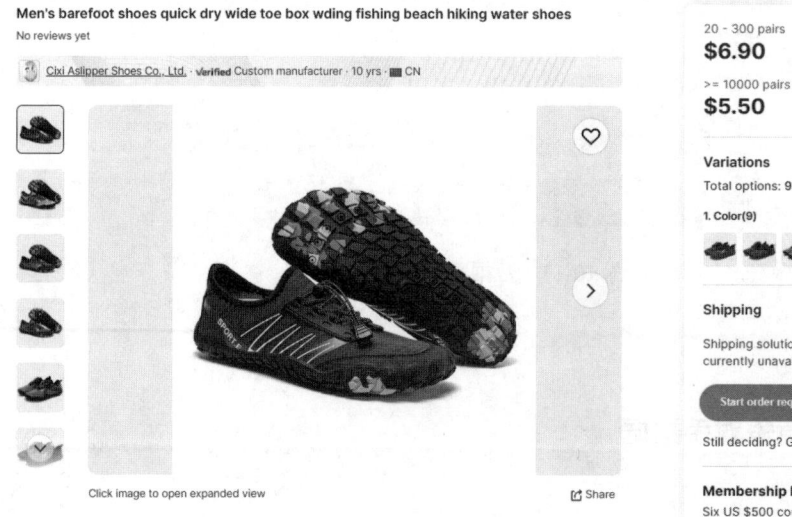

图10-15 某竞品详细信息

（3）在产品详情页的最下面，可以查看竞品店铺的信息，如图10-16所示。

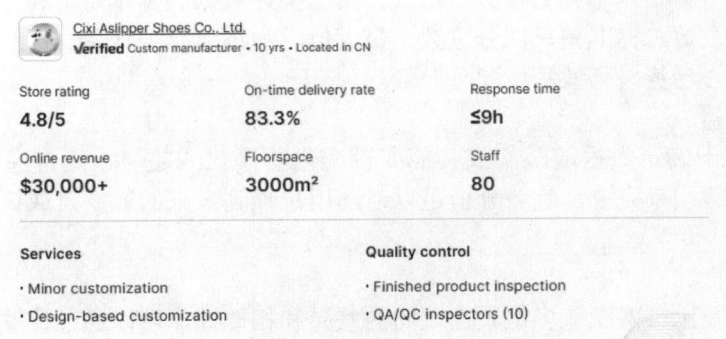

图 10-16　竞品店铺信息

（4）进入竞品店铺，找到"Top picks"模块，可以看到阿里巴巴国际站优秀同行或竞争对手的橱窗产品，了解竞争对手主要销售的产品，如图 10-17 所示。

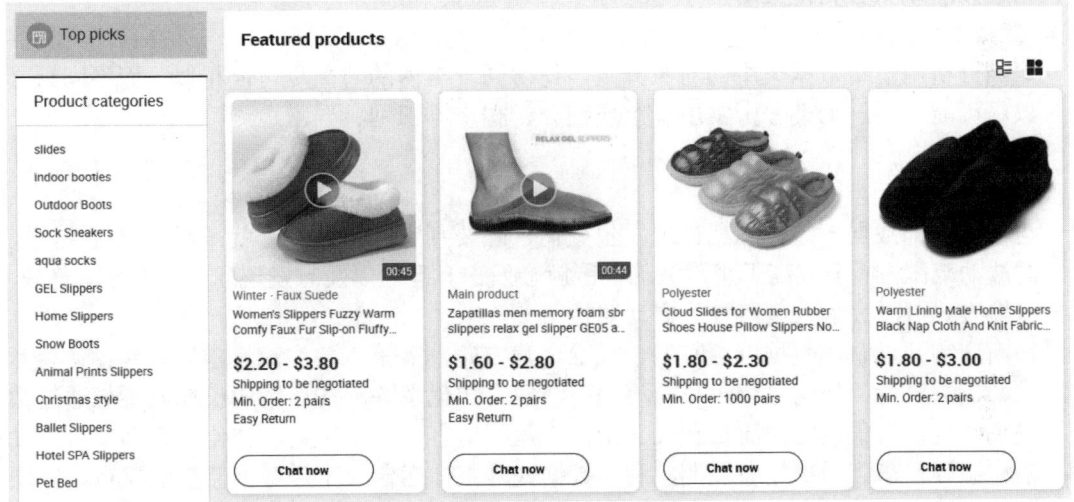

图 10-17　竞品店铺橱窗主推商品

【任务思考】

除了在跨境电商平台的前台，还可以从哪里获取竞争对手的相关数据？

任务三　数据分析与展现

 知识梳理

1. 数据分析方法

常见的数据分析方法包括描述性统计分析、趋势分析、对比分析等。

(1)描述性统计分析。

描述性统计分析是基本的数据分析形式,用于描述数据的基本特征和性质。它包括计算均值、中位数、众数、标准差、四分位数、最大值、最小值等统计量。这些统计量有助于用户理解数据的中心趋势、离散程度和分布形状。

(2)趋势分析。

趋势分析用于确定数据随时间或其他变量变化的模式或趋势,通常通过绘制时间序列图、折线图或趋势线来完成。趋势分析可以帮助用户预测未来的数据点或识别潜在的问题和机会。

(3)对比分析。

对比分析涉及比较两组或多组数据之间的差异和相似性,可以通过计算比率、百分比变化、差异、指数等来完成。对比分析有助于用户识别不同组之间的性能差异,进行效果评估或市场研究。

(4)相关性分析。

相关性分析用于研究两个或多个变量之间的关系强度和方向,有助于识别潜在的因果关系、构建预测模型和制定策略。

(5)聚类分析。

聚类分析用于将数据集中的对象分组,使得同一组内的对象尽可能相似,而不同组之间的对象尽可能不同。聚类分析常用于市场细分、客户群识别、异常检测等。

2. 数据监控

正常的店铺数据一定会周期性地发生变化,想要判定异常数据,就需要进行监控,设定正常的波动范围。低于或高于正常波动范围就会发出预警,以及时发现问题,提升运营效率。数据监控方式可以分为人工监控、自动监控。

在新店铺开通时,数据健康有助于找准运营方向,需重点关注流量指标,包括访客数、访客来源、浏览量、平均停留时长、跳失率、成交转化率等。在店铺成长期,要想通过数据分析提高销量,需重点监控流量和成交指标,包括访客数、浏览量、转化率、客单价、动销率、销售额等。在店铺稳定发展期,利用数据提升整体运营水平是数据监控的重点,需要全方位监控店铺、销售、客户、产品、供应链、营销等维度下的各类重点监控指标。

3. 数据展现

数据展现是数据分析流程中的关键步骤,其目的是以简单、直观、易于理解的方式向决策者或利益相关者传达数据分析的结果。

数据展现可以通过文字、表格、图表等形式进行。表格一般可分为列表式与矩阵式,列表式按照表头顺序平铺式展现,便于查找信息;矩阵式主要用于多条件数据统计,便于数据汇总统计,适合进行数据分析时使用。图表是展现数据的一种直观形式,可以分为柱状图、折线图、饼图、雷达图、散点图等。一般根据数据的关系选择不同的数据展现方式。

4. 数据报表

数据报表一般包括数据分析的结果、结论和建议,按数据报表用途,可以分为日常数据报表和专项数据报表等。日常数据报表用于日常数据需求,便于达成明确的分析目标,如运营数据、销售数据、客户数据的日报表等;相较于常规的日常数据报表,专项数据报表更为聚焦,旨在单独呈现某个维度的数据,为店铺的运营提供决策建议。专项数据报表的制作围绕市场、运营、产品等维度展开。

操作体验

任务 10-6　店铺流量数据分析

【任务描述】

某店铺准备进行精准营销活动,面向某些特定地区选择相对合适的产品进行推广,请结合相关数据,分析店铺客户主要的集中区域和店铺流量的主要来源。

【任务实施】

(1)进入阿里巴巴国际站后台,在数据分析模块获取原始数据并做好记录和存档。

(2)选用 Excel 表格工具将店铺一定时间段内的数据按照日期、曝光次数、访问次数、成交量依次记录,如表 10-1 所示。

表 10-1　店铺单日流量统计表

日　　期	曝光次数	访问次数	成　交　量
10.1	281802	45363	2249
10.2	200603	27220	6756
10.3	95030	44781	3830
10.4	64863	44754	8848
10.5	74271	42383	6066

其中通过公式"点击率=曝光次数/访问次数"计算得出店铺每日的点击率。通过公式"转化率=成交量/访问次数"计算得出店铺每日的转化率。

(3)在店铺单日流量统计 Excel 表格中对数据进行汇总处理,可以得出每周、每月及任意一定时间段内的流量情况,以及变化趋势。如果出现流量情况异常,可以分析其原因,为运营策略提供依据。

(4)统计店铺一定时间段内的搜索词分析,查看店铺不同搜索词的搜索人气、搜索指数、点击率、成交转化率等情况,如表 10-2 所示。

表 10-2　一定时间段内的搜索词

序号	搜索词	是否品牌原词	搜索人气	搜索指数	点击率	支付转化率	竞争指数	Top3 热搜国家
1	nike air max	N	281802	781340	50.13%	0.34%	4.00	ES,TR,FR
2	nike roshe run	Y	200603	644483	70.78%	1.08%	2.00	ES,IT,FR
3	nike air max	N	95030	293775	62.26%	0.59%	6.00	ES,FR,US
4	nike air max	N	64863	198287	62.27%	0.44%	8.00	ES,TR,FR
5	nike shoes	Y	74271	196805	36.79%	0.26%	13.00	US,ES,FR

续表

序号	搜索词	是否品牌原词	搜索人气	搜索指数	点击率	支付转化率	竞争指数	Top3 热搜国家
6	roshe run	N	50044	194072	70.06%	1.92%	9.00	ES,RU,FR
7	nike roshe run	Y	45363	139023	75.42%	1.17%	5.00	ES,US,FR
8	running shoes	N	27220	134529	40.84%	0.34%	50.00	ES,US,RU
9	nike roshe	Y	44781	127412	63..04%	0.92%	4.00	ES,US,GB
10	adidas women	Y	44754	117978	10.63%	0.01%	10.00	ES,FR,RU
11	adidas men	Y	42383	112696	16.90%	0.01%	11.00	ES,RU,CL
12	nike air force	Y	53469	111407	13.03%	0.13%	1.00	ES,RU,FR
13	jordan shoes	N	39565	101787	63.63%	0.26%	10.00	US,ES,FR
14	roshe	N	26691	100851	54.15%	2.09%	9.00	ES,GB,US
15	nike women	Y	31859	99990	40.37%	0.21%	18.00	RU,ES,FR
16	nike air max r	N	31832	99133	57.99%	0.58%	13.00	ES,US,TR

【任务思考】

对店铺流量进行分析，可以优化店铺的哪些问题？

应用实战

任务 10-7　销售数据分析与展现

【任务描述】

为了更直观地了解店铺的经营情况，数据运营专员需要通过报表的形式直观呈现店铺数据，请你根据店铺常见的销售数据指标，设计制作相关的销售数据报表。

【任务实施】

（1）一般来说，店铺的核心销售指标有浏览量（PV）、访客数（UV）、成交金额、全店转化率、客单价 5 项，另外还会有付款人数、付款件数、拍下笔数、拍下金额、收藏量、加购量等辅助指标，因此设计店铺日销售报表，如表 10-3 所示。

表 10-3　店铺日销售报表

金额单位：元

日期	核心销售指标					辅助指标			
	浏览量（PV）	访客数（UV）	成交金额	全店转化率	客单价	拍下金额	拍下笔数	付款人数	付款件数

（2）制作每月销售业绩统计表，根据每月销售总额、成本总额、毛利润等指标完成表格设计，如表 10-4 所示。

表 10-4　每月销售业绩统计表

金额单位：元

月　份	每月目标	销售总额	完 成 率	成本总额	毛 利 润
1月	3000	1235	41%	663	572
2月	3000	1780	59%	1112.5	667.5
3月	3000	2058	69%	1666	392
4月	3000	506	17%	368	138
5月	3000	1428	48%	1292	136
6月	3000	1387	46%	1095	292
7月	3000	1216	41%	960	256
8月	3000	272	9%	204	68
9月	3000	1156	39%	170	986
10月	3000	475	16%	87.5	387.5
11月	3000	488	16%	125.5	362.5
12月	3000	1183	39%	773.5	409.5

（3）利用图表、图形等方式，将销售数据以直观、易懂的形式呈现。如利用 Excel 数据透视和曲线图等形式，展示店铺销售额在一定时间段内的变化情况，如图 10-18 所示。

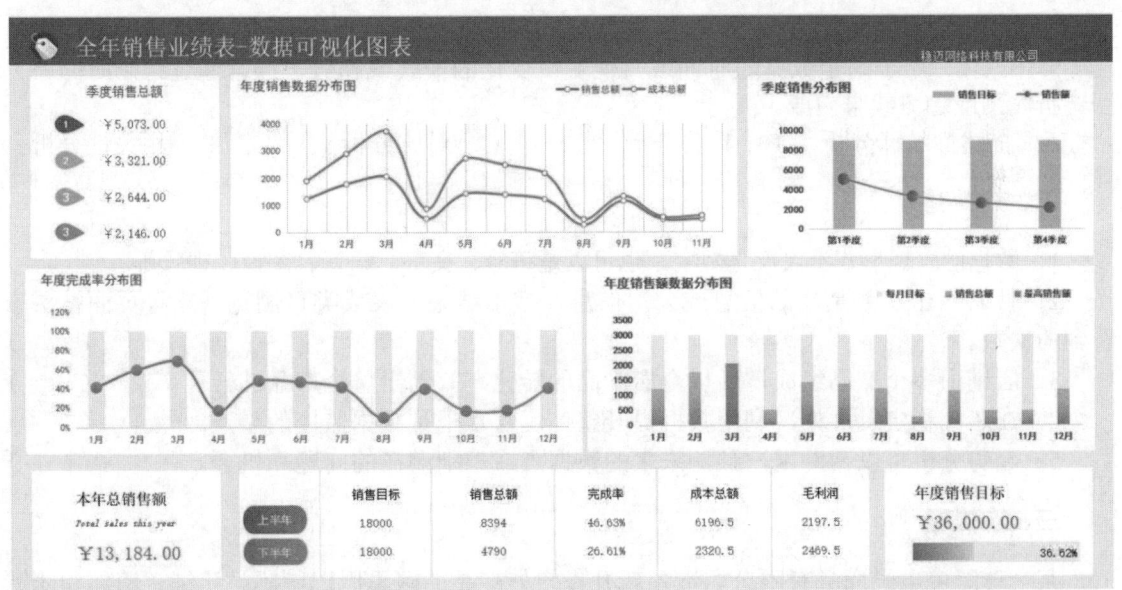

图 10-18　全年销售业绩可视化图表

【任务思考】

不同的报表适用于不同的分析场景。店铺流量构成、店铺销售趋势适用于哪种类型的分析方法和数据报表？

项 目 小 结

本项目的主要内容是跨境电商 B2B 数据分析。首先介绍了数据分析的基本概念与数据分析流程、数据分析工具,并对阿里巴国际站数据参谋功能进行了认知性介绍。其次介绍了数据采集和数据处理的方法,包括产品数据、客户数据等数据指标类型。最后介绍数据分析的一般方法及数据监控的作用。此外,数据展现是数据分析工作的重要环节,其目标是将复杂的数据转化为直观、易于理解的图表或报告,以便决策者能够迅速捕捉关键信息。希望读者能了解数据分析的基本方法,为学习后续的跨境电商 B2B 数据运营技能打下基础。

项 目 训 练

一、选择题

1.(　　)是数据分析中的一个重要环节,涉及对原始数据进行清洗、转换和整合。
   A. 数据采集   B. 数据处理   C. 数据展现   D. 数据报表
2. 数据参谋市场大盘中的交易指数是(　　)的指数化,一般用来判定所选行业的全年成交量的走势。
   A. 销售额   B. 买家数   C. 支付件数   D. 客单价
3.(　　)是指目标行业在指定时间内的销售额,其大小决定了行业的天花板。
   A. 市场容量   B. 行业集中度   C. SKU   D. 市场份额
4. 已知店铺销售目标是 199000 元,目标转化率是 0.8%,目标客单价是 199 元,目标访客是(　　)人。
   A. 125000   B. 50000   C. 25000   D. 10000
5.(　　)用于确定数据随时间或其他变量变化的模式或趋势,通常通过绘制时间序列图、折线图或趋势线来完成。
   A. 描述性统计分析   B. 趋势分析   C. 对比分析   D. 相关性分析

二、判断题

1. 数据的表现形式不仅仅是数字,也可以是符号、文字、语音、图像、视频等。(　　)
2. 搜索点击次数是产品信息或公司信息在搜索结果列表或类目浏览列表等页面被买家看到的次数。(　　)
3. 店铺由多个产品组成,所以全店产品的转化率等同于单个产品的转化率。(　　)
4. 在店铺稳定发展期,利用数据提升整体运营水平是数据监控的重点。(　　)
5. 趋势分析可以帮助用户预测未来的数据点或识别潜在的问题和机会。(　　)

三、实操题

某全球跨境电子商务有限公司准备新开设户外产品的阿里巴巴国际站店铺,请你和团队共同了解该类目在平台上的销售数据并对数据进行整理分析。
(1)查询户外产品的行业趋势、买家特征;
(2)收集平台上户外行业的热销商品、主要竞争对手及其销售情况数据;
(3)对收集的信息进行分析,用合适的图表进行展示;
(4)最终形成阿里巴巴国际站户外产品调研报告并进行汇报。